UTB FÜR WISSEN SCHAFT

UTB **2151**



**Eine Arbeitsgemeinschaft der Verlage**

Beltz Verlag Weinheim und Basel
Böhlau Verlag Köln · Weimar · Wien
Wilhelm Fink Verlag München
A. Francke Verlag Tübingen und Basel
Paul Haupt Verlag Bern · Stuttgart · Wien
Verlag Leske + Budrich · Opladen
Lucius & Lucius Verlagsgesellschaft Stuttgart
Mohr Siebeck Tübingen
C. F. Müller Heidelberg
Quelle & Meyer Verlag Wiebelsheim
Ernst Reinhardt Verlag München und Basel
Ferdinand Schöningh Verlag Paderborn · München · Wien · Zürich
Eugen Ulmer Verlag Stuttgart
Vandenhoeck & Ruprecht Göttingen
WUV Wien

Werner Faulstich

# Grundwissen Öffentlichkeitsarbeit

WILHELM FINK VERLAG MÜNCHEN

Die Deutsche Bibliothek – CIP-Einheitsaufnahme

**Faulstich, Werner:**
Grundwissen Öffentlichkeitsarbeit / Werner Faulstich. – München: Fink, 2001
(UTB für Wissenschaft: Uni-Taschenbücher; 2151)
ISBN 3-8252-2151-2 (UTB)
ISBN 3-7705-3499-9 (Fink)

Unveränderter Nachdruck der 1. Auflage


Ohmstraße 5, 80802 München
ISBN 3-7705-3499-9



Printed in Germany.
Einbandgestaltung: Atelier Reichert, Stuttgart
Satz: Albert Schwarz, Paderborn
Herstellung: Ferdinand Schöningh GmbH, Paderborn

**UTB-Bestellnummer: ISBN 3-8252-2151-2**

# Inhaltsverzeichnis

# Vorbemerkungen

Das „Grundwissen Öffentlichkeitsarbeit" macht den Versuch, gemäß dem bisherigen Reflexionsstand einen theoretischen Rahmen zu liefern, in den alle Befunde sinnvoll eingeordnet werden können und der es zugleich erlaubt, Leerstellen oder weiße Flecken zu markieren sowie neue Frageperspektiven zu entwickeln. Dieses Buch unterscheidet sich grundsätzlich von seinem gleichnamigen Vorläufer (Faulstich 1992). Die Diskussion über Öffentlichkeitsarbeit ist in den vergangenen acht Jahren weitergegangen und hat an Intensität und auch an Erträgen zugenommen. Schon im Licht der in diesem Zeitraum erschienenen mehr als hundert wichtigen wissenschaftlichen Monographien und Sammelbände verbot sich eine bloß punktuelle Überarbeitung oder verbesserte zweite Auflage. Daß es gleichwohl unter demselben Titel vorgelegt wird, erklärt sich aus dem unverändert bescheidenen Anspruch und dem gleichgebliebenen Anliegen.

Abgeschwächt wurde dabei das frühere Bemühen, zugleich auch eine inhaltliche Bestandsaufnahme der stark vom Berufsfeld her geprägten Erkenntnisse, Methoden und Reflexionen um PR zu leisten. Auch zur Praxis der Öffentlichkeitsarbeit hat sich der Wissensstand kontinuierlich verändert, wie immer wieder neue berufsfeldorientierende „Einführungen" sowie „Lexika" und „Handbücher" belegen (wichtige Beispiele: Schulze-Fürstenow 1986 ff./Martini 1994 ff.; Pflaum/Pieper 1989/1993; Brauer 1993; Bentele/Szyszka 1995; Flieger/Sohl 1995; Cornelsen 1997; Deters/Winter 1997; von Schlippe et al. 1998). Weitere Informationen bieten hier zudem die Mitteilungen der Berufsverbände (insbesondere die DPRG „Deutsche Gesellschaft für Public Relations" und die GPRA „Gesellschaft Public Relations Agenturen") und mehrere einschlägige Publikationsorgane (insbesondere das „pr-magazin" und das „Public Relations

Forum“), teilweise auch über Internet abrufbar (www.pr-guide.de, www.prforum.de, www.gpra.de, www.dprg.de).

Verstärkt wurde dagegen das Bestreben, die bislang nach wie vor weitgehend praxisorientierte „PR-Lehre“ – in dünnen Taschenbüchern, per Schnellkurs in Akademien für arbeitslose Geisteswissenschaftler oder mit berufsbegleitenden Fernstudienbriefen vermarktet – zu einer umfassenden „Wissenschaft der Öffentlichkeitsarbeit“ auszubauen. Mit Recht befindet Günter Bentele: „Eine „Schmalspurwissenschaft“ nützt niemandem etwas“ (1997, vgl. auch Rühl 1992). Deshalb liegt der Akzent im folgenden auf der theoretischen Profilierung des Gegenstandsbereichs – auf einem neuen Konzept also, dessen Eignung als Fundament zur Diskussion gestellt wird. Die Darstellung der einzelnen Problemfelder einer zukünftigen Wissenschaft der Öffentlichkeitsarbeit wird dabei durch aktuelle, exemplarische Literaturangaben ergänzt, die zur vertiefenden Lektüre und weiterführenden Kritik anregen könnten. Wir brauchen diese Debatte, denn ein einigermaßen homogenes „Fach“ Öffentlichkeitsarbeit – notwendiger denn je – ist immer noch nicht absehbar.

* * * * *

Das „Grundwissen Öffentlichkeitsarbeit“ wurde im Rahmen des Studiengangs Angewandte Kulturwissenschaften an der Universität Lüneburg zunächst in Seminaren entwickelt und dann in leicht modifizierter Form in einer Vorlesung gebündelt vorgestellt. Das dortige Fach „Medien und Öffentlichkeitsarbeit“ wird von derart vielen Studierenden nachgefragt, daß, zumal bei sinkendem Lehrpersonal, die Festlegung von „Mindestwissen“ – abrufbar und abprüfbar – als Überlebensstrategie unverzichtbar erscheint.

Den Lüneburger Studierenden schulde ich Dank für zahlreiche anregende Diskussionen. Leider ist der Kreis der Fachkollegen, die sich in Deutschland intensiv mit der Grundlagenforschung von Öffentlichkeitsarbeit als Wissenschaft auseinandersetzen, immer noch viel zu klein und abgegrenzt.

Lüneburg, November 1999

# Literatur

Bentele, Günter und Peter Szyszka (Hrsg.): PR-Ausbildung in Deutschland. Entwicklung, Bestandsaufnahme und Perspektiven. Opladen 1995.

Bentele, Günter: PR-Wissenschaft in Deutschland: Eine Annäherung. In: Public Relations Forum, 3. Jg. (1997), H. 3, S. 8–15.

Brauer, Gernot: Wege in die Öffentlichkeitsarbeit. Einstieg, Einordnung, Einkommen in PR-Berufen. München 1993.

Cornelsen, Claudia, unter Mitarbeit von Stephanie Schwinn: Das 1 x 1 der PR. Öffentlichkeitsarbeit leicht gemacht. Freiburg 1997.

Deters, Jürgen und Carsten Winter (Hrsg.): Karriere in der Medienbranche. Anforderungen, Schlüsselqualifikationen, Ausbildungssituation. Frankfurt/Main (u. a.) 1997.

Faulstich, Werner: Grundwissen Öffentlichkeitsarbeit. Bardowick 1992.

Flieger, Heinz und Beate Sohl: Public Relations als Profession. Informationen zum Berufsfeld Öffentlichkeitsarbeit in allen staatlichen und gesellschaftlichen Bereichen. Wiesbaden 1995.

Pflaum, Dieter und Wolfgang Pieper: Lexikon der Public Relations. 2. Aufl. Landsberg/Lech 1993.

Rühl, Manfred: Public Relations – Innenansichten einer emergierenden Kommunikationswissenschaft, In: Horst Avenarius und Wolfgang Armbrecht (Hrsg.), Ist Public Relations eine Wissenschaft? Eine Einführung. Opladen 1992, S. 79–102.

von Schlippe, Bettina, Bernd-Jürgen Martini und Günther Schulze-Fürstenow (Hrsg.): Arbeitsplatz PR – Einstieg, Berufsbilder, Perspektiven. Neuwied 1998.

Schulze-Fürstenow, Günther (Hrsg.): Handbuch PR (Loseblattsammlung). Neuwied 1986 ff. Neue 2. Auflage hrsg. von Bernd-Jürgen Martini 1994 ff.

# Einführung: Systematik und Geschichte

Öffentlichkeitsarbeit befindet sich zur Jahrtausendwende in einem noch anhaltenden Prozeß der Verwissenschaftlichung, der im Verlauf der neunziger Jahre zwei grundsätzlich verschiedene Auffassungen hervorgebracht hat: erstens Öffentlichkeitsarbeit als Teil der Betriebswirtschaft, Schwerpunkt Kommunikationspolitik bzw. Marketing, und zweitens Öffentlichkeitsarbeit als Teil der Kommunikations- und Publizistikwissenschaft. Beide grundlegenden Ansätze von Öffentlichkeitsarbeit werden im folgenden in wesentlichen Ausprägungen und Vertretern vorgestellt. Darauf aufbauend steht dann jedoch eine dritte Auffassung im Zentrum: Öffentlichkeitsarbeit als Teil der Kulturwissenschaft. Dieser neue Ansatz zielt auf die Fundierung einer genuinen Wissenschaft der Öffentlichkeitsarbeit. Öffentlichkeitsarbeit soll demnach nicht mehr als Anhängsel oder als Mischmasch aus verschiedenen etablierten Fächern betrachtet werden, sondern als eigenständige Disziplin mit einer speziellen Frageperspektive, einem spezifischen Gegenstandsbereich, einem prägnanten Methodeninventar.

Dabei werden sechs Schwerpunkte gesetzt. Am Anfang (Kap. 1) steht die bilanzierende Auseinandersetzung mit bislang vorgelegten Theorien von Öffentlichkeitsarbeit. Was heißt Öffentlichkeitsarbeit? Die verwirrenden Unterschiede bei den Antworten – Unterschiede nach perspektivischen, inhaltlichen, argumentationsstrategischen, interessebedingten Kriterien, aber auch nach dem Status und Abstraktionsgrad der Theorien und Metatheorien – bilden den Ausgangspunkt. Es geht hier um die prinzipielle Abgrenzung oder Fixierung eines neu in den Blick geratenen Problemfeldes und um die Begründung des gewählten Zugriffs.

Als unübersehbare Schlüsselkategorie von Öffentlichkeitsarbeit soll sodann „Öffentlichkeit" erörtert werden (Kap. 2). Dieser Begriff hat Bestimmungen von enormer Bandbreite erfahren, die von Fach zu Fach stark variieren. Es muß versucht werden, interdisziplinär eine Bestandsaufnahme vorzunehmen, die für eine Wissenschaft der Öffentlichkeitsarbeit konstituierend ist. Dabei wird sich zeigen, daß bisherige Konzepte und Theorien von Öffentlichkeitsarbeit zu kurz greifen und erheblich erweitert werden müssen.

Diese Erweiterung ist nicht nur quantifizierender Art, sondern eröffnet auch eine neue qualitative Dimension. An dritter Stelle steht deshalb die Erörterung der Frage: Was hat Öffentlichkeitsarbeit mit Werten zu tun? (Kap. 3) Auch hier werden verschiedenste Wissenschaftsbereiche abgefragt und einbezogen. Schon die Kategorie „Wert" wird es erlauben, die kulturwissenschaftliche Dimension von Öffentlichkeitsarbeit sichtbar zu machen.

Expliziert wird diese freilich erst mit dem Schlüsselbegriff „Sinn" (Kap. 4). Welchen Sinn hat Öffentlichkeitsarbeit? Im Licht einer breiteren Gegenstandsbestimmung und einer Wertorientierung von Öffentlichkeitsarbeit werden hier die Grundlinien einer funktionalen PR-Theorie kulturwissenschaftlicher Provenienz festgelegt.

Aber ebenso wie es keine Öffentlichkeitsarbeit ohne „Öffentlichkeit" gibt, gibt es auch keine Öffentlichkeit ohne „Medien". Medien stellen die fünfte Kategorie zum Verständnis von Öffentlichkeitsarbeit dar (Kap. 5). Medien als kulturelle Steuerungs- und Orientierungsinstanzen haben für Öffentlichkeitsarbeit nicht nur rudimentäre Bedeutung, sondern tatsächlich Schlüsselfunktion; eine Öffentlichkeitsarbeit ohne Medien ist schlicht nicht vorstellbar. Deshalb müssen sie in einer PR-Theorie besondere Aufmerksamkeit erfahren.

Schließlich werden Methoden und Strategien der Öffentlichkeitsarbeit behandelt (Kap. 6), nicht im Sinne von Rezepten wie in den „How-to-do"-Büchern, sondern um ein Spezifikum von Öffentlichkeitsarbeit bewußtzumachen, das bislang noch nicht deutlich genug gesehen wurde: Öffentlichkeitsarbeit als kulturstiftende Praxis.

Mit diesen sechs Schwerpunkten kann natürlich wenig mehr gelingen als die Vermittlung bestenfalls von „Grundwissen" –

das vielfältig ergänzt, erweitert, in jedem Fall diskutiert werden muß. Das hier vorgeschlagene Konzept einer Öffentlichkeitsarbeit als Teil von Kulturwissenschaft kann nach dem Stand bisheriger Forschungsbeiträge nur erst zu einem kleinen Teil ausgefüllt und konkretisiert werden. Eine abschließende Zusammenfassung (Kap. 7) soll immerhin versuchen, Grundzüge einer Theorie der Öffentlichkeitsarbeit auszuzeichnen.

Was mit Sicherheit zum jetzigen Zeitpunkt noch nicht geleistet werden kann, ist eine Geschichte der Öffentlichkeitsarbeit. Die wissenschaftlichen Bemühungen um Öffentlichkeitsarbeit sind noch viel zu jung, als daß man das Augenmerk in hinreichender Breite und Tiefe schon auf diesen gleichwohl wichtigen Aspekt hätte richten können – ganz abgesehen davon, daß noch offen ist, was unter Öffentlichkeitsarbeit eigentlich zu verstehen ist; und wie könnte man eine Geschichte von etwas schreiben, über dessen Verständnis noch kein Einvernehmen erzielt wurde?

Gleichwohl wurden bereits zahlreiche Beiträge zur Geschichte der Öffentlichkeitsarbeit vorgelegt, die man mindestens in Umrissen kennen sollte. Sie gliedern sich in drei Gruppen:

– erstens Beiträge, die man als vorwissenschaftlich bezeichnen muß – häufig normative Setzungen und Hypothesen, die eine Geschichte der Öffentlichkeitsarbeit mit einer Geschichte der Erforschung von Öffentlichkeitsarbeit verwechseln, aber auch personenbezogene, firmenbezogene oder sonstwie interessengebundene singuläre Fallstudien, „zwischen quellenverliebtem Spezialistentum und nonchalanter Überblickshuberei“ (Szyszka 1997, 14);

– zweitens Beiträge, nach denen es sich bei Öffentlichkeitsarbeit im wesentlichen um ein Phänomen unserer modernen Informations- und Kommunikationsgesellschaft des 20. Jahrhunderts handelt – orientiert an der Entstehung des Wortes „public relations“ und der Entwicklung eines entsprechenden expliziten Berufsstandes;

– und drittens Beiträge, die für die Geschichte der Öffentlichkeitsarbeit nicht nur gut hundert Jahre ansetzen, sondern sie zurückverfolgen über das Mittelalter bis zur Antike und den frühen Hochkulturen der Menschheit – wobei der Begriff PR durch äquivalente andere Begriffe, der Sache nach aber vergleichbar, ersetzt werden muß. Einige wenige Beispiele sollen diese Gruppierung verdeutlichen.

Vorwissenschaftliche Ansätze zur Geschichte der PR finden sich außerordentlich vielfältig und auch noch in den neunziger Jahren. Beispiele: Die amerikanischen PR-Forscher James E. Grunig und Todd Hunt (1984) postulierten für die amerikanische Gesellschaft, ohne historische Fundierung, eine Evolution quasi vom Bösen zum Guten in vier Schritten: von 1850 bis 1900 PR als Propaganda, von 1900 bis in die zwanziger Jahre als einseitige Information, von den zwanziger bis zu den sechziger Jahren als Zweiweg-Kommunikation mit dem Ziel der Überredung, und ab den siebziger Jahren als zweiseitigen Dialog mit dem Ziel, in wechselseitigem Verständnis zu überzeugen. Das erscheint ebenso defensiv und willkürlich wie bei Edward L. Bernays, der in Anlehnung an die amerikanische Industriegeschichte scheinbar faktographisch sieben Entwicklungsphasen unterschied (vgl. Barthenheier 1982). Albert Oeckl teilte demgegenüber die Standesgeschichte für Deutschland, nicht minder theorielos, mehrfach in drei große Perioden ein:

- einmal (1976) in die Periode der gedanklichen Vorläufer von der Antike bis ins 19. Jahrhundert; die Periode der Herausbildung und Professionalisierung der PR in den USA; und die Periode der weltweiten Entwicklung der PR nach dem Zweiten Weltkrieg;
- sodann aber auch (1991) in die Periode der Vorläufer im 19. Jahrhundert: speziell im alten Deutschen Reich ab 1848; die Periode der Entwicklungsphasen von 1914 bis 1945: insbesondere die Pressearbeit der IG Farbenindustrie; und wieder die Periode der Entwicklung von PR nach dem Zweiten Weltkrieg. Letztere sah er vor allem mit dem Jahr 1951 begründet (1993), in dem gleich drei wichtige Veröffentlichungen vorgelegt wurden, deren Titel programmatisch zu verstehen seien: „Die Gewinnung des öffentlichen Vertrauens“ (Heinz Domizlaff), „Moderne Meinungspflege“ (Herbert Gross) und „Werbung um öffentliches Vertrauen und Public Relations“ (Carl Hundhausen).

Eine größere Zahl von Einzelstudien zu bestimmten Personen wie z. B. Carl Hundhausen (Szyszka 1997 b), Unternehmen wie z. B. Siemens und AEG (Zipfel 1997), Institutionen wie

z. B. PR-Agenturen (Nöthe 1994) oder zu historischen Organisationen wie z. B. im Deutschen Kaiserreich (Seeling 1996) verdeutlichen, daß die quellenorientierte Kärrnerarbeit gerade erst begonnen hat.

Die zweite Gruppe, ursprünglich als „Begriffsgeschichtsschreibung" zu charakterisieren (Liebert 1997), folgte zunächst dem Theorem des sogenannten „Ur-Knalls": Demnach wurde 1882 der Begriff PR erstmals in den USA von Dorman Eaton benutzt, 1905 von dem Journalisten Ivy Lee weiterentwickelt und von Edward L. Bernays in den zwanziger Jahren im heutigen Sinn ausformuliert. Demnach wäre PR eine US-amerikanische Erfindung, die nach dem Zweiten Weltkrieg in Deutschland unter dem Begriff „Öffentlichkeitsarbeit" importiert worden ist. Tatsächlich aber weisen Tobias Liebert, Michael Kunczik und viele andere auch schon für die zehner und zwanziger Jahre und noch früher in Deutschland und auch in anderen europäischen Ländern eine elaborierte Öffentlichkeitsarbeit nach. Die erste kommunale Pressestelle beispielsweise soll in Deutschland bereits 1906 in Magdeburg eingerichtet worden sein. Der Sache nach gab es Öffentlichkeitsarbeit in vielen Ländern und auch schon lange vor der amerikanischen Bezeichnung. Allerdings wollte man hier nicht allzu weit zurückgehen. So diffamierte Romy Fröhlich umfänglichere Konzepte der PR-Geschichtsschreibung „bei Adam und Eva" als „‚Information-Overkill'" und formulierte vor dem Hintergrund der Hypothese, Public Relations existierten nur unter der Voraussetzung von Demokratie und Pressefreiheit, die „Einsicht, daß die Geschichte der Public Relations eng mit der Geschichte des Journalismus und der Entwicklung der Massenmedien verbunden" werden müßte (1997). Liebert schlägt ähnlich die Betrachtung der Geschichte der Public Relations in Wechselwirkung mit Journalismus und Werbung vor; die Begriffsgeschichte und die Kommunikationsgeschichte müsse um Werbegeschichte, ja Sozial- und Kulturgeschichte erweitert werden (1997). Im Kern wird hier der Beginn einer Geschichte der Öffentlichkeitsarbeit mit dem allmählichen Wandel von der Industrie- zur Informations- und Kommunikationsgesellschaft begründet. Die Herausbildung immer unübersichtlicherer gesellschaftlicher Strukturen habe ein verstärktes Bedürfnis nach organisierter Kommunikation produziert. Die sprunghaft zunehmende Ausdifferenzierung von Subsystemen und Elementen in allen gesellschaftlichen Teilbereichen habe Überkomplexität bewirkt und ein neues Regelwerk oder Instrumentarium zur Bewältigung notwendig gemacht. Ulrich Saxer hat dazu aus innovationstheoretischer Sicht drei Stufen unterschieden (1992):

– eine erste Phase der sich industrialisierenden Gesellschaft, in der sich Öffentlichkeitsarbeit rudimentär und ähnlich der Wirtschaftswerbung zunächst reaktiv herausgebildet habe;

– eine zweite Phase der industrialisierten Gesellschaft, mit einer Ausdifferenzierung von allerdings stereotyper Wirtschafts-PR;

– und eine dritte Phase der postindustriellen Gesellschaft, in der sich Öffentlichkeitsarbeit gesamtgesellschaftlich entfaltet, differenziert und institutionalisiert habe.

In einer kritischen Übersicht über verschiedene Ansätze der PR-Geschichtsschreibung sieht Peter Szyszka ähnlich den Beginn von Öffentlichkeitsarbeit Mitte des 19. Jahrhunderts bei der Entstehung eines neuen Funktionssystems mit der organisationspolitischen Aufgabe, Einfluß auf öffentliche Meinungsklimafelder zu nehmen, „um der eigenen Organisation Handlungsspielräume zu erhalten“ oder diese zu erweitern (1992 a). Allerdings räumt er mindestens implizit ein, daß andere Perspektiven wie etwa eine Sozial-, eine Methoden- oder eine Mediengeschichte andere Parameter mit sich bringen würden.

Die dritte Gruppe von Ansätzen zur PR-Geschichte wird noch am ehesten von Michael Kunczik repräsentiert. In seiner umfangreichen Studie setzt er, begrenzt auf den deutschen Sprachraum, drei Akzente: erstens auf die Vorläufer von Öffentlichkeitsarbeit, zweitens auf Entwicklungen im staatlichen und drittens im wirtschaftlichen Bereich.

– Zu den Vorläufern rechnet er den Investiturstreit, die Kreuzzugspropaganda, Walther von der Vogelweide als „erster hauptberuflicher Propagandist“, aber auch die Hanse und die Fugger, Maximilian I., die Propaganda in der Reformationszeit und die Propaganda während des Dreißigjährigen Krieges (vgl. auch Faulstich 1998) u. a.

– Die Entwicklung der Öffentlichkeitsarbeit im staatlichen Bereich in Deutschland beginnt mit Friedrich dem Großen über

Justus Möser als dem „ersten Theoretiker der Öffentlichkeitsarbeit“ und Freiherr vom und zum Stein bis zu Bismarck. Ausführlicher werden die Belege staatlicher Öffentlichkeitsarbeit für das Deutsche Reich bis zum Ersten Weltkrieg dargestellt. Schwerpunkte werden hier gesetzt bei Alfred von Tirpitz und der Flottenkampagne und bei der damaligen deutschen Kulturpropaganda. Die staatliche Öffentlichkeitsarbeit während des Ersten Weltkriegs wird in ausgewählten Beispielen vorgestellt: der Propagandist Paul Rohrbach, die Auslandspropaganda unter Leitung von Matthias Erzberger, die Öffentlichkeitsarbeit im Osmanischen Reich unter Max von Oppenheim, Versuche deutscher Öffentlichkeitsarbeit in den USA, die Kampagnen für Kriegsanleihen, schließlich erscheint auch die „Dolchstoßlegende“ als Ausfluß propagandistischer Öffentlichkeitsarbeit. Auch während der Weimarer Republik läßt sich eine systematische Öffentlichkeitsarbeit des Staates verfolgen – von der Presseabteilung der Reichsregierung und des Auswärtigen Amtes über die Reichszentrale für Heimatdienst bis zum Kampf gegen die Kriegschuldanklage und dem Aufschwung kommunaler Öffentlichkeitsarbeit.

– Wirtschaftliche Öffentlichkeitsarbeit beginnt laut Kunczik, nach Vorläufern wie Friedrich List und Gustav Mevissen, mit der Firma Krupp und Alfred Hugenberg „als Öffentlichkeitsarbeiter“ zugunsten der Schwerindustrie. Weitere Schwerpunkte waren die Maggi Werke, Ludwig Roselius mit Kaffee HAG, Siemens und die AEG, mit „Pionieren der Öffentlichkeitsarbeit“ wie Hans Dominik und Robert Bosch, dann die Firmen Henkel, Günter Wagner-Pelikan, Norddeutsche Lloyd und HAPAG. Auch Wirtschaftsverbände wie der Centralverband Deutscher Industrieller, der Bund der Landwirte oder der Hansa-Bund für Gewerbe, Handel und Industrie betrieben systematisch Öffentlichkeitsarbeit. Kunczik: „Es bleibt als Resümee, daß es in Deutschland, lange bevor der Begriff Public Relations eingeführt worden ist, ÖA gegeben hat und zwar in ausgesprochen moderner Form“ (1997, 354). Das läßt erkennen, daß hier ein völlig anderes Verständnis von Öffentlichkeitsarbeit zugrunde liegt als bei Saxer, Szyszka oder gar Oeckl.

Mit Blick auf die drei verschiedenen Gruppen von Beiträgen muß abschließend Günter Bentele genannt werden, der schematisch eine vielversprechende Synthese aus all diesen historiographischen Ansätzen in Form eines Schichtenmodells versucht. Demnach beschränke sich Public Relations auf das 20. Jahrhundert, wenn man es als ein „soziales System" auffasse; PR als Beruf und Berufsfeld aber reiche ins 19. Jahrhundert zurück, PR als funktionale Organisationskommunikation bis ins ausgehende Mittelalter, PR als öffentliche Kommunikation oder Publizistik bis ins Altertum, und PR verstanden als interpersonale Kommunikation sei so alt wie die Menschheitsgeschichte (1997). Damit macht er noch einmal in aller Deutlichkeit klar, daß es keine überzeugende PR-Geschichte ohne Konsens in der Definitionsfrage geben kann. Entsprechend muß mit dem Problemfeld der PR-Theorien begonnen werden.

## Literatur

Barthenheier, Günter: Auf der Suche nach Identität. Zur historischen Entwicklung der Öffentlichkeitsarbeit/Public Relations. In: Günther Haedrich, Günter Barthenheier und Horst Kleinert (Hrsg.), Öffentlichkeitsarbeit. Dialog zwischen Institutionen und Gesellschaft. Berlin 1982, S. 3–13.

Bentele, Günter: PR-Historiographie und funktional-integrative Schichtung. Ein neuer Ansatz zur PR-Geschichtsschreibung. In: Szyszka (Hrsg.), S. 137–169.

Binder, Elisabeth: Die Entstehung unternehmerischer Public Relations in der Bundesrepublik Deutschland. Münster 1983.

Cutlip, S. M.: The unseen power: Public relations. A history. Hillsdale, N.J. 1994.

Cutlip, S. M.: Public relations history: From the 17th to the 20th century. Hillsdale, N.J. 1995.

Faulstich, Werner: Medien zwischen Herrschaft und Revolte. Die Medienkultur der frühen Neuzeit (1400–1700). Göttingen 1998.

Fröhlich, Romy: Auf der Suche nach dem „Urknall". Mißverständnisse und Defizite in der PR-Geschichtsschreibung. In: Szyszka (Hrsg.), S. 69–77.

Grunig, James E. und Todd Hunt: Managing Public Relations. Fort Worth (u. a.) 1984.

Kunczik, Michael: Geschichte der Öffentlichkeitsarbeit in Deutschland. Köln (u. a.) 1997.

Liebert, Tobias: Über einige inhaltliche und methodische Probleme einer PR-Geschichtsschreibung. In: Szyszka (Hrsg.), S. 79–99.

Nessmann, Karl: Public relations in Europe: A comparison with the United States. In: Public Relations Review, 21. Jg. (1995), S. 151–160.

Nöthe, Bettina: PR-Agenturen in der Bundesrepublik Deutschland. Bestandsaufnahme und Perspektiven. Münster 1994.

Oeckl, Albert: PR-Praxis. Der Schlüssel zur Öffentlichkeitsarbeit. Düsseldorf, Wien 1976.

Oeckl, Albert: Anfänge und Entwicklung der Öffentlichkeitsarbeit. In: Heinz-D. Fischer und Ulrike G. Wahl (Hrsg.), Public Relations: Geschichte – Grundlagen – Grenzziehungen. Frankfurt/ Main (u. a.) 1991, S. 15–31.

Oeckl, Albert: Geschichte der Public Relations. In: Dieter Pflaum und Wolfgang Pieper (Hrsg.), Lexikon der Public Relations. 2. Aufl. Landsberg/Lech 1993, S. 223–227.

Saxer, Ulrich: Public Relations als Innovation. In: Horst Avenarius und Wolfgang Armbrecht (Hrsg.), Ist Public Relations eine Wissenschaft? Eine Einführung. Opladen 1992, S. 47–76.

Seeling, Stefan: Organisierte Interessen und öffentliche Kommunikation. Eine Analyse ihrer Beziehungen im Deutschen Kaiserreich (1871 bis 1914). Opladen 1996.

Sloane, C. S.: Foundation lecture: Social, economic and political contexts for PR. In: Public Relations Review, vol. 13 (1987), no. 1, S. 3–10.

Szyszka, Peter (Hrsg.): Auf der Suche nach Identität. PR-Geschichte als Theoriebaustein. Berlin 1997.

Szyszka, Peter: Marginalie oder Theoriebaustein? Zum Erkenntniswert historischer PR-Forschung. In: Ders. (Hrsg.), S. 111–136.

Szyszka, Peter: Carl Hundhausen – ein Ahne im Abseits? In: Ders. (Hrsg.), S. 233–241.

# 1. PR-Theorien

Die Debatte um Öffentlichkeitsarbeit hat inzwischen einen Stand erreicht, der es notwendig erscheinen läßt, sich ausführlicher mit den zum Teil hochkomplexen Erklärungs- und Theorieansätzen der Public Relations auseinanderzusetzen. Für einen solchen Überblick wurden auch bereits Vorschläge unterbreitet. So unterscheidet Andrea Kückelhaus (1998) insgesamt neunzehn verschiedene Ansätze – von Edward L. Bernays 1923 bis zu Klaus Merten 1992, und weitere ließen sich anfügen. Allerdings zeigt sich hier bei genauerem Hinsehen zweierlei: erstens eine relative Uneinheitlichkeit und Unvergleichbarkeit der Konzepte, schon aufgrund ihrer unterschiedlichen Theorieansprüche; sie lassen sich auch nicht formal einfach in verschiedene Gruppen zwingen (z. B. „traditionelle Ansätze", „systemtheoretische Ansätze", „verständigungsorientierte Ansätze", „kritische Ansätze"). Zweitens erweist sich die wissenschaftlich korrekte Rekonstruktion der Positionen selbst als teilweise offenbar schwierig; mehrfach entspricht das, was hier knapp auf den Punkt gebracht zu sein scheint, keineswegs dem Kern der referierten Quellen. Zweierlei also muß versucht werden: erstens eine bessere Gruppierung, zweitens eine andere Darstellung.

Nimmt man alle bislang vorgelegten theoretischen Ansätze zur Kenntnis, so lassen sich gegenüber anderen Vorschlägen zwei klar unterscheidbare Gruppen bilden:

– erstens organisationsbezogene Ansätze, die mehr oder weniger ausgeprägt die „Macher"-Perspektive wiedergeben und auf Anwendung und Praxis angelegt sind (sei es bei kommerziellen, sei es bei Non-Profit-Organisationen), die Management- und Organisationsfunktionen thematisieren;

– und zweitens gesellschaftsbezogene Ansätze, die ganzheitlich konzipiert sind, quasi aus der Hubschrauberperspektive übergeordnet alle Interessen aller Beteiligten in den Blick nehmen, die Kommunikations- und Gesellschaftsfunktionen thematisieren.

Das meint keineswegs lediglich unterschiedliche Reichweiten der Theorien, sondern vielmehr unterschiedliche Interessen, Ziele, Gegenstandssystematisierungen, Methoden und nicht zuletzt auch unterschiedliche Probleme. Exemplarisch wird im folgenden jeweils ein repräsentativer Theorievertreter vorgestellt, und zwar dezidiert kritisch. Von diesen „PR-Theorien" zuvor abzugrenzen sind pragmatische Begriffsauffassungen, die theoretischen Ansprüchen nicht entsprechen (wollen) und lediglich vortheoretische Bedeutung haben; Michael Kunczik (1993) faßt sie kontrastiv unter dem Stichwort „PR-Kunde" zusammen. Da auch sie in der Debatte immer wieder erwähnt werden, mag ihre Kenntnis hilfreich erscheinen. Nach der Vorstellung solcher pragmatischer PR-Definitionen (Kap. 1.1) und ausgewählter organisationsbezogener (Kap. 1.2) und gesellschaftsbezogener Theorieansätze (Kap. 1.3.) wird das kulturwissenschaftliche Konzept von Öffentlichkeitsarbeit als spezieller System-Umwelt-Interaktion eingeführt (Kap. 1.4).

## 1.1. Pragmatisch-vortheoretische Definitionen

Der Begriff „Öffentlichkeitsarbeit" ist die deutsche Übersetzung von „Public Relations" und wird heute wie selbstverständlich, vielleicht unglücklicherweise, mit dem amerikanischen Begriff gleichgesetzt. Die Konnotationen der beiden Bezeichnungen unterscheiden sich natürlich erheblich voneinander: „Relations" beispielsweise scheint sehr viel umfassender zu sein als „Arbeit", suggeriert auch eher Zweiseitigkeit und Feedback, also Kommunikation, im Gegensatz zum schwerfälligeren Aktivismus von „Öffentlichkeitsarbeit" im Sinne mühsamen Bearbeitens bzw. Bearbeitet-Werdens. Aber in den expliziten Definitionen werden die sprachlich-konnotativen Unterschiede durch ähnliche bis identische Bedeutungsgebungen aufgehoben. Zu den Definitionen, die man kennen sollte, rechnen mindestens die folgenden vier:

In Deutschland war lange die Formel von Albert Oeckl aus

dem Jahr 1976 maßgeblich: „Öffentlichkeitsarbeit = Information + Anpassung + Integration." Oeckl definierte schon 1964 differenzierter: Öffentlichkeitsarbeit sei

> das bewußte, geplante und dauernde Bemühen, gegenseitiges Verständnis und Vertrauen in der Öffentlichkeit aufzubauen und zu pflegen. Das Wort Öffentlichkeitsarbeit als die geeignetste deutsche Wortbildung für Public Relations drückt ein Dreifaches aus: Arbeit in der Öffentlichkeit, Arbeit für die Öffentlichkeit, Arbeit mit der Öffentlichkeit.

Darin sind bestimmte Prinzipien ethisch-moralischer Art enthalten, die Gerhard L. Laube wie folgt als fünf Grundprinzipien zusammenfaßte:

– das Prinzip der übereinstimmenden Interessen: Unternehmungen sollen ihre spezifischen Interessen mit den öffentlichen Interessen ausgleichen.

– das Prinzip der Wahrheit: Worte und Taten einer Unternehmung sollen übereinstimmen, wodurch seitens der Öffentlichkeit Vertrauen entsteht.

– das Prinzip der Offenheit: Damit kommt gerade dem Eingeständnis von Fehlern und Irrtümern in Unternehmungen eine große Bedeutung zu; Informationsvorenthalt würde in der Öffentlichkeit Mißtrauen wecken.

– das Prinzip der Sachlichkeit: Es geht darum, sich auf die Interessenlage der jeweiligen Teilöffentlichkeit einzustellen und auch eigene Interessen möglichst unemotional zu formulieren, um einen objektivierten Informationsaustausch zu ermöglichen.

– schließlich das Prinzip der Selbsterziehung: Das meint Selbstkritik ebenso wie die These „PR begin at home", also Öffentlichkeitsarbeit nach innen, innerhalb der eigenen Unternehmung.

Die Deutsche Public Relations Gesellschaft (DPRG) als Standesorganisation definiert PR als das

> bewußte, geplante und dauerhafte Bemühen um ein Vertrauensverhältnis zwischen Unternehmen, Institutionen oder Personen und ihrer Umwelt. Öffentlichkeitsarbeit meint vor allem aktives Handeln durch Information und Kommunikation auf konzeptioneller Grundlage. Sie ist darum bemüht, Konflikte zu vermeiden oder bereinigen zu helfen.

Deutlich wird darin wieder das ethisch-normative Element, das sich durch die meisten deutschen Definitionen zieht.

In den USA hat Rex Harlow 1976 nicht weniger als 427 Definitionen von „Public Relations“ zusammengestellt (andere Autoren verweisen auf über zweitausend Definitionen) und folgende Synthese versucht:

> Public Relations ist eine unterscheidbare Management-Funktion, die dazu beiträgt, wechselseitige Kommunikationsverbindungen, Verstehen, Akzeptanz und Kooperation zwischen einer Organisation und ihren Öffentlichkeiten herzustellen und aufrechtzuerhalten. Sie bezieht die Handhabung von Problemen und Streitpunkten ein. Sie unterstützt das Management bei dem Bemühen, über die öffentliche Meinung informiert zu sein und auf sie zu reagieren. Sie definiert und unterstreicht die Verantwortung des Managements in seinen Aufgaben gegenüber dem öffentlichen Interesse. Sie unterstützt das Management dabei, mit dem Wandel Schritt zu halten und ihn wirksam zu nutzen. Sie dient als Frühwarnsystem, um Trends vorauszusehen. Und sie verwendet Forschung sowie ehrliche und ethisch vertretbare Kommunikationstechniken als ihre Hauptinstrumente.

Nur angemerkt sei hier, daß damit die Zuordnung von „managing“ im Sinne von PR-Gestaltung und „management“ im Sinne von Führungsgruppe endgültig festgeschrieben wurde. Long und Hazelton definierten 1987 knapper, prinzipiell aber in dieselbe Richtung:

> Public Relations ist eine Kommunikationsfunktion des Managements, mittels derer Organisationen sich anpassen, ändern oder ihre Umwelt verändern, um die jeweiligen Ziele der Organisation zu erreichen.

Gegenüber deutschen Definitionen wird im angelsächsischen Sprachraum stärker die Leitungsfunktion der Öffentlichkeitsarbeit („Managementfunktion“) hervorgehoben. Unter der exklusiven Bezugnahme auf Organisationen – in aller Regel als kommerzielle Unternehmen aufgefaßt – steht tendenziell anstelle der ethisch-normativen Komponente wie bei deutschen Definitionen der Instrumentalcharakter von Öffentlichkeitsarbeit. Das hat Tradition und läßt sich zurückverfolgen bis zu Edward L. Bernays in den zwanziger Jahren und Ivy Lee im Jahr 1906. Damit wird Öffentlichkeitsarbeit im Prinzip eingeordnet in den Besteckkasten kommunikationspolitischer Instrumente, wie sie etwa Manfred Bruhn für den Marketing-Mix einer integrierten Unternehmenskommunikation aufgefächert hat (1997).

Dieser Kontrast zeigt sich in Deutschland in Gestalt einer markanten Abgrenzungsintention, die bei fast allen frühen Stellungnahmen der sechziger Jahre über repräsentative Vertreter wie Albert Oeckl 1976 bis hin noch zu Günter Bentele 1997 Ausdruck findet: Öffentlichkeitsarbeit soll als etwas Neues, ganz Eigenes, als „Gutes“ verstanden und von allem „Bösen“ unterschieden werden. Insbesondere gilt es, Öffentlichkeitsarbeit von dem Verdacht zu reinigen, nur eine besonders widerliche oder auch besonders wirksame Form der Werbung zu sein: eine parteiliche Überredung oder zumindest eine einseitige, tendenziöse Information – also den Eindruck zu vermeiden, als sei Öffentlichkeitsarbeit oder Public Relations „Etikettenschwindel“. Deutsche Definitionen von Öffentlichkeitsarbeit sind deshalb häufig stark defensiv. Dabei wurden neben Werbung noch weitere Angst-Begriffe ins Spiel gebracht: Public Promotions, Manipulation, Publicity, Propaganda, Agitation usw. Im Zuge einer immer stärkeren Ökonomisierung der gesamten Gesellschaft in den neunziger Jahren ist diese Debatte mittlerweile zurückgedrängt worden. Da das Problem aber nach wie vor virulent ist und sich auch auf der Ebene der PR-Theorien wiederfindet, muß es kurz rekonstruiert werden.

Angeblich bestehen zwischen Öffentlichkeitsarbeit und Werbung mindestens die folgenden drei markanten Unterschiede:

These 1: PR bezieht sich immer auf die ganze Unternehmung, Werbung dagegen stets nur auf die Produkte oder Dienstleistungen oder Ideologien. Dies ist ein Unterschied in der Bezugsgröße. Daraus folgt, daß auch Unterschiede im Einsatz der jeweiligen Mittel vorliegen: Absatzwerbung oder Mitgliederwerbung usf. meint die klassischen Instrumente wie Anzeigen, Fernsehspots, Plakate usf., PR dagegen bedient sich vielgestaltiger noch besonderer Methoden und Mittel der Kontaktpflege. – Diese These ist falsch: Es gibt längst auch Unternehmenswerbung, Imagewerbung, Branchenwerbung usw. Werbung bezieht sich nicht nur auf Produkte, sondern auch auf Dienstleistungen und Ideologien. Es gibt politische Werbung, die Werbung der Kirchen, Gewerkschaften, Universitäten, Verbände und sonstigen Non-Profit-Organisationen, die in der Bezugsgröße keinen Unterschied zwischen Werbung und PR erkennen lassen. Und die klassischen Werbemittel werden längst wie selbstverständlich auch für Öffentlichkeitsarbeit eingesetzt.

These 2: PR ist stets mittel- oder langfristig konzipiert, Werbung dagegen fast immer nur kurzfristig. Dies ist ein Unterschied in der Wirkdauer, der aus der unterschiedlichen Bezugsgröße und der unterschiedlichen Wirkungsrichtung erwächst. Daraus folgt auch, daß der Werbeerfolg relativ leicht gemessen werden kann (Pretest, Posttest, Umsatz- und Absatzveränderungen, Veränderungen der Mitgliederzahlen u. ä.), nicht unbedingt aber der PR-Erfolg. – Auch diese These ist falsch: Werbung ist teilweise durchaus mittel- und langfristig angelegt, und die Reduktion von PR etwa auf „Krisen-PR", das heißt auf punktuelle Schadensbegrenzung im Fall eines aktuellen Konflikts, ist geradezu programmatisch kurzfristig ausgelegt. Was die Messung des Werbe- und des PR-Erfolgs angeht, so werden partiell ähnliche bis dieselben Methoden und Verfahren eingesetzt.

These 3: Der wichtigste Unterschied besteht in der Wirkungsrichtung: Werbung ist primär stets eine Einbahnstraße, von der Unternehmung nach draußen; das gilt prinzipiell auch dann, wenn Markt- und Meinungs- und Wirkungsforschung genutzt werden. PR dagegen impliziert wesenhaft das Feedback („two-way-traffic"), den Dialog. Die Information, die von drinnen nach draußen geht, hat gegenüber der Information von draußen nach drinnen keine Dominanz inne wie bei der Werbung, sondern beide sind gleichrangig – gemäß der Gleichrangigkeit der eigenen und der öffentlichen Interessen. – Auch diese These schließlich ist falsch bzw. eine bloße Behauptung: Modernes Marketing hat Werbung längst als reziproke Beziehung erkannt und interaktiv konzipiert. Öffentlichkeitsarbeit ist zum großen Teil absolut nicht dialogisch gestaltet. Und de facto werden die eigenen Interessen und die öffentlichen Interessen keineswegs als gleichrangig betrachtet.

Damit soll nicht behauptet werden, Werbung und Öffentlichkeitsarbeit seien etwa dasselbe. Aber es bedeutet: Die Abgrenzung von Werbung und Öffentlichkeitsarbeit ist auf der

Ebene der pragmatisch-vortheoretischen Definitionen nicht geleistet; die entsprechenden Bemühungen erwecken eher den Eindruck einer PR für PR. Benno Signitzer hat noch 1992 versucht, das Problem dadurch zu vermeiden, daß er grundsätzlich drei verschiedene „Perspektiven" auf PR unterschieden hat: die organisationstheoretische, die gesellschaftstheoretische und die marketingtheoretische. Tatsächlich aber stellt die „marketingtheoretische Sichtweise" nur einen Sonderfall der organisationstheoretischen Perspektive dar, eben für kommerzielle Unternehmen, die natürlich ebenfalls Organisationen sind. Das Verhältnis von Werbung und Öffentlichkeitsarbeit kann nicht umgangen, sondern muß gelöst werden.

Auch bei jedem der anderen Begriffe, von denen „Öffentlichkeitsarbeit" unterschieden zu werden pflegt, wird qua definitionem ein Negativum vom PR-Begriff gleichsam abgewehrt:

- „Öffentlichkeitsarbeit" sei keine „Manipulation", wie sie etwa teilweise bei unterschwelliger Werbung, selektiver Information und psychologischem Marketing verwendet wird; deshalb falle auch Product Placement, eine neue Form der Schleichwerbung, aus dem Kreis der PR-Methoden heraus.
- „Öffentlichkeitsarbeit" sei auch nicht identisch mit „Publicity", die Konnotationen hat zu unsachlichem Engagement, übertriebener Emotionalität, Rummel, spektakulären Show-Effekten und billigen Gags, um kurzzeitig einen Platz in einer begrenzten Öffentlichkeit zu besetzen.
- „Öffentlichkeitsarbeit" unterscheide sich auch von „Propaganda" und von „Agitation", die auf Scheinöffentlichkeiten in totalitären Systemen verwiesen; beide wollten überreden, überwältigen, seien einseitig, teils polemisch und böten ein ideologisch verzerrtes Bild der Wirklichkeit.

Es kennzeichnet den begrenzten Wert solcher defensiven Definitionen, daß sie nicht nur nicht konsensfähig sind, sondern auch ihr Ziel der Aufwertung von Öffentlichkeitsarbeit bislang weder in der allgemeinen Öffentlichkeit noch im wissenschaftlich-akademischen Feld erreicht haben. Das Dilemma scheint auf dieser Ebene unüberwindbar: Die impliziten ethisch-moralischen Grundprinzipien werden von den PR-Machern als unverzichtbar ausgegeben und von den Menschen, zumal angesichts gesellschaftlicher PR-Praxis, einfach nicht geglaubt. Die gängigen Praktiker-Definitionen werden durch ihren defensiven Charakter bzw. den zugrundeliegenden Widerspruch (oder auch durch die Vagheit und Abstraktheit mancher Formeln) arbiträr – man kann sie glauben oder auch nicht. Besonders eindrucksvoll wird die Untauglichkeit dieses Ansatzes – eher unfreiwillig – durch Christa Hategan belegt, die versuchte, aus einer nominalistischen Analyse des Begriffs „Öffentlichkeitsarbeit", wie er von 168 bundesdeutschen und amerikanischen PR-Praktikern definiert wurde, wissenschaftsorientiert pragmatische Berufsbildungskonzepte abzuleiten, denen Theoriefunktionen einfach unterstellt wurden. Aus wissenschaftlicher Sicht bieten vortheoretische Definitionen aber auch dann nur begrenzte Verständnisangebote, wenn sie wie hier als konventionalisierte Begriffsauffassungen konzipiert werden. Dabei wird die Frage, was PR ist, schlicht verwechselt mit der Frage, was eine größere Zahl von PR-Machern nach Meinung einer Interviewerin glaubt, was PR sei. Schon zwischen dem, was jemand sagt, und dem, was er tatsächlich denkt, kann es große Unterschiede geben; und selbst wenn sich beides decken sollte, ist noch völlig offen, was tatsächlich der Fall ist.

Endgültig, wenngleich vorsichtig formuliert, wurde das Urteil über die „farbenreiche Landschaft der Definitionen von Public Relations/Öffentlichkeitsarbeit" von Franz Ronneberger und Manfred Rühl gesprochen. Sie verdeutlichten vor dem Hintergrund einer skizzierten Typologie von PR-Definitionen (teleologisch, moralisch, wirkungsmäßig, universalbegrifflich, berufsethisch etc.) die weitgehende Unverbindlichkeit, Beliebigkeit, Geschichts- und Umweltabhängigkeit, Unvereinbarkeit, begriffslogisch falsche Vermischung unterschiedlicher Elemente etc. der Definitionen und bilanzierten: Alle diese Definitionen „verfehlen ihre Funktion im Erkenntnisprozeß" und sind eher „Erkenntnishindernis". „Ob PR-Definitionen Sinn machen, das ist eine Frage der gesellschaftlichen Übereinkunft" – die aber hier gerade nicht vorhanden ist. Das gilt auch und speziell für „Superdefinitionen" wie die genannten von Harlow und der DPRG, denen „ein Selektions- und Akkumulationsverfahren vorausgeht, dessen Verfahrensregeln unbekannt bleiben".

Zu den meisten vortheoretischen Definitionen (u. a. auch

von Carl Hundhausen, Heinz W. Droste, Franz Ronneberger, Roland Burkart/Sabine Probst) läßt sich als Zwischenbilanz festhalten: Es geht, mit unterschiedlichen Akzenten, stets um Interessenausgleich, gegenseitiges Verständnis, Aufbau von Vertrauen, Glaubwürdigkeit, um Konsens. Öffentlichkeitsarbeit wird hier deutlich personal verstanden, als Beziehung zwischen einzelnen Menschen, und normativ konzipiert. Offenkundig ist aber auch die Vagheit von Begriffen wie „Öffentlichkeit“, „Interesse“, „Vertrauen“ oder „Verständnis“. Und offenkundig ist die Widersprüchlichkeit ethisch-normativer und instrumenteller Funktionen. Das Problem Öffentlichkeitsarbeit *versus* Werbung wird umgangen, vermieden oder durch Abgrenzung schlicht eliminiert. Die Definitionen sind ansonsten überwiegend defensiv strukturiert und damit disfunktional, inhaltlich arbiträr und deshalb nicht konsensfähig, und sie erscheinen wissenschaftstheoretisch nicht logisch oder begründbar.

Auch das unterstützt die Forderung von Ronneberger und Rühl, an die Stelle solcher Begriffsauffassungen eine komplexe Theorie zu setzen, aus der die definitorische Gegenstandsbestimmung erst abgeleitet wird. Das Stadium der pragmatisch-vortheoretischen Definitionen sollte eigentlich längst überwunden sein, erlebt aber derzeit in vielen Einführungen, Handbüchern und Ausbildungskursen einen neuen Höhenflug.

## 1.2. Organisationsbezogene Theorien

Aus der großen Gruppe organisationsbezogener PR-Theorien sei exemplarisch die anspruchsvolle „Grundlegung einer Theorie der Unternehmenskommunikation und Public Relations“ von Ansgar Zerfaß vorgestellt. Andere Ansätze wie vor allem die zahlreichen Beiträge von James E. Grunig, die überall zitiert werden, sind zwar elaborierter als die vortheoretischen Definitionen von PR (Kap. 1.1), können aber einen Theoriestatus (noch) nicht für sich in Anspruch nehmen. Mit Recht spricht Grunig, der Öffentlichkeitsarbeit definiert als „part of the management of communication between an organization and its publics“ (Grunig/Hunt 1984, 6), denn auch nur von „Modellen", denen er teils historische, teils heuristisch-systematische Bedeutung zuordnet. Er unterscheidet zwischen vier Modellen: den einseitigen Modellen Publicity (Propaganda) und Informationstätigkeit (Mitteilung, Verlautbarung) sowie zwischen dem Modell einer zweiseitigen asymmetrischen Kommunikation, in der Öffentlichkeit argumentativ und letztlich persuasiv bedient wird, und dem Modell einer zweiseitigen symmetrischen Kommunikation, die von wechselseitigem Verständnis, Austausch und Vorteilen für beide Seiten gekennzeichnet ist. Das indiziert grundsätzlich den bereits für die deutschen Definitionen benannten Konflikt zwischen Werbung und Öffentlichkeitsarbeit, ohne freilich entsprechend zu werten. Seine Modelle, ähnlich wie bei Christa Hategan aus der Befragung „exzellenter" amerikanischer PR-Praktiker abgeleitet und damit denselben Vorbehalten ausgesetzt, wurden inzwischen vielfach modifiziert und mit anderen Theorieansätzen, insbesondere der Spieltheorie von Priscilla Murphy (1989), vermengt. Nach eigenen Angaben plant Grunig nun den nächsten Schritt: von den Modellen und Typologien zu einer weiterführenden Theorie (Grunig/Grunig/Dozier 1996, 225).

Eine solche Theorie wurde 1996 vorgelegt. Zerfaß versucht, sozialtheoretische, kommunikationstheoretische und betriebswirtschaftliche Erkenntnisse „infradisziplinär", das heißt auf einer gemeinsamen Basis, zu integrieren. Maßgeblich ist ihm bei dieser Zielsetzung die Unternehmenspraxis aus der Sicht der Unternehmensführung, das heißt, er zielt im Kern auf Öffentlichkeitsarbeit als Managementfunktion in kommerziellen Unternehmen. Er bezeichnet seinen Ansatz selbst als handlungstheoretischen Ansatz und will Theorie und Praxis miteinander verknüpfen. Bezeichnenderweise beginnt er mit dem Fallbeispiel des Chemiekonzerns Hoechst AG und dem Griesheimer „Störfall" 1993, wobei er bundesweite Werbung und lokale Öffentlichkeitsarbeit scheinbar problemlos miteinander verbindet.

Zerfaß differenziert zunächst ausführlich, was im einzelnen unter sozialer Integration, Kommunikation und Unternehmensführung zu verstehen ist, und leistet dann ihre Verknüpfung über den Begriff der „Unternehmenskommunikation". Darunter versteht er „alle kommunikativen Handlungen von

Organisationsmitgliedern, mit denen ein Beitrag zur Aufgabendefinition und -erfüllung in gewinnorientierten Wirtschaftseinheiten geleistet wird" (1996, 287 ff.). Zerfaß unterscheidet „fundamentalpragmatisch", das heißt gemäß praktischen Problemlagen der Unternehmenspraxis, zwischen Marktkommunikation einerseits, die in einem Marktumfeld auf eine Marktöffentlichkeit trifft, und Public Relations andererseits, die in einem gesellschaftspolitischen Umfeld auf politisch-administrative und soziokulturelle Öffentlichkeiten trifft. Marktkommunikation und Public Relations stellen nach Maßgabe der Unternehmensstrategie die zwei Teile der Organisationskommunikation dar, die letztlich die Integration in der gesellschaftspolitischen Öffentlichkeit leisten. Damit positioniert er (graphisch verdeutlicht) scheinbar gleichrangig *neben*einander, was in der betriebswirtschaftlichen Fachliteratur üblicherweise hierarchisiert *über*einander dargestellt wird: Öffentlichkeitsarbeit eben nicht mehr als ein einzelnes Instrument im Marketing-Mix unter vielen, sondern als zweites Standbein der Unternehmenskommunikation.

Schon hier wird ersichtlich, daß die gesellschaftspolitische Komponente zweifach auftaucht, innerhalb des Unternehmens wie auch außerhalb, und daß dem klaren Begriff der „Marktöffentlichkeit" eine diffuse Vielheit von „politisch-administrativen und soziokulturellen Öffentlichkeiten" zur Seite gestellt wird. Die konkrete Erläuterung der Position von Öffentlichkeitsarbeit in der Unternehmenskommunikation, unterschieden nach interner und externer Unternehmenskommunikation, zeigt dann, in welcher Weise die „Integration" von Marktkommuniktion und Public Relations konzipiert ist.

Bei der internen Unternehmenskommunikation folgt die kommunikative Sozialintegration im Organisationsfeld zwei unterschiedlichen Leitprinzipien: Es gibt zum einen die Gruppe der „verfassungskonstituierenden Organisationsmitglieder" (Gesellschafter, Mitbestimmungsrecht), die Zielsetzung und Politik des Unternehmens bestimmen. Interessenabstimmung und orientierender Konsens erfolgen hier nach dem „Prinzip des direkten, jederzeit durch diskursive Elemente ergänzbaren Gesprächs zwischen Anwesenden". Der Verständigungsprozeß ist also personal bestimmt. Die entsprechenden systemischen

Teilöffentlichkeiten sind per Gesetz geschaffen oder werden juristisch festgelegt. Die Integrationsleistung ist dem Management überantwortet. Zum andern gibt es die „weiteren Organisationsmitglieder“ (insbesondere die Arbeitnehmer). Integration in diesem Teil des Organisationsfeldes verläuft „vor dem Hintergrund einer legitimierten Herrschaftsordnung“. Interne Unternehmenskommunikation wird also von der ersten Gruppe gesteuert. „Das Zusammenspiel von Autorität und weiterführender Strukturierung mündet in ein Geflecht von formalen Hierarchieordnungen, Verfahrensvorschriften, unternehmensspezifischen Prestigeordnungen und gemeinsamen Wertkomplexen (Organisationskulturen).“ Unterschieden werden hier verschiedene funktionale Formen von Kommunikation: strukturierend, argumentativ, koordinierend, administrativ, reputationsgestützt, wertgestützt, persuasiv; aber alle Teilöffentlichkeiten werden übergreifend vorbestimmt vom Management. „Interne PR“ erweist sich demnach als ein Nacheinander und Untereinander, nicht als Nebeneinander.

Auch bei der externen Unternehmenskommunikation wird unterschieden in Marktkommunikation und in Public Relations. Unter ausdrücklicher Bezugnahme auf Grunig und andere Vertreter der Marketinglehre wird *Markt*koordination als *Handlungs*koordination begriffen. Kommunikationsprozesse kommen hier „nur unterstützend zum Einsatz“. Marktkommunikation gilt als vom Medium Geld bestimmt und ist „im Prinzip persuasiv angelegt“: „das Ziel sind nicht gemeinsame Orientierungen, sondern schlicht anschlußfähige Handlungen“. Reputationsstützende oder argumentative Vorgehensweisen „zielen letztlich immer (auf) die Unterstützung tauschvertraglicher Koordinationsmechanismen“. Die Ausdifferenzierung hier ist ökonomisch bestimmt, das heißt auch: das wichtigste Forum ist das System der Massenmedien. Dialog findet hier also praktisch nicht statt. *Public Relations*-Koordination zum andern wird dagegen als *Kommunikations*koordination definiert. „Im gesellschaftspolitischen Umfeld geht es um die Sicherung prinzipieller Handlungsspielräume und die Legitimation konkreter Strategien. Die Unternehmensführung muß versuchen, ihr Handeln und dessen Ergebnisse mit den strukturellen Imperativen der verschiedenen Lebensbereiche verträglich zu machen. […] Unternehmen kommunizieren mit gesellschaftlichen Bezugsgruppen in erster Linie, um partikulare Gewinnziele zu erreichen." Integrative, koordinierende, regulative, argumentative, verfahrensregulierende, strukturierende, reputationsstützende, wertstützende Kommunikation ist damit klar instrumentalisiert. Diese Funktionalisierung von Öffentlichkeitsarbeit für Marktkommunikation zeigt sich nicht zuletzt in den drei Kernbereichen, die Zerfaß für PR benennt: Einfluß zu nehmen 1. auf Regierungen, Parlamente, Behörden, Recht und Verwaltung, 2. auf soziale Akteure wie Pädagogen, Anwohner, Forscher, Umweltschützer, 3. auf Journalisten und andere Opinion Leader. Diese Vielzahl der Teilöffentlichkeiten bedeutet eine Vielzahl von Kommunikationsforen und damit eine Vielzahl von Integrationsstrategien, die überwiegend personal, argumentativ, dialogisch strukturiert sind.

„Integration" erweist sich bei Zerfaß demnach als die „problemorientierte Aufspaltung der Kommuniktionsaufgabe". Sein Plädoyer „für eine wohlverstandene Integration aller kommunikationspolitischen Aktivitäten" bemißt die Effizienz und die Effektivität von PR nach ihrem Wert für die Marktkommunikation. Das wird als Postulat der *strategischen* Öffentlichkeitsarbeit umschrieben. Die gesellschaftliche Ausdifferenzierung macht verstärkte kommunikative Integrationsbemühungen und die Harmonisierung disparater Kommunikationshandlungen notwendig, um die Spielräume marktbezogenen Handelns zu erhalten bzw. auszuweiten. Das bezeichnet das Postulat der *integrierten* Öffentlichkeitsarbeit. Der nur schwach geregelte und sich ständig verändernde Raum politisch-administrativer und soziokultureller Öffentlichkeiten erfordert die aktive Gestaltung nach konkreten Umständen. Das gilt als Postulat der *situativen* Öffentlichkeitsarbeit. An diesen drei Postulaten orientieren sich die Methoden der Öffentlichkeitsarbeit im Sinne eines *operativen* „erfolgsträchtigen PR-Managements".

Ob hier „ein grundlegender Neuanfang" „gewagt" wurde und es tatsächlich gelungen ist, „das kommunikationswissenschaftliche und betriebswirtschaftliche Begriffsgerüst auf einem einheitlichen sozialtheoretischen Fundament" zu errichten (1998, 385), sei dahingestellt. Unzweifelhaft läßt sich aber als Zwischenbilanz festhalten, was für die meisten organisationsbezogenen PR-Theorien gilt, wenn auch mit unterschiedlichen Akzenten: Öffentlichkeitsarbeit ist handlungsorientiert, praxisbezogen und läßt noch die „Macher“-Perspektive erkennen. Thematisiert wird PR in kommerziellen Unternehmen, mit einer klaren Instrumentalisierung von Öffentlichkeitsarbeit für die ökonomischen Ziele. Das Problem von Öffentlichkeitsarbeit *versus* Werbung wird insofern für kommerzielle Organisationen gelöst: PR ist gemäß dem Strategiepostulat ein Baustein innerhalb einer letztlich marketingbestimmten Unternehmenskommunikation, PR *ist* letztlich Werbung. Eine Wissenschaft der Öffentlichkeitsarbeit wird hier als Teil der Wirtschaftswissenschaften begriffen, die PR-Theorie wird für die Marketingtheorie usurpiert (vgl. z. B. auch J. Becker 1998, T. Becker 1998).

Das Hauptproblem der organisationsbezogenen PR-Theorien ist die de facto exklusive Orientierung an Wirtschaftsunternehmen bzw. das Ausblenden von Non-Profit-Organisationen. Es gibt zahlreiche wissenschaftliche Beiträge, die das von Zerfaß so prägnant herausgearbeitete Strategiepostulat gar nicht erwähnen, es als selbstverständlich voraussetzen oder schlicht ausklammern, die sich also sei es am Integrationspostulat, sei es am Situationspostulat orientieren und gleichwohl immer nur kommerzielle Organisationen erfassen. Um nur je ein Beispiel zu erwähnen: Das Situationspostulat hat eine ganze Reihe von Beiträgen gefunden, die sich – in einer „Risikogesellschaft“ (Beck 1986) – als „Krisenmanagement“ oder „Krisen-PR“ rubrizieren lassen (z. B. Burkart 1993; Klimke/Schott 1993; Uth 1994, Kunczik et al. 1995; Hecker 1997; Henning 1998; Bentele/Rolke 1998). Bezeichnenderweise wird dann PR generell auf kurzatmige Krisen-PR reduziert. Das Integrationspostulat fand Ausdifferenzierungen im Hinblick auf eine „dialogorientierte Unternehmenskommunikation“ (z. B. Bentele, Steinmann, Zerfaß 1996), das heißt die kommunikationswissenschaftliche Aufladung etwa des symmetrischen Kommunikationsmodells von Grunig/Hunt oder andere verständigungsorientierte Konzepte von PR (z. B. von Roland Burkart), die zum Teil wieder auf das Stadium vortheoretischer Definitionen zurückfallen. Bezeichnenderweise wird dann PR auf idealistische, weil Gleichwertigkeit der Partner suggerierende „Dialog-PR“

zurückgeschnitten. Eine organisationsbezogene PR-Theorie (auch) für Non-Profit-Unternehmen liegt nicht vor.

## 1.3. Gesellschaftsbezogene Theorien

Eine zweite, kleinere Gruppe von PR-Theorien bezieht sich nicht auf die Organisation bzw. das Wirtschaftsunternehmen, sondern ganzheitlich auf Gesellschaft. Wie bei den organisationsbezogenen Theorien gibt es auch hier Ansätze, die den Status vortheoretischer Definitionen überwunden, den Theoriestatus aber noch nicht erreicht haben. Immer wieder zitiertes Beispiel dafür wäre der „kommunikationstheoretische Ansatz zur Theorie der PR" von Franz Ronneberger (1977/1991). Seine Thesen lassen sich wie folgt zusammenfassen: Gesellschaft besteht aus einer Vielzahl von Teilöffentlichkeiten, in denen sich vielfältige Interessen artikulieren. Diese müssen öffentlich kommuniziert werden. Nur durch breiteste Information kann es eine Auseinandersetzung zwischen diesen Interessen geben, das heißt kann in pluralistischen Gesellschaften ein Konsens, ein Gemeinwohl gefunden werden. Öffentlichkeit fungiert hier als „Korrektiv zum Prinzip der organisierten Interessen", weil sie zugänglich macht, „wie das Interesse der Organisation tatsächlich aussieht, auf welche Annahmen es sich gründet, welche Ziele verfolgt, welche Mittel eingesetzt, welche Erwartungen gehegt werden." Öffentlichkeitsarbeit fungiert damit als ein „Legitimierungsprozeß" und ist somit ein konstitutives Element der Gesellschaftsordnung in einer modernen Demokratie.

Auch hier handelt es sich nur um ein Modell, das zahlreiche entscheidende Fragen offenläßt: Warum sind Interessen hier „generalisierte Interessen", bei denen ihre „Organisation" offenbar keine Rolle spielt? Wie kann man annehmen, daß Massenmedien sich „vorwiegend rezeptiv und im strengen Sinn vermittelnd" verhalten, so als wären sie parteiübergreifend? Inwiefern wird die zwischenmenschliche persönliche Kommunikation in Teilöffentlichkeiten organisiert und in den Massenmedien repräsentiert? Oder: Macht PR tatsächlich die wahren Interessen von Organisationen öffentlich? Rüdiger Scheidges bilanziert dazu kritisch: „Die von Ronneberger entwickelte „übergreifende Theorie" von PR, deren Bestimmung in der Integration durch Information zu suchen ist, plant nichts anderes, als das *engineering of consent* mit dem Deckmantel objektiv-öffentlicher Autorität und Legitimität zu kleiden" (1991, 26).

Gemeinsam mit Manfred Rühl hat Ronneberger später eine „Theorie der Public Relations" als „Entwurf" vorgelegt. Tatsächlich handelt es sich dabei eher um die Bündelung einer Vielzahl unterschiedlichster theoretischer Bausteine. Explizit wird der Schritt „von der PR-Kunde zu einer interdisziplinären PR-Theorie" versucht, wobei folgende Bereiche und Disziplinen einbezogen werden (sollen):

- PR-Kunde als Systematisierung praktischer Erfahrungen, also Praxiswissen;
- Kommunikationswissenschaft (u. a. Allgemeine Kommunikationstheorie, Medienkommunikationsforschung, Persuasionstheorien, Wirkungsforschung, Kommunikationspolitik, Medientechnik, Journalistik);
- Soziologie und Sozialpsychologie (u. a. Sozialisationsforschung, Organisationssoziologie und Entscheidungstheorien, empirische Sozialforschung, Theorien sozialen Lernens);
- Wirtschaftswissenschaften, insbesondere Marketinglehre;
- Politikwissenschaft, einschließlich Verwaltungswissenschaft und Verbandsforschung (insbes. Demokratietheorien, Pluralismustheorien, Institutionenlehre);
- schließlich Sprachwissenschaften, insbesondere Linguistik und Rhetorik.

Für den nur sehr knapp angedeuteten Versuch der Integration dieser Ansätze mit Blick auf Public Relations werden vereinzelt Begriffe der Systemtheorie herangezogen – mit einer ebenso überraschenden wie fragwürdigen Schlußfolgerung: Public Relations wird „als autopoietisches System konzipiert", im Prinzip vergleichbar anderen Systemen wie der Werbung oder dem Journalismus, ohne daß dies plausibel begründet würde. Ausgehend vom Beispielfall einer PR-Agentur als einem „bestimmbaren PR-System" wird „eine funktional-strukturelle PR-Analyse" versucht, nach der sich für PR als „System" eine Orientierung an der „Umwelt" in vier verschiedenen Ordnungsdimensionen ergebe, so die These:

- erstens in der Sozialdimension (demnach erscheint die Umwelt z. B. als Ansammlung von Informationsquellen für den PR-Macher),
- zweitens in der personalen oder psychisch-individuellen Dimension (z. B. mit der Unterscheidung in Berufs-, Arbeits-, Auftraggeberrollen),
- drittens in der Sachdimension (vor allem mit ihren vielen Darstellungsformen und sogenannten Symbolmedien),
- und viertens in der Zeitdimension.

Art und Auswahl dieser Dimensionen erscheinen willkürlich: warum keine Raumdimension, keine Ideologiedimension, keine Machtdimension, und was heißt hier überhaupt „Dimension"? Ronneberger/Rühl charakterisieren das als „Modellvorstellung von PR-Systemen", bekennen aber sofort, daß sie „nicht weiter ausgearbeitet" sei. So muß also noch weitgehend unverständlich bleiben, was angeblich „als PR-Probleme ordnende Reflexionstheorie" dienen soll (1992, 93).

Die definitorische Zwischenbilanz bei diesem theoretischen Ansatz ist wenig faßbar: „Public Relations/Öffentlichkeitsarbeit läßt sich demnach als eine weltweite Möglichkeit öffentlichen Handelns umschreiben, die unter den Bedingungen gegenwartsgesellschaftlichen Lebens verwirklicht werden kann." Die relative Bedeutungslosigkeit dieses Satzes wird verständlich durch die These der Autoren, die Theorie autopoietischer Systeme sei ja „inhaltlich leer" und müsse erst noch gefüllt werden (1992, 11 f.). Dies wird von den Autoren versucht mit den zwei Themenkomplexen Humankommunikation und Persuasionstheorie, wobei Komponenten wie Thema, Mitteilung, Information, Sinn, aber auch Werte, Normen und Rollen ausdifferenziert werden. Als „besondere Komponenten der Wohlfahrtsgesellschaft" werden sodann u. a. wieder „Interessen und Gemeinwohlkonsens" sowie „Recht, Moral und soziales Vertrauen" genannt, die „als normative Orientierungen für Public Relations zu rekonstruieren" seien (1992, 227). Das alles wird additiv nebeneinander ausgebreitet, aber nicht integriert.

Die ungemein facettenreichen Ausführungen der beiden verschiedenen Autoren, die in dieser Form wohl nicht auf einen Nenner zu bringen sind – Kückelhaus spricht mit Recht von einer „kommunikationswissenschaftlichen Stoffsammlung"

(1998, 92) –, gipfeln im Konzept einer dreifachen „Intersystem-Beziehung zwischen Public Relations und anderen Sozialsystemen“, die sich mit den Begriffen Funktion, Leistung und Aufgabe fassen lasse. Die *Funktion* von PR beziehe sich auf das „Verhältnis von Public Relations zur Gesamtgesellschaft“ (Makro-Ebene). Die *Leistungen* von PR liegen in dem Verhältnis zu einzelnen gesellschaftlichen Funktionssystemen wie Politik, Wirtschaft, Wissenschaft, Recht etc., das sich über Märkte vollzieht (Meso-Ebene). Und die *Aufgaben* von PR beziehen sich auf die „inner- und interorganisatorisch institutionalisierten Verhältnisse“ (Mikro-Ebene). Die Schlußfolgerung der Autoren lautet: „Zusammen betrachtet ergeben Funktion, Leistungen und Aufgaben somit drei verschiedene PR-Typen, die mit der Gesamtgesellschaft, den Märkten und mit den einzelnen Organisationen je verschiedene Systemreferenzen mit je verschiedenen Umwelten aufweisen“ (1992, 249 ff.). Public Relations erscheint dabei ganz unvermittelt als Teilbereich der Publizistik.

Heinz Flieger hat 1988 „dem Nestor der deutschen Public Relations-Theorie und -Forschung Franz Ronneberger“ Vorschläge zu einem Curriculum gewidmet, das Betriebswirtschaftslehre, Sozialwissenschaften, Kulturwissenschaften, EDV und Rechtswissenschaften miteinander zu verbinden verlangt. Mit der wenig kohärenten „Theorie“ von Ronneberger/Rühl wurden sie aber gewiß nicht eingelöst. Dem Anspruch einer interdisziplinären, das heißt tatsächlich integrativen Theorie der Public Relations kann auch dieser „Entwurf“ nicht entsprechen. Das ist den Autoren wohl selbst bewußt geworden, weil sie im Gegenteil sogar behaupten, daß „keine universalistische PR-Definition möglich“ sei – dies vermutlich aufgrund ihrer Überzeugung, daß „sich für Public Relations grundsätzlich keine Universalaufgabe postulieren“ lasse. „Vielmehr sehen wir im Entwurf und in der Arbeit an einer PR-Theorie eine Herausforderung auf Dauer, wenn Theorie als Forschungsprogramm und nicht als Wissenssilo begriffen wird“ (1992, 279–285).

So lautet die Bilanz hier: Öffentlichkeitsarbeit ist nach Ronneberger/Rühl nicht handlungs-, sondern systemorientiert, und sie ist kommunikationsbezogen. Das Problem von Öffentlichkeitsarbeit *versus* Werbung wird nivelliert, denn gemessen am

Leisten der Kommunikation heben sich solche Gegensätze auf. Eine Wissenschaft der Öffentlichkeitsarbeit wird als Teil der Publizistikwissenschaft begriffen, PR als genuines Aufgabenfeld eigentlich negiert und eine PR-Definition konsequenterweise für unmöglich erklärt. Es ist erstaunlich, daß gleichwohl noch der Anspruch einer „Theorie der Public Relations" (Buchtitel) erhoben werden kann.

Zur Einschätzung von gesellschaftsbezogenen PR-Theorien wie der von Ronneberger/Rühl muß herausgestellt werden, was weitestgehend oder gänzlich ausgelassen wurde: die Medien und das, was sich in ihnen vermittelt – Herrschaft. Während die betriebsbezogene PR-Theorie von Zerfaß ins Zentrum explizit das Geld stellt, spart die gesellschaftsbezogene PR-Theorie von Ronneberger/Rühl die Macht exakt aus. Insbesondere öffentliche Kommunikation aber, die sich der Medien bedient, ist auf allen Ebenen wesentlich durch Machtbeziehungen bestimmt. Zwar treffen Arbeitgeber und Arbeitnehmer aufeinander, aber sie sind doch nicht gleichrangig, genausowenig wie Reiche und Arme oder global operierende Industriekonglomerate und kleine mittelständische Unternehmen. Zwar bedienen wir uns alle der Medien, etwa des Fernsehens, aber macht es nicht einen wichtigen Unterschied aus, ob das Fernsehen Instrument ist, mit dem wir unsere Meinung verbreiten, oder die Glotze, vor der wir abends sitzen und unser Bier trinken? Wer kann es sich schon leisten, PR-Agenturen zu engagieren oder eigene PR-Abteilungen einzusetzen? Öffentlichkeitsarbeit definiert sich demnach nicht nach der Idealvorstellung eines kommunikativen Ausgleichs gleichwertiger Interessen, sondern „Integration" tendiert eher zur Anpassungs- und Strafandrohungsstrategie, zum Disziplinierungs- und Kontrollmechanismus gegenüber den PR-Rezipienten (Dorer/Marschik 1993, 113). Der Nachweis von Machtverlagerungen wie die vom Journalismus zu PR (Baerns 1985/1991) oder die Konzeptualisierung von PR als Umweltkontrolle (Theis 1992) haben das längst konkretisiert.

Das Hauptproblem der gesellschaftsbezogenen PR-Theorien besteht in ihrer Reduktion auf Kommunikation. In der Debatte um die Theorie des kommunikativen Handelns von Jürgen Habermas (1981/1988) ist offenbar der Unterschied zwischen Reden und Tun verlorengegangen, zwischen Darstellen und Sein. Der Vorwurf an PR, die wahren Sachverhalte „schönzureden", bezieht sich genau auf diese Verwechslung. Zahlreiche Fallstudien – beispielsweise zur PR von Landesbühnen (Grätz 1995), zur PR von Banken und Sparkassen (Cremer 1995) oder zur PR von Gewerkschaften (Arlt 1998) – tendieren dazu, Öffentlichkeitsarbeit letztlich auf die Vermeidung operativer Fehler zu reduzieren. Die Klage des Politikers nach einer verlorenen Wahl, er habe seine Ziele nicht gut genug kommuniziert, schreibt ein *Sach*problem zu einem *Kommunikations*problem um. Diese Aufweichung des Wirklichkeitsbezugs hat bereits zum programmatischen Realitätsverlust geführt, wie ihn die PR-Theorie von Klaus Merten (1992) bzw. Andrea Kückelhaus (1998) konzipiert. Im Licht des Radikalen Konstruktivismus erscheint dabei die authentische, objektive Realität nicht zugänglich, sondern wird ersetzt durch eine Vielzahl subjektiver, konstruierter, fiktionaler Wirklichkeitsentwürfe. Wirklichkeit wird also durch Kommunikation erst konstruiert. PR wird damit begriffen als „ein Prozeß intentionaler und kontingenter Konstruktion wünschenswerter Wirklichkeiten durch Erzeugung und Befestigung von Images in der Öffentlichkeit" (Merten 1992, 44). Eine gesellschaftsbezogene PR-Theorie (auch) für authentische Wirklichkeit, eine gesellschaftsbezogene PR-Theorie (auch) des Handelns liegt nicht vor.

## 1.4. Öffentlichkeitsarbeit als spezielle System-Umwelt-Interaktion

Im Sinne einer Wissenschaft der Public Relations soll Öffentlichkeitsarbeit demgegenüber hier in Anlehnung an Ragnwolf H. Knorr (1984) als spezielle System-Umwelt-Interaktion verstanden werden. Öffentlichkeitsarbeit gehört demnach weder zu den Wirtschafts- noch zu den Sozialwissenschaften oder zur Kommunikations- und Publizistikwissenschaft, sondern muß als genuiner Gegenstandsbereich der Kulturwissenschaft verstanden werden. Während organisationsbezogene PR-Theorien den Akzent handlungstheoretisch gewissermaßen auf „System" legen und gesellschaftsbezogene PR-Theorien systemtheoretisch eher auf „Umwelt“, akzentuiert der kulturwissenschaftliche Ansatz die „Interaktion“ von System und Umwelt und bietet damit eine Synthese an.

Der erste Eckpfeiler für das „Grundwissen ‚Öffentlichkeitsarbeit‘“ ist „System“. Was heißt „System“? Vereinfachend ließe sich sagen: Ein soziales System ist ein beobachtbarer Handlungsraum, in dem komplexe, aber abgrenzbare Handlungsabläufe erkannt oder bestimmt werden können – Handlungsabläufe, die mit dem Ziel der Lösung von Problemen sinnvoll einander zugeordnet sind und von den Handlungen der Umwelt unterschieden werden können. Damit ist bestimmt, wodurch ein System zu einem System wird: erstens durch seine Beziehungen zu sich selbst, das heißt durch seine Organisation in Subsysteme und Teilsysteme, durch seine inneren Konflikte und Widersprüche, durch seine systemeigenen Elemente, durch seine internen Handlungsprozesse und Dialogbeziehungen. Zweitens wird ein System zu einem System durch seine Beziehungen zu seiner Umwelt, genauer: durch seine Grenzen, also durch das, was es nicht ist. Das Verständnis eines Systems, seiner Einheit, seiner Natur, seiner Funktion, ist demnach ohne Einbeziehung der Systemumwelt schlechterdings unmöglich. Im Begriff „System“ verbirgt sich ein holistischer Ansatz: Man ist gezwungen, das Ganze in den Blick zu nehmen.

Das ist ein Vorteil dieses Denkmodells gegenüber rein organisationsbezogenen Auffassungen von Öffentlichkeitsarbeit. Das System nach außen und das System nach innen sind untrennbar und gleichrangig. Die Auffassung einer Handlungseinheit als System läßt die Bedeutung sichtbar werden, die die interne Ordnung (oder Unordnung) für die externen Beziehungen zwangsläufig hat. Die Kategorie „System“ zwingt dazu, die Differenzierung innerhalb des Systems selbst in den Blick zu nehmen: die dort bestehenden Teil- und Subsysteme, die Hierarchien, die ablaufenden Informations-, Kommunikations- und Handlungsprozesse – alle Elemente und ihre Relationen zueinander in Gestalt einer mehrschichtigen, hochdifferenzierten Vernetzung. Die Frage nach der Funktion des Systems nach innen ist die Frage nach den komplexen Bezügen aller Elemente zueinander. Diese Relationen sind naturgemäß oft uneinheitlich, ungleichgewichtig, widersprüchlich, z. B. von unterschiedlichen oder gegenläufigen Interessen oder Hierarchiepositionen bestimmt. Es geht also um die kontinuierliche Konditionierung dieser Relationen und ihrer Formen, denn Vernetzung meint zwar Ordnung, keineswegs aber eine statische Struktur. Niklas Luhmann nennt, was hier erforderlich ist, die permanente Anpassung des Systems an die eigene Komplexität. Ein Eingriff an einer Stelle hat sofort Folgen an einer anderen, denn die relative Balance wird dadurch verändert, und beides wirkt sich wiederum je anders auf die jeweilige Umwelt aus. Also nicht nur die internen Widersprüche und Konflikte, sondern grundsätzlich die innere Dynamik des Systems als solchem markiert einen permanenten Handlungsbedarf.

Das meint zunächst einmal das, was in der PR-Literatur bislang als „human relations" oder als „corporate culture" bzw. „Unternehmenskultur" diskutiert wurde: die Bemühungen der Geschäftsleitung oder Führung um die Motivierung und Einbindung ihrer Mitarbeiter einerseits und die Identifikation der Mitarbeiter mit ihrem Betrieb oder ihrer Organisation andererseits. Aber „System" meint noch sehr viel mehr und setzt dabei die Akzente anders. Das bereits zitierte Wort, PR habe im eigenen Hause zu beginnen, suggeriert das Bibelzitat von der eigenen Tür, vor der man zunächst kehren soll, oder impliziert doch, daß „danach" dann die „eigentliche" Öffentlichkeitsarbeit zu beginnen habe, nämlich „nach außen". Aber nichts wäre irriger als diese Zweistufenphilosophie, weil sie das Neben- und Miteinander systemintern gerichteter und systemextern gerichteter Öffentlichkeitsarbeit in eine pseudo-logische Handlungskette mit einer sequentiellen Struktur verkehrt. Mit der Kategorie „System" wird Öffentlichkeitsarbeit nach innen nicht nur zu einem absolut Selbstverständlichen, das einer besonderen Begründung gar nicht bedarf, sondern auch zu einer kontinuierlichen und von der PR nach außen gar nicht trennbaren Aufgabe. Die Prinzipien der internen Komposition und der internen Interaktionen kontinuierlich zu explizieren und zu gestalten wird aus systemtheoretischer Sicht nämlich nicht zu einer Voraussetzung auch jeglicher kontinuierlichen Öffentlichkeitsarbeit nach außen, sondern zu einem Teil der Öffentlichkeitsarbeit des Systems insgesamt – unabdingbar gleichrangig und gleichzeitig zur PR nach außen.

Bei der Auffassung von Öffentlichkeitsarbeit als spezieller System-Umwelt-Interaktion wird mit der Kategorie „System" eine provokativ selbstverständliche, kontinuierliche Aufgabe gesetzt: interne Selbstanalyse, Selbsterkenntnis und Selbstgestaltung. Der Grund dafür liegt letztlich im Begriff der Öffentlichkeit: Öffentlichkeit, hier zunächst systembezogen definiert, zwingt zur Unterscheidung in interne Teilöffentlichkeiten einerseits und eine umfassende interne Systemöffentlichkeit andererseits. Die klassische Frage also, wo die PR innerhalb des Systems angesiedelt sein soll, ist falsch gestellt. Denn interne Systemöffentlichkeit konstituiert sich aus ausnahmslos allen beteiligten Menschen und Teil- und Subsystemen innerhalb des Systems, und die Frage, wer Öffentlichkeitsarbeit systemintern induziert oder systemextern steuert, darf nicht verwechselt werden mit der Frage, wer Öffentlichkeit konstituiert. Folgenreich wird diese Unterscheidung stets dann, wenn die interne Systemöffentlichkeit nach Maßgabe der einzelnen Mitglieder und Teilsysteme des Systems quasi „umkippt" in externe Teilöffentlichkeiten bzw. in die Umwelt des Systems, in der die Menschen sich natürlich ebenfalls befinden bzw. in der Teilsysteme systembedingt agieren müssen. Das meint, bezogen auf kommerzielle Unternehmen, Kommunikations- und Handlungssysteme wie die Familie, Interessen- und Freizeitverbände oder politische Parteien und Gewerkschaften ebenso wie Verhandlungspartner, Zulieferer oder Abnehmer von Teilleistungen des Systems. In dem Maße, in dem diese quasi Außen-Systeme gesamtgesellschaftliche Relevanz haben, steigt ihre Bedeutung auch für den Erhalt und die Zukunft des spezifischen Systems als solchem. Daß es in einem Unternehmen eine Abteilung Werbung oder eine Abteilung Marketing gibt, macht Sinn; eine Abteilung Public Relations, als Abteilung, dagegen überhaupt nicht. Und selbst wenn der PR-Berater, wie in der Literatur idealistischerweise oft deklariert, direkt bei der Unternehmensleitung angesiedelt ist, wird er so lange scheitern, wie sich seine interne Beratung primär oder ausschließlich auf die Geschäftsleitung statt auf alle Mitglieder des Systems auf allen Hierarchieebenen bezieht. PR ist insofern eben keine Managementfunktion, sondern geht alle Träger des Systems an. Nur die PR-Beratung ist eine Managementfunktion, aber auch sie nicht in dem Sinne, daß sie exklusiv oder primär auf das Top-Management beschränkt wäre.

„Umwelt" ist der zu „System" komplementäre Begriff; der eine gewinnt nur mit Bezug auf den anderen seinen Sinn. Was heißt „Umwelt"? Die Umwelt eines Systems kann so gedacht werden, daß sie wiederum aus verschiedenen anderen Systemen besteht, die sich teils überlappen können und die hinsichtlich unseres Systems auch von unterschiedlicher Bedeutung sind. Das bedeutet vor allem, daß sich das System nicht auf „die" Umwelt hin orientieren muß, sondern sich an unterschiedliche Systeme innerhalb der Umwelt, in unterschiedlichem Maße und in ganz verschiedenen Formen, zu richten hat. Vor allem die Kategorie „Umwelt" kann die Notwendigkeit einer holistischen Perspektive von Öffentlichkeitsarbeit verdeutlichen.

Wenn gesagt wurde, daß ein System (u. a.) dadurch zu einem System wird, daß es Beziehungen zu seiner Umwelt hat, so meint das die Notwendigkeit, ganz verschiedene Abhängigkeitsbeziehungen und Orientierungstendenzen sowie ihre systemintern unterschiedlichen Funktionen zu unterscheiden. Erst hier macht die Abgrenzung von Public Relations von anderen Umwelt-Kontakten (wie Werbung, Marketing etc.) Sinn: nicht als bloß definitorische, defensive Abgrenzung, sondern als sachlich gegebene. Erst aus der Unterschiedlichkeit der Systemteilöffentlichkeiten (nach innen) sowie der Umweltsysteme und der durch sie konstituierten externen Teilöffentlichkeiten (nach außen) läßt sich zwingend die spezifische Eigenheit von Public Relations ableiten, nicht etwa aus der Art der intendierten Interaktion, wie das bislang versucht wurde. Mit anderen Worten: Werbung unterscheidet sich von PR nicht – wie üblicherweise vertreten – dadurch, daß sie persuasiv sei, PR dagegen dialogisch (und so weiter). Bei kommerziellen Organisationen fallen Werbung und Öffentlichkeitsarbeit, wie Zerfaß gezeigt hat, kraft des Strategiepostulats zusammen; beide sprechen gleichermaßen, im ökonomischen System, direkt oder indirekt letztlich den Käufer an, selbst wenn es um Politiker, um Multiplikatoren oder um Journalisten geht. Bei Non-Profit-Organisationen unterscheiden sich Werbung und Öffentlichkeitsarbeit gemäß unterschiedlicher, eben nicht gleichgerichteter Teilöffentlichkeiten innerhalb des Systems und des Systems mit

Umweltsystemen. Also aus der konstitutiven Unterschiedlichkeit der Teilsysteme (nach innen) bzw. Umweltsysteme (nach außen) ergibt sich die Natur der Interaktionen, nicht umgekehrt. Demzufolge wird noch genauer zu erörtern sein, was unter „Öffentlichkeit" zu verstehen ist und inwiefern unterschiedliche Umwelten auf unterschiedliche Systeme rekurrieren (bzw. umgekehrt).

Die Bestimmung der Öffentlichkeitsarbeit als spezielle System-Umwelt-Interaktion läßt sich nach Maßgabe der Schlüsselkategorie „Interaktion" weiter konturieren. Öffentlichkeitsarbeit meint Interaktion „in" Gesellschaft, das heißt nicht Interaktion des Systems mit seiner quasi „gesellschaftlichen" Umwelt, also Öffentlichkeitsarbeit lediglich nach außen; es geht darum, die falsche Vorstellung von Interaktion etwa „mit" Gesellschaft, so als wäre Interaktion außerhalb von Gesellschaft überhaupt möglich, aufzugeben und Interaktion selbst als gesellschaftliches Geschehen zu begreifen, nach innen wie nach außen. Das heißt, jedes System interagiert in Gesellschaft, jedes System betreibt Öffentlichkeitsarbeit, ob es will oder nicht, und die Bedingungen und Formen dieser Interaktion unterliegen gesellschaftlichen Vorgaben. Die Frage ist nicht: Braucht oder will ein System Interaktion, braucht oder will eine Organisation PR, sondern lediglich: Wird Interaktion, wird Öffentlichkeitsarbeit bewußt gestaltet, gesteuert oder nicht? Und die Frage lautet auch nicht: Ist Interaktion gesellschaftlich zugerichtet oder etwa Resultat eines individuellen Eingriffs, sondern: Konkret welche gesellschaftlichen Momente haben sich ausgewirkt oder niedergeschlagen? Da jedes System zwangsläufig wahrgenommen wird, und zwar als wahrnehmendes und handelndes, sind Wahrnehmung, Kommunikation, Handeln unvermeidbar. Ein Unternehmen, ein Verein, eine Organisation welcher Art auch immer kann also nicht nicht Öffentlichkeitsarbeit betreiben. Und der gesellschaftliche Charakter dieser Interaktion gibt den Handlungsspielraum vor und reglementiert ihn weitgehend – was keineswegs heißt, Öffentlichkeitsarbeit als Interaktion sei damit bloße Anpassung.

Öffentlichkeitsarbeit als Interaktion in Gesellschaft heißt also nicht Kommunikation zwischen Menschen, sondern Handeln; verkürzt gesagt: nicht (nur) Reden, sondern (auch) Tun.

Mehr noch: Interaktion meint auch nicht einfach soziales Handeln, schon gar nicht von Einzelperson zu Einzelperson(en), sondern gesellschaftliches Handeln, das heißt, es bezieht sich auf Erwartungen, Wertvorstellungen, Interessen, Ordnungsmuster anderer (Umwelt-)Systeme, die sich natürlich wandeln und die ihrerseits auch verändert werden können. Eine besondere Bedeutung kommt dabei den Medien zu, und zwar in dem Maße, in dem Interaktion in Gesellschaft medial vermittelte Interaktion ist und Veränderungen sich inhaltlich in Medien niederschlagen oder strukturelle Veränderungen der Medien ihrerseits die Inhalte und Formen der Interaktion verändern.

Das Konzept von Öffentlichkeitsarbeit aus kulturwissenschaftlicher Sicht basiert auf einer Neubestimmung der Kategorien „Öffentlichkeit" (Kap. 2) und „Wert" (Kap. 3). Auf dieser Grundlage kann Öffentlichkeitsarbeit als „spezielle" System-Umwelt-Interaktion anhand ihres Sinns (Kap. 4) entfaltet werden. „Interaktion" selbst wird dann vor allem mit Blick auf die Medien (Kap. 5) dargestellt. Letztlich erscheint Öffentlichkeitsarbeit so als kulturstiftende Praxis (Kap. 6).

## Literatur

Arlt, Hans-Jürgen: Kommunikation, Öffentlichkeit, Öffentlichkeitsarbeit. PR von gestern, PR für morgen – Das Beispiel Gewerkschaft. Opladen 1998.

Avenarius, Horst: Public Relations. Die Grundform der gesellschaftlichen Kommunikation. Darmstadt 1995.

Avenarius, Horst und Wolfgang Armbrecht (Hrsg.): Ist Public Relations eine Wissenschaft? Eine Einführung. Opladen 1992.

Baerns, Barbara: Öffentlichkeitsarbeit oder Journalismus. Zum Einfluß im Mediensystem. Köln 1985, 2. Aufl. 1991.

Beck, Ulrich: Risikogesellschaft. Auf dem Weg in eine andere Moderne. Frankfurt/Main 1986.

Becker, Jochen: Marketing-Konzeption. Grundlagen des strategischen und operativen Marketing-Managements. 6., vollständ. überarb. und erweit. Aufl. München 1998.

Becker, Thomas: Die Sprache des Geldes. Grundlagen strategischer Unternehmenskommunikation. Opladen 1998.

Bentele, Günter, Horst Steinmann und Ansgar Zerfaß (Hrsg.): Dialogorientierte Unternehmenskommunikation. Grundlagen – Praxiserfahrungen – Perspektiven. Berlin 1996.

Bentele, Günter: Grundlagen der Public Relations. Positionsbestimmung und einige Thesen. In: Wolfgang Donsbach (Hrsg.), Public Relations in Theorie und Praxis. Grundlagen und Arbeitsweise der Öffentlichkeitsarbeit in verschiedenen Funktionen. München 1997, S. 21–36.

Bentele, Günter und Lothar Rolke (Hrsg.): Konflikte, Krisen und Kommunikationschancen in der Mediengesellschaft. Casestudies aus der PR-Praxis. Berlin 1998.

Botan, C. H. und V. Hazleton (Hrsg.): Public Relations Theory. Hillsdale, N.J. 1989.

Bruhn, Manfred: Kommunikationspolitik. München 1997.

Cremer, Michael: Presse- und Öffentlichkeitsarbeit in Banken und Sparkassen. Wiesbaden 1995.

Cutlip, Scott, Allen H. Center und Glen M. Broom: Effective Public Relations. Englewood Cliffs, N.J. 1952, 6. Aufl. 1985.

Dorer, Johanna und Klaus Lojka (Hrsg.): Öffentlichkeitsarbeit. Theoretische Ansätze, empirische Befunde und Berufspraxis der Public Relations. Wien 1991.

Dorer, Johanna und Matthias Marschik: Kommunikation und Macht. Public Relations – eine Annäherung. Wien 1993.

Droste, Heinz-W.: Public Relations. Analyse-Schema für die Praxis des PR-Beraters auf der Grundlage funktionalistischer Betrachtung. Wiesbaden 1989.

Fischer, Heinz-D. und Ulrike G. Wahl (Hrsg.): Public Relations: Geschichte – Grundlagen – Grenzziehungen. Frankfurt/Main 1993 (Reader mit Klassiker-Texten).

Grätz, Martina: Öffentlichkeitsarbeit an Landesbühnen. Münster 1995.

Grunig, James E. und Todd Hunt: Managing Public Relations. Fort Worth (u. a.) 1984.

Grunig, James E. und Larissa A. Grunig: Toward a Theory of the Public Relations Behavior of Organisations: Review of a Program of Research. In: Public Relations Research Annual, vol. 1 (Hillsdale, N.J. 1989), S. 27–63.

Habermas, Jürgen: Theorie des kommunikativen Handelns. Frankfurt/Main 1981/1988.

Hategan, Christa: Berufsfeld Öffentlichkeitsarbeit. Eingrenzung für die Aus- und Weiterbildung. Hamburg 1991.

Hecker, Silke: Kommunikation in ökologischen Unternehmenskrisen. Der Fall Shell und Brent Spar. Wiesbaden 1997.

Henning, Friedrich-Wilhelm (Hrsg.): Krise und Krisenbewältigung vom 19. Jahrhundert bis heute. Frankfurt (u. a.) 1998.
Hundhausen, Carl: Public Relations. Theorie und Systematik. Berlin 1969.
Klimke, Robert und Barbara Schott: Die Kunst der Krisen-PR. Köln 1995.
Knorr, Ragnwolf H.: Public Relations als System-Umwelt-Interaktion. Dargestellt an der Öffentlichkeitsarbeit einer Universität. Wiesbaden 1984.
Kückelhaus, Andrea: Public Relations: Die Konstruktion von Wirklichkeit. Kommunikationstheoretische Annäherungen an ein neuzeitliches Phänomen. Opladen 1998.
Kunczik, Michael: Public Relations. Konzepte und Theorien. Köln, Weimar, Wien 1993.
Kunczik, Michael, Alexander Heintzel und Astrid Zipfel: Krisen-PR. Unternehmensstrategien im umweltsensiblen Bereich. Köln 1995.
Laube, Gerhard L.: Betriebsgrößenspezifische Aspekte der Public Relations. Frankfurt/Main 1986.
Long, Larry W. u. a.: Public relations: A theoretical and practical approach. In: Public Relations Review, vol. 13 (1987), no. 2, S. 3–13.
Luhmann, Niklas: Soziale Systeme. Grundriß einer allgemeinen Theorie. Frankfurt/Main 2. Aufl. 1988.
Merten, Klaus: Begriff und Funktion von Public Relations. In: prmagazin 11/1992, S. 35–46.
Nitsch, Harry: Dynamische Public Relations. Stuttgart 1975.
Oeckl, Albert: Handbuch der Public Relations. Hamburg 1964.
Oeckl, Albert: PR-Praxis. Der Schlüssel zur Öffentlichkeitsarbeit. Düsseldorf, Wien 1976.
Ronneberger, Franz: Legitimation durch Information. Düsseldorf, Wien 1977. (Der darin enthaltene Beitrag „Legitimation durch Information. Ein kommunikationstheoretischer Ansatz zur Theorie der PR“ ist wiederabgedruckt in: Dorer/Lojka (Hrsg.), S. 8–19.)
Ronneberger, Franz: Theorie der Public Relations. In: Dieter Pflaum und Wolfgang Pieper (Hrsg.), Lexikon der Public Relations. 2. Aufl. Landsberg/Lech 1993, S. 494–498.
Ronneberger, Franz und Manfred Rühl: Theorie der Public Relations. Ein Entwurf. Opladen 1992.
Saxer, Ulrich: Public Relations als Innovation. Innovationstheorie als public-relations-wissenschaftlicher Ansatz. In: Media Perspektiven 5/1991, S. 273–290.
Scheidges, Rüdiger: Kommunikationsverschmutzung. Zur „übergreifenden Theorie“ der PR. In: Dorer/Lojka (Hrsg.), S. 20–27.

Schulze-Fürstenow, Günther (Hrsg.): PR-Perspektiven. Beiträge zum Selbstverständnis gesellschaftsorientierter Öffentlichkeitsarbeit. Neuwied 1988.

Signitzer, Benno: Public Relations-Forschung im Überblick. Systematisierungsversuche auf der Basis neuerer amerikanischer Studien. In: Publizistik, 33. Jg. (1988), H. 1, S. 92–116.

Benno Signitzer: Theorie der Public Relations. In: Roland Burkart und Walter Hömberg (Hrsg.), Kommunikationstheorien. Ein Textbuch zur Einführung. Wien 1992, S. 134–152.

Theis, Anna Maria: Inter-Organisations-Beziehungen im Mediensystem: Public Relations aus organisationssoziologischer Perspektive. In: Publizistik, 37. Jg. (1992), H. 1, S. 25–36.

Theis, Anna Maria: Organisationskommunikation. Theoretische Grundlagen und empirische Forschungen. Opladen 1994.

Uth, Hans-Joachim (Hrsg.): Krisenmanagement bei Störfällen. Vorsorge und Abwehr der Gefahren durch chemische Stoffe. Berlin (u. a.) 1994.

Zerfaß, Ansgar: Unternehmensführung und Öffentlichkeitsarbeit. Grundlegung einer Theorie der Unternehmenskommunikation und Public Relations. Opladen 1996.

# 2. Öffentlichkeit und Öffentlichkeitsarbeit

## 2.1. Terminologische Aspekte

Der Begriff „Öffentlichkeit", obwohl zentral für jede Wissenschaft der Öffentlichkeitsarbeit, ist immer noch unzureichend konzipiert. Das ist nicht eigentlich erst auf die jüngsten Veränderungen von „Öffentlichkeit" selbst zurückzuführen, die verstärkte Theorieanforderungen der diversen Wissenschaften provozieren. Die PR-*Praxis*, sofern sie überhaupt darauf reflektiert, verläßt sich ausnahmslos auf traditionelle Auffassungen, überwiegend geprägt von pragmatischer Anwendungsorientiertheit und Marketing-Erfahrungen. Die PR-*Theorie* orientiert sich stark an Konzeptionen von Öffentlichkeit, wie sie insbesondere die Wirtschaftswissenschaften, die Kommunikations-, die Publizistik-, die Politikwissenschaft und die Soziologie entwickelt haben. Im jüngsten Konzept einer „Systematik PR-Forschung" (Günter Bentele 1997) kommt Öffentlichkeit als Problemfeld kaum vor, obwohl schon seit längerem „Öffentlichkeit als konstituierendes Prinzip der Public Relations" (Peter Szyszka 1993) angemahnt worden war. Der Diskurs wurde hier gerade erst eröffnet (Szyszka 1999).

2.1.1. Bei der derzeit bestehenden Vielfalt von Theorien von Öffentlichkeit erscheint es zweckmäßig, einleitend einige terminologische Aspekte zur Klärung vorauszuschicken. Dabei gilt es vor allem, sich den diachronen Problemhorizont zu vergegenwärtigen. Betriebswirtschaftliche Konzepte von Öffentlichkeitsarbeit fassen Öffentlichkeit bevorzugt als „hier und jetzt"; sie sind tendenziell geschichtslos auch dann noch, wenn sie einige Jahrzehnte zurückgreifen oder das kommende Jahrzehnt ins Auge fassen. Öffentlichkeit ist hier eine synchrone Kategorie. Das gilt für gesellschaftsbezogene Konzepte von Öffentlichkeitsarbeit nur zum Teil, nämlich für die Kultursoziologie. Publizistikwissenschaftliche Ansätze dagegen gehen in Anlehnung an Begriffs-, Ideen-, Philosophie-, Politikgeschichte einige Jahrhunderte zurück. Demnach hieß „öffentlich" noch zu Luthers Zeiten lediglich „offenbar", „bekannt". Erst im Neuhochdeutschen entwickelte sich die Bedeutung von „allgemein zugänglich". Die Übersetzung des lateinischen „publicus", englisch „public", meinte aber auch – im Sinne des althochdeutschen „frôno = herrschaftlich" – „amtlich" oder „obrigkeitlich". „Öffentlich" wurde in herrschaftsbezogener Verengung zunehmend mit „staatlich" identifiziert. Dahinter stand der erste Versuch, Justiz und Verwaltung in Österreich und Preußen 1749 zu trennen: „Justiziabel", also der Gerichtsbarkeit unterworfen, war der individualistische und ökonomische Bereich, ihr entzogen dagegen der politische Bereich der Verwaltung. Wort und Begriff „Öffentlichkeit" sind demnach ein Produkt der Aufklärung; sie wurden erstmals 1765 belegt. Immanuel Kant nannte die „öffentliche Gesetzgebung" gegen Ende des 18. Jahrhunderts die allgemeine, überindividuelle Gesetzgebung. Damit übernahm er zwar formell den Begriff des Staatsrechts und stellte ihn traditionell dem Privatrecht gegenüber, aber er interpretierte diesen Gegensatz neu, nämlich im Sinne der Philosophie des Vernunftrechts: Das Privatrecht galt hier als zwar vernünftiger, aber provisorischer, ungesicherter Naturzustand, der erst im öffentlichen Recht beständig und verbindlich wurde.

Aus dem normativen Charakter dieser Unterscheidung folgte die liberale Forderung, das „Reich der Gnade" (im Sinne einer noch ständischen Ordnung) endlich zu „reinigen" und „wohlzubefestigen". Die Unterscheidung von Naturzustand („status naturalis") und verfassungsrechtlich gesichertem bürgerlichem Zustand („status civilis") wurde Anfang des 19. Jahrhunderts durch Hegels Gegenüberstellung von Staat und Gesellschaft abgelöst. Der politische Liberalismus verstand „öffentlich" nun immer weniger als „staatlich" im Sinne des Staates der Restauration als monarchischer Anstalt, sondern als „gemeinschaftlich" und „bürgerlich" – die Polemik richtete sich gegen die Arkanpraxis absolutistischer Kabinettspolitik und Verwaltung; der Begriff der „öffentlichen Meinung" und der Begriff des „Publikums" wurden hier zentral. Mit der Revolution von 1848 und der Gründung des Kaiserreichs waren diese liberalen Forderungen in Deutschland prinzipiell erfüllt.

Auch diese Bedeutung von „öffentlich" änderte sich jedoch wieder mit dem Rückgang faktischer Zugänglichkeit. „Öffentlich" wurde seit dem letzten Drittel des 19. Jahrhunderts zu einer Kategorie, deren kritisch-normative Bedeutung von ihrer soziologisch-deskriptiven Bedeutung allmählich überdeckt wurde. „Öffentliche Meinung" entwickelte sich zur Angelegenheit von Meinungsführern. Die Massenpresse, dann das Radio und schließlich das Fernsehen hatten erheblichen Anteil daran, insofern diesen Medien mehr und mehr die Merkmale der politischen „Öffentlichkeit" übertragen wurden. Damit erhielt „Öffentlichkeit" eine wieder ganz andere Bedeutung. Sie wurde gefaßt als bestimmte Lebensbereiche, die zwischen zwei Polen liegen: zwischen dem Staat auf der einen Seite (Gesetze, Rechtsprechung, Verwaltung, Polizei etc.) und dem privaten Individuum auf der anderen Seite (Familie, Freundschaft, Freizeit etc.). „Öffentlich" hieß nun also sowohl „nichtstaatlich" als auch „nichtprivat", meinte demnach Bereiche wie die politischen Parteien, die Verbände, die Presse, die Kirchen, die Energie- und Wasserversorgungsunternehmen usw.

Heute muß man also zwei historisch gewachsene Bedeutungsdimensionen des Wortes „öffentlich" unterscheiden. Einmal heißt „öffentlich", daß etwas zugänglich ist – eine Gerichtsverhandlung beispielsweise. In diesem Sinn ist Öffentlichkeit Kennzeichen einer freiheitlichen Staatsverfassung, denn es geht um den Grundsatz der allgemeinen und freien Teilnahme am politischen und gesellschaftlichen Geschehen. „Öffentlich" ist also eine zentrale Kategorie des Demokratiegedankens und durchaus positiv besetzt. Der Gegensatz zu „öffentlich" in diesem Sinn wäre „geheim". In der Tat gibt es keine Öffentlichkeit ohne Geheimnis; diese Komplementarität wird im Zusammenhang mit dem „Sinn" von Öffentlichkeitsarbeit wieder auftauchen (Kap. 4). Sodann aber heißt „öffentlich" auch, daß etwas von außen geregelt oder festgelegt ist – dem einzelnen Menschen treten bestimmte Konventionen als Normen und soziale Zwänge gegenüber. Oder es bedeutet, daß jemand „an den Pranger" gestellt, daß etwas „in die Öffentlichkeit gezerrt" wird. In diesem Sinne ist Öffentlichkeit eine reglementierte Sphäre, die Unbehagen auslösen und als Bedrohung des Individuums aufgefaßt werden kann. „Öffentlich" wird damit zu einer gesellschaftskritischen Kategorie, die eher negativ gewertet wird. Der Gegensatz zu „öffentlich" in diesem Sinne wäre „privat". Diese Privatheit gegenüber dem Öffentlichen ist das Vertrauliche, etwas zu Schützendes (Kap. 4). Teilweise herrscht auch eine Begriffsauffassung vor, die beides tangiert. Wenn man etwa davon spricht, daß Luft und Wasser „öffentlich" seien oder daß es „öffentliche" Gebäude gebe, meint man die Zugänglichkeit und Verfügbarkeit oder Nutzbarkeit, jedoch nicht im Gegensatz zu „geheim", sondern im Gegensatz zu „privat".

2.1.2. Hinzu kommen dann aber noch weitere Begriffsvarianten, wie sie mit „öffentlicher Meinung" und „veröffentlichter Meinung" beschrieben werden. Ersteres meint zunächst die Meinung von Herrschenden und gesellschaftlichen Eliten – insbesondere der politischen und staatlichen Führer. Dann aber ist auch die Meinung der „breiten Masse" damit bezeichnet, wie sie etwa durch Meinungsumfragen erhoben zu werden pflegt. Oder man meint damit vielmehr gerade ein anonymes, formloses, vages Phänomen, dessen man nicht Herr werden, das man nicht in den Griff bekommen kann. Öffentliche Meinung wäre demnach ein irgendwie zustande kommender und labiler „Komplex übereinstimmender Äußerungen von großen oder kleinen Gruppen unserer Gesellschaft über öffentliche Angelegenheiten" (Elisabeth Noelle-Neumann). Dieser Begriff ist seit Jahrhunderten ein zentraler Begriff der Politik und der Staats- und Verfassungslehre. „Öffentliche Meinung" in diesem Sinn wird als Kontrollinstanz gegenüber den Aktivitäten des Staates begriffen – der Staat soll sich vor der öffentlichen Meinung rechtfertigen. Allerdings gibt es natürlich nicht „die" öffentliche Meinung, bzw. der allgemeine „Meinungsmarkt" war niemals wirklich allen Mitgliedern einer Gesellschaft gleichermaßen zugänglich. Es gab und gibt deshalb immer nur öffentliche Meinungen (im Plural), die sich zudem in einem kontinuierlichen Prozeß der Entstehung, Veränderung, Ablösung befinden, und die Frage ist nur, welche dieser öffentlichen Meinungen zu einer gegebenen Zeit den Anspruch erheben kann, als Legitimationsinstanz für staatliche Herrschaft fungieren zu dürfen.

Damit kommt das zweite in den Blick: Bei einer quantitativen Zunahme der Bevölkerung haben immer weniger Menschen die immer geringer werdende Möglichkeit, an dem Prozeß der Hervorbringung öffentlicher Meinungen teilzunehmen. „Öffentliche Meinung" ist heute weitgehend „veröffentlichte Meinung", und das weist den Medien, speziell den Massenmedien im Sinne der Massenkommunikation, eine Schlüsselfunktion zu. Veröffentlichte Meinung macht Öffentlichkeit primär zur „Medienöffentlichkeit". Und dabei spielen wirtschaftliche und politisch-gesellschaftliche Herrschaftsverhältnisse und Interessen die ausschlaggebende Rolle. Die publizistische Öffentlichkeit ist „gemachte" Öffentlichkeit. Sie kann sowohl positiv als auch negativ eingesetzt und bewertet werden, doch in jedem Fall stellt sie eine Instanz dar, die sich gleichermaßen gegenüber dem Staat und dem Allgemeinwohl und dem Individuum verselbständigt hat. Man spricht hier auch von einer „Medienarena", einem medial formierten Kommunikationsfeld.

Gemäß dem Konzept von Öffentlichkeitsarbeit als einer speziellen System-Umwelt-Interaktion muß Öffentlichkeit im folgenden in zweierlei Bedeutung thematisiert werden: erstens als (äußere) Umweltöffentlichkeit, zweitens als (innere) Systemöffentlichkeit. Im Hinblick auf die prinzipiell unterscheidbaren zwei Gruppen von PR-Theorien (Kap. 1) wird zu zeigen sein, daß weder der betriebswirtschaftliche Ansatz, der bevorzugt sein Augenmerk auf die Kommunikation des Unternehmens mit seiner Umwelt richtet (Kap. 2.2), noch der gesellschaftsorientierte Ansatz mit seiner publizistikwissenschaftlichen (Kap. 2.3) bzw. seiner kultursoziologischen Ganzheitsorientierung (Kap. 2.4) diesen Anforderungen zufriedenstellend entspricht. Deshalb wird anschließend darauf abzuheben sein, wie „Öffentlichkeit" als Schlüsselkategorie speziell für eine Wissenschaft der Öffentlichkeitsarbeit besser gefaßt werden kann, nämlich als kulturell funktionaler Raum (Kap. 2.5).

## 2.2. Der betriebswirtschaftliche Ansatz

Die praxisorientierte, von der Macherperspektive geprägte partikularistische Auffassung von Öffentlichkeitsarbeit faßt „Umwelt“ im Sinne von „Öffentlichkeit“ im wesentlichen als wirtschaftswissenschaftliche Kategorie. Dabei lassen sich zwei Varianten unterscheiden: Die erste Variante definiert Umwelt als Markt, als Zielgruppe. Die zweite Variante definiert Umwelt als Stakeholder oder Anspruchsgruppe. Beide Konzepte sollen kurz erläutert werden.

2.2.1. Das kommerzielle Unternehmen interagiert auf einem Markt mit Zielgruppen. Der Markt ist das Zusammentreffen von Angebot und Nachfrage, durch das sich Preise bilden. Zielgruppen bedeuten die Aufteilung des Marktes nach Marketing-Gesichtspunkten. Diese Marktsegmentierung unterscheidet einzelne Kunden und Konsumenten nach bestimmten Kriterien und faßt sie zu Segmenten zusammen. Damit sollen spezielle Bedürfnisse von Gruppen von Menschen besser erkannt, besser angesprochen, besser befriedigt werden. „Besser“ heißt hier: mit einem optimalen Media-Mix, unter Vermeidung von Streuverlusten, mit maximalem Ertrag bei möglichst niedrigem Aufwand. Die Homogenität der Zielgruppe richtet sich gemäß dem Anliegen der Marketing-Aktivitäten nach unterschiedlichen Variablen: nach soziodemographischen Merkmalen (z. B. Alter, Geschlecht, Schulbildung, Einkommen), nach konsumorientierten Merkmalen (z. B. Erstkäufer, Intensivverwender, Spontankäufer), nach psychologischen Merkmalen (z. B. Persönlichkeitscharakteristika, Bedürfnisse, Präferenzen), nach soziologischen Merkmalen (z. B. Schicht, Integration, Mobilität), neuerdings verstärkt nach Aggregationen von Merkmalsgruppen als unterscheidbaren Lebensstilen (z. B. der spontane gruppenorientierte Jugendliche, die vielseitig interessierte Selbstbewußte, der sportliche aufgeschlosse Facharbeiter), nicht zuletzt nach Mediennutzung (z. B. Art, Intensität, Häufigkeit). So können beispielsweise junge Frauen zwischen 25 und 35 Jahre, mit Abitur, karriereorientiert, mit überdurchschnittlichem Verdienst, einer starken Neigung zum Genießen, persönlichkeitsstark, aufgeschlossen für neue Medien und mit besonderem Interesse an Mode und Kosmetik, zu einer Zielgruppe für ein neues hochpreisiges Frauenmagazin ausgewählt und entsprechend angesprochen werden.

Damit wird deutlich: Die Aufgliederung von Öffentlichkeit in möglichst „spitze Zielgruppensegmente", heute mit Einsatz spezieller Computerprogramme (z. B. Storyfinder) und Informationsbanken (vom klassischen Adressenverlag bis zu interaktiven Systemen), ist wichtiger Bestandteil gezielter Werbemaßnahmen zum Verkauf von Produkten in Konkurrenz zu anderen Anbietern. Der betriebswirtschaftliche PR-Ansatz überträgt dieses Modell auf Öffentlichkeitsarbeit, ohne freilich die gravierenden Unterschiede zu bedenken:

– Produktorientiertheit und Kauf spielen bei Öffentlichkeitsarbeit keine Rolle; der Konsument wird in bezug auf ein Produkt definiert, nicht in seiner Interaktion mit dem Unternehmen als System.

– Käufer und Konsumenten können nicht einfach durch weitere angebliche „Zielgruppen" wie etwa Händler, Lieferanten, Aktionäre, Multiplikatoren (z. B. Journalisten), sogar „Menschen wie du und ich" ergänzt werden, weil deren Status auf dem Markt völlig andersgeartet ist.

– Die Außenorientierung des Werbungsfaktors „Zielgruppe" unterschlägt notwendigerweise die Betriebsöffentlichkeit innerhalb des Unternehmens, ohne die aber Öffentlichkeitsarbeit gar nicht konzipiert werden kann.

– Es wird vergessen, daß Zielgruppen nicht zuletzt deshalb keine Öffentlichkeiten darstellen, weil die darin jeweils erfaßten Käufer und Konsumenten gar nicht persönlich in Kontakt miteinander stehen, keinerlei kommunikative oder sonstige Beziehungen miteinander haben und sich intentionsmäßig auch in keiner Weise aufeinander beziehen. Eine Zielgruppe definiert sich als Anhäufung singulärer Individuen, die zwar hinsichtlich bestimmter Merkmale identisch sind, ansonsten aber eine ganz und gar künstliche, abstrakte homogene Menge ausmacht.

– Vor allem läßt die Interpretation der „Zielgruppe" als „Öffentlichkeit" wegen Produktorientiertheit und Kauf eine Übertragung auf Non-Profit-Systeme nicht zu, das heißt, sie gilt nur für kommerzielle Unternehmen.

Zwischenbilanz: „Zielgruppe" als Marketingkategorie hat

also mit „Öffentlichkeit" als PR-Kategorie eigentlich gar nichts zu tun. Deshalb verbietet sich dieser Ansatz auch für eine Wissenschaft der Öffentlichkeitsarbeit. Tatsächlich wird PR in den meisten Marketing-Konzepten denn auch als gesonderte (minderwertige) Teilstrategie im Marketing-Mix aufgefaßt.

2.2.2. Die zweite betriebswirtschaftliche Variante faßt Umwelt bzw. Öffentlichkeit als Stakeholder. Unter Stakeholder versteht man Anspruchsgruppen oder Individuen mit Ansprüchen gegenüber einem Unternehmen, die vom Kernanliegen dieses Unternehmens betroffen sind oder dieses ihrerseits beeinflussen können. Das Unternehmen als System wird demnach durch seine Umwelt in seiner Handlungsautonomie eingeschränkt, sichert durch diese gesellschaftliche Einbindung aber seine Überlebensfähigkeit. Man spricht hier von einem komplexen Beziehungsgeflecht um den Austausch von Leistung und Gegenleistung, das immer dieselbe zentrale Frage aufwerfe: Was genau sind im konkreten Fall die wirklich *relevanten* Anspruchsgruppen („key stakeholder")?

Bei den Anspruchsgruppen unterscheidet man in interne und externe. Interne Anspruchsgruppen sind
– die Eigentümer (z. B. die Aktionäre, die an der Erhaltung, Verzinsung und Wertsteigerung des investierten Kapitals interessiert sind),
– das Management (das Gehalt, Macht, Einfluß, Prestige als Gegenleistung für das eigene Engagement erwartet) und
– die Mitarbeiter (die für ihre Arbeit neben Lohn und Vergütung auch immaterielle Gegenleistungen wie z. B. Entfaltungsmöglichkeit oder zwischenmenschliche Kontakte beanspruchen).

Externe Anspruchsgruppen werden in der Regel zweigeteilt in marktbezogene und nicht-marktbezogene. Marktbezogene Anspruchsgruppen sind die Lieferanten, Händler, Konsumenten, Konkurrenten. Hier wird das Stakeholder-Konzept bereits problematisch, denn das Austauschprinzip von Leistung und Gegenleistung täuscht sowohl über die Identität als auch über die Unterschiedlichkeit der Gruppen hinweg: So erwarten Lieferanten vom Unternehmen z. B. günstige Konditionen, Händler aber ebenfalls; so erwarten Konsumenten günstige Preise,

Konkurrenten aber angeblich einen fairen Wettbewerb. Noch weniger plausibel bieten sich nichtmarktbezogene Anspruchsgruppen dar. Sie umfassen „traditionelle“ (z. B. Gewerkschaften, Staat) und vorgeblich „neuartige“ (z. B. Medien, „kritische“ Gruppen der Gesellschaft). Wenn dabei auch noch „die“ allgemeine Öffentlichkeit als Anspruchsgruppe genannt wird, die keineswegs eine klar zu identifizierende organisierte Gruppe ausmacht, dann wird das Konzept vollends fragwürdig. Hinter den „Anspruchsgruppen“ verbergen sich im Grunde offenbar nur die traditionellen „Interessengruppen“. Die kategorial völlig unterschiedlichen „Interessen“ der verschiedenen Gruppen aber lassen sich nach dem Gleichgewicht von Leistung und Gegenleistung schon deshalb nicht miteinander vergleichen, weil die Fundierung der jeweiligen Ansprüche ganz unterschiedliche Werteparameter betrifft (Legalität, Legitimität, Effizienz, Solidarität, Moral usw., vgl. Kap. 3). Dies ist ein erster Grund dafür, daß der Stakeholder-Ansatz für eine Wissenschaft der Öffentlichkeitsarbeit nicht hilfreich ist.

Ein zweiter Grund besteht darin, daß das Konzept wiederum nur für kommerzielle Unternehmen gilt. Anspruchsgruppen bei Non-Profit-Systemen lassen sich nur schwerlich nach dem Austausch von Leistung und Gegenleistung spezifizieren. Demnach ließe sich hier bestenfalls von einer „kapitalistischen Öffentlichkeit“ (Knut Hickethier) sprechen.

Ein dritter Grund liegt in der Verschleierungstendenz des Konzepts. Kommerzielle „Anspruchsgruppen“ wie Banken und Versicherungen und ideologisch-politische „Anspruchsgruppen“ wie Umweltverbände und Verbraucherorganisationen haben ja völlig unterschiedliches Einflußpotential und demnach unterschiedliche strategische Bedeutung. Da nutzt es wenig, die Komplexität der Interaktionen des Unternehmens mit seiner Umwelt auf die Balance zwischen Eigennutz und Allgemeinwohl im Sinne der vielgenannten „gesellschaftlichen Verantwortung“ zu reduzieren. Die hier zentrale Problematik der Macht bzw. Abhängigkeit bleibt beim Stakeholder-Ansatz ausgeblendet, so daß „Interaktion“ nur neutralisiert und „Öffentlichkeit“ nur formatiert in den Blick gerät. „Anspruch“ regelt sich im wirtschaftlichen Bereich nach „Interesse“ und wird machtstrategisch durchgesetzt – er wird nicht etwa dialogisch nach einem fiktiven Prinzip gesellschaftlicher Verantwortung jeweils ermittelt und konsensuell festgelegt.

Interessant ist, daß die Medien hier einmal instrumentell, zur Bestimmung von Zielgruppen, und einmal substantiviert, als „Anspruchsgruppe", auftreten, nicht aber als Kondition von Öffentlichkeit und als Einflußfaktor von und für Interaktion. Auch aus diesem Grund scheidet die Übernahme des betriebswirtschaftlichen Ansatzes für eine Wissenschaft der Öffentlichkeitsarbeit aus.

## 2.3. Der publizistikwissenschaftliche Ansatz

Der publizistikwissenschaftliche Ansatz faßt Öffentlichkeit gesellschaftspolitisch, eher normativ, als Kommunikations- und Diskursöffentlichkeit. Schon vom Begriff und Wort her ist „Öffentlichkeit", wie einleitend erwähnt, bevorzugt als eine politische Kategorie mit Relevanz seit dem 18. Jahrhundert diskutiert worden. Öffentlichkeit in diesem Sinn wird allgemein verstanden als bürgerliche Öffentlichkeit – ein nach mehreren Gesichtspunkten spezifizierbares Kommunikationsfeld:

– Es bietet insbesondere politischen Themen und politischen Akteuren ein Forum, eine Arena.

– Es wirft dabei bevorzugt normative Fragen auf (z. B. wie muß Öffentlichkeit beschaffen sein, um Demokratie zu ermöglichen?).

– Es rezipiert und gegebenenfalls kritisiert speziell die Entscheidungen der jeweiligen Regierung sowie anderer Entscheidungsträger und Institutionen aus dem wirtschaftlichen, sozialen, kulturellen Bereich hinsichtlich ihrer politischen Relevanz.

– Es erlaubt jeder Bürgerin und jedem Bürger eine Beteiligung, das heißt, es ist im Prinzip allen zugänglich.

– Es wird wesentlich bestimmt von seinen medialen Bedingungen und Umständen.

– Es produziert ein vages Gebilde, das man als „öffentliche Meinung" bezeichnet: den Konsens einer begrenzten Zahl von Meinungsführern über eine aktuelle Frage, Thematik oder Einstellung als eine gesellschaftlich wichtige.

– Es bietet Anlaß und Möglichkeit für Einflußnahme und

Machtausübung (der Akteure, speziell der Politiker), für Kritik und Kontrolle (der Vermittler, speziell der Journalisten), für Transparenz und Orientierung (der Beobachter, das heißt des Publikums), aber auch rollenübergreifend für Unterhaltung und Spiel.

Zahlreiche verschiedene Typen oder Modelle von politischer Öffentlichkeit wurden unterschieden. Wenigstens einige wichtige Begriffe und Namen sollen dazu genannt werden, um die Vielsträngigkeit und gleichzeitig die Entwicklung der Debatte anzudeuten:

– *Jürgen Habermas* hat 1962 den Typus der „bürgerlichen Öffentlichkeit" zu bestimmen versucht, ihre Entstehung im 18. Jahrhundert und ihren „Strukturwandel" bis heute. Ursprünglich eine „Sphäre der zum Publikum versammelten Privatleute", entwickelten sich demzufolge „öffentliches Räsonnement", das heißt vernunftgeleitetes, aufgeklärtes, selbstverantwortliches Selbstverständnis, und „literarische Öffentlichkeit" als ein Gegenpol zur höfischen Kultur bis hin zur Institutionalisierung einer publikumsbezogenen Privatsphäre. Strukturell wandelte sich die bürgerliche Öffentlichkeit dann durch die zunehmende Verschränkung von Staat und Gesellschaft, das Konzept des Sozialstaats, die Entwicklung der Arbeitswelt als eigener Öffentlichkeit, die Umwandlung der Intimsphäre zum Freizeitspielraum und die Ablösung des Räsonnements durch den Konsum.

– *Oskar Negt* und *Alexander Kluge* haben 1972 ergänzend den Begriff der „proletarischen Öffentlichkeit" ausgebildet. Darunter verstehen sie eine „Gegenöffentlichkeit" zur bürgerlichen Öffentlichkeit, die ihrerseits zum „Schein einer Öffentlichkeit" verkommen sei, das heißt sich in zahlreichen „Produktionsöffentlichkeiten" aufgelöst habe. Klassenkämpferisch wird die „Einheit des proletarischen Lebenszusammenhangs" gefordert. Proletarische Öffentlichkeit impliziere im Gegensatz zu anderen Konzepten von Öffentlichkeit auch die Familiensozialisation, Erfahrungen der Arbeitswelt, Solidarität, die Selbstorganisation usw.

– *Ralph Dahrendorf* rubrizierte 1974 (in Anlehnung an John Dewey) Öffentlichkeit nach typischen Teilöffentlichkeiten: 1. aktive Teilöffentlichkeit, 2. bewußte, passive Teilöffentlichkeit,

3. latente Teilöffentlichkeit und 4. Nicht-Teilöffentlichkeit. Im ersten Fall steht eine Gruppe von Menschen einem ähnlichen Problem gegenüber, erkennt dieses Problem und organisiert sich, um es zu lösen oder zu umgehen. Im zweiten Fall steht sie dem Problem gegenüber und erkennt es, organisiert sich aber nicht. Im dritten Fall steht sie nur diesem Problem gegenüber, ohne es zu erkennen; sie wird lediglich davon betroffen. Und im vierten Fall trifft gar nichts davon zu. Nach Dahrendorf ist die aktive Teilnahme aller prinzipiell dazu Berechtigten am Diskurs weder nötig noch wünschenswert, vielmehr werde der politische Prozeß dadurch faktisch sogar unmöglich gemacht. Deshalb faßte er Öffentlichkeit nach dem Stellvertreterprinzip. Grunig und Hunt übernahmen diese Einteilung und ergänzten sie später PR-bezogen um 5. eine aktivistische Teilöffentlichkeit mit besonders einflußreichen Akteuren oder Gruppen. Diese „situative Theorie der Teilöffentlichkeiten" (vgl. etwa Signitzer 1992, 142 ff.) unterscheidet sich freilich markant von anderen (z. B. Kommunikations- oder Betroffenheits-Teilöffentlichkeiten).

– *Klaus Krippendorff* hat 1993, vor dem Hintergrund des Funkkollegs „Medien und Kommunikation" 1990/91, im Sinne des Radikalen Konstruktivismus den Begriff der „Medienöffentlichkeit" neu aufgeladen. Demnach wird Öffentlichkeit durch Sprache, Kommunikation, Verstehen, die Medien hervorgebracht, das heißt, Öffentlichkeit liegt nicht vor, um untersucht und bestimmt zu werden, sondern Öffentlichkeit wird mit der theoretischen Konzeption von Öffentlichkeit erst konstruiert. Der öffentliche Diskurs wird demnach durch Massenmedien nicht konstituiert, sondern im Gegenteil eingegrenzt. Medienöffentlichkeit ist Verarmung, Verzerrung von Öffentlichkeit mit dem einzigen Ziel der Selbstlegitimation der Medien. Öffentlichkeit wäre demnach vielmehr das, was Menschen im Alltag dafür halten.

– *Manfred Rühl* definierte Öffentlichkeit 1993 dreifach: in der Sachdimension als „eine symbolisch-sinnhaft vortypisierte, allgemein zugängliche und vertraute Themenwelt", in der Sozialdimension als Vernetzung von Beschaffungsmärkten, Rezeptionsmärkten und einer „publizistische Öffentlichkeit", in der Zeitdimension als gegenwartsübergreifende Strukturierung durch Normen. Zusammen mit Franz Ronneberger beschrieb er schon 1992 Öffentlichkeit als „hergestellten Kommunikationsprozeß", das heißt unter Bezugnahme stets auf Publika.

– *Friedhelm Neidhardt* differenzierte 1994 u. a. zwischen kleinen Öffentlichkeiten („Versammlungsöffentlichkeit") und großen Öffentlichkeiten („massenmediale Öffentlichkeit") sowie zwischen verschiedenen Kommunikationsmustern („Verlautbarungsstil", „Agitations-, Protest- und Mobilisierungsstil", „Diskursöffentlichkeit").

– *Jürgen Gerhards* definierte 1994 „politische Öffentlichkeit" vor dem Hintergrund der Abgrenzung des Teilsystems massenmedialer Öffentlichkeit vom Teilsystem Politik funktional als „Selbstbeobachtung der Gesellschaft" und unterschied 1999 im Kontrast zum diskursiv-republikanischen Öffentlichkeitsmodell nach den Vorstellungen von Habermas das liberale Öffentlichkeitsmodell gemäß Dahrendorf, das heißt, er unterstrich Öffentlichkeit als Spiegel pluralistischer Kommunikationsbeiträge („repräsentative Öffentlichkeit").

Solche Diskussionsbeiträge und Begriffsvarianten können hier nur angedeutet werden. Wollte man systematisieren, so ließen sich mindestens die folgenden drei Konzepte von Öffentlichkeit, die faktisch freilich mehr oder weniger ineinander übergehen, idealtypisch voneinander abgrenzen:

– Öffentlichkeit als personale Arena, instanzen- oder akteurorientiert;
– Öffentlichkeit als Kommunikationsnetz, feld- und prozeßbezogen;
– Öffentlichkeit als Medienforum, das heißt medial konstituiert oder wenigstens formatiert.

Sie führen beim publizistikwissenschaftlichen Ansatz letztlich immer wieder zum normativen Begriff von Öffentlichkeit als kritisch-politischer, diskursiver Selbsthematisierung von Gesellschaft.

Als Zwischenbilanz muß man übergreifend mehrere Gründe dafür festhalten, daß die Kategorie „Öffentlichkeit" nach einem solchen publizistikwissenschaftlichen Ansatz für eine Wissenschaft der Öffentlichkeitsarbeit nicht einfach übernommen werden kann: Die enthaltenen Begriffsvarianten von Öffentlichkeit sind auf unterschiedliche Parameter bezogen und widersprechen sich teilweise. Eine Umwelt kann nicht generell auf den politischen Bereich reduziert werden. Umwelt kann nicht normativ definiert werden. Umwelt kann nicht exklusiv auf Kommunikation eingeengt werden. Eigentlich findet hier System-Umwelt-Interaktion mangels einer „Umwelt" gar nicht statt; Öffentlichkeit im Sinne einer „öffentlichen Meinung" entsteht vielmehr aus der Interaktion gleichsam von Systemteilen untereinander.

## 2.4. Der kultursoziologische Ansatz

Drittens muß der kultursoziologische Ansatz erwähnt werden, der Öffentlichkeit eher deskriptiv-empirisch betrachtet, als Encounter-Öffentlichkeit (deren Wertebezug noch genauer darzustellen sein wird, vgl. Kap. 3). Öffentlichkeit ist hier weniger ein Kommunikations- als vielmehr ein Sozialsystem. Es geht primär nicht um Information, Meinungsäußerung oder Diskussion, sondern um lebensweltliches Handeln: kontextbezogenes Verhalten, reale Begegnungen, Selbstinszenierungen von Personen, Gruppen, Organisationen. Frühere Einteilungen der Gesellschaft in Stände oder in Schichten, dann in Handlungsrollen und in Systeme wurden im Zuge der anhaltenden Differenzierung und Pluralisierung ergänzt durch neue Segmentierungsvorschläge. Insbesondere Gerhard Schulze hat dazu Theorien sozialer Milieus und Szenen vorgelegt, die im folgenden kurz vorgestellt werden sollen.

Soziale Milieus sind Großgruppen unserer Gesellschaft, charakterisiert durch bestimmte Merkmale wie Stil, Alter, Bildung usw. (früher z. B. Religion, Stellung im Produktionsprozeß, lokale Zuordnung). Es sind kollektiv verbreitete und stabile, nur langsam sich ändernde Muster von Situationen, psychischen Dispositionen, Weltbildern, Handlungsschemata, Sprachcodes, Kleidung, Besitzgegenständen etc. bis hin zu den soziodemographischen Merkmalen. Soziale Milieus kennzeichnen sich durch erhöhte Gemeinsamkeit von Existenzformen und durch erhöhte Binnenkommunikation – es sind Lebensstilgruppen. In der Selbstinszenierung werden sie evident, signifikant und manifest. Milieus vermitteln Wirklichkeitsmodelle und regeln den Ich-Welt-Bezug.

Schulze unterschied fünf verschiedene Milieus:
– erstens das *Niveaumilieu*. Seine Mitglieder sind älter (über 40), gebildet, der Hochkultur zugerechnet, bevorzugen anspruchsvolle Medien, haben großes politisches Interesse, einen hohen Reflexionsgrad, sind Kopfarbeiter, haben hohen Wohnkomfort, streben nach Rang (um nur einige Merkmale zu nennen).
– Das *Harmoniemilieu* vereint ebenfalls ältere Menschen, aber mit eher geringer Bildung, der Trivialkultur zugerechnet, sie bevorzugen Billigeinkaufsmärkte, unter den Medien Fernsehen und deutsche Schlager, zielen vor allem auf Gemütlichkeit, haben hohe Bereitschaft zur politischen Unterordnung, eine geringe Reflexivität, meistens Übergewicht, sind Handarbeiter, haben niedrigen Wohnkomfort, streben nach Geborgenheit.
– Das *Integrationsmilieu* umfaßt Menschen ebenfalls über 40, mit mittlerer Bildung, mittlere Angestellte und Beamte, sie bevorzugen teils Trivialliteratur und Trivialmusik, teils aber auch gehobene Literatur und E-Musik, mit intellektueller Orientierung, pflegen Nachbarschaftskontakte und Gartenarbeit, sind religiös, haben eine relativ hohe Lebenszufriedenheit, Streben nach Konformität.
– Das *Selbstverwirklichungsmilieu* wird von den Jüngeren gebildet (unter 40), mit mittlerer oder höherer Bildung, sie bevorzugen Spannungskultur und neue Kulturszenen, gehen gerne aus, bevorzugen Pop und Rock, schätzen Selbsterfahrungsgruppen, sind actionorientiert und kontemplativ, geprägt von der Suche nach Abwechslung und von hoher Offenheit, guter körperlicher Zustand, geringe allgemeine Lebenszufriedenheit, hoher Anteil Lediger, Streben nach Selbstverwirklichung.
– Das *Unterhaltungsmilieu* schließlich umfaßt ebenfalls jüngere Menschen, mit geringer Bildung, sie bevorzugen Spannungskultur, fahren gern mit dem Auto oder Motorrad durch die Gegend, lieben die Volksfestszene, sind auf Action aus, von Narzißmus geprägt, rauchen viel, geringe Religiosität und Reflexivität, sind partiell fatalistisch, überwiegend Handarbeit mit Belastungen, geringe Wohnzufriedenheit, streben nach Stimulation.

Solche und andere Milieusegmentierungen unterscheiden oft noch in Teilmilieus. Schulze entwickelte ergänzend eine Theorie der Szene. Unter Szenen versteht er Netzwerke von Publika, die sich durch eine dreifache partielle Identität auszeichnen: die Identität von Personen, von Orten und von Inhalten. Szenen sind demnach alltagsästhetische Verhaltensschemata, die sich im Zuge von Erlebnisangeboten und Erlebnisnachfragen herausbilden und Orientierungs-, Stabilisierungs-, Identifizierungsfunktion haben: Man weiß gleich, wer dazu gehört – zur Motorradszene, zur Schwulen- oder Lesbenszene, zur Schickeriaszene, zur Esoterikszene, zur Kulturladenszene, zur Heavy-Metal-Szene, zur Volksfestszene usw. Viele dieser Szenen lassen sich ihrerseits weiter untergliedern, z. B. die Sportszene in traditionelle (Fußball-, Tennis-, Eishockey- etc.) und in Fun- und Trendsport- (Snowbard-, Surf-, Inline-)Szenen.

Es gibt hier also nicht „die" eine Öffentlichkeit, sondern Öffentlichkeiten (im Plural). Interaktion heißt hier nicht nur Kommunikation, sondern im breitesten Sinne reales soziales Handeln. Und als System fungiert nicht das Individuum, sondern die Gruppe sowie (bei Schulze allerdings ausgespart) die Institution, die Organisation. An die Stelle einer singulären theoretischen Klammer von oben wie beim publizistikwissenschaftlichen Ansatz tritt hier die empirische Vielfalt von unten. Problematisch daran ist für eine Wissenschaft der Öffentlichkeit aber erneut der holistische Zugriff, der nur Öffentlichkeit nach innen unterscheidet und „Umwelt." nicht erfaßt. Insofern werden auch die Freiheitsgrade des Individuums bei der Wahl oder Gestaltungsmöglichkeit von Milieu oder Szene nicht recht deutlich, oder umgekehrt: die Offenheit der jeweiligen Teilöffentlichkeit. Die Vielfalt von Öffentlichkeiten und ihre empirische Hierarchisierung gehen zu Lasten der terminologischen Präzision; „Öffentlichkeit" als Milieu und als Szene scheinen völlig unterschiedlich, und sie differieren um ein weiteres kategorial, je nachdem ob es sich bei dem interagierenden System um ein Individuum (z. B. in der Szene), eine Gruppe (z. B. in einem Milieu), eine Institution oder eine übergreifende Organisation handelt. Medien haben hier primär Bedeutung als Ausdrucksformen von Lebensstilen, nicht unbedingt als öffentlichkeitskonstituierende Faktoren; insbesondere bei der Szenensegmentierung wird vielmehr den individuellen face-to-face-Kontakten die zentrale Rolle zugesprochen. Vor allem wird der

Wertebezug nicht geklärt; die empirische Ausdifferenzierung von Teil- und Mini-Kulturen bietet naturgemäß kein übergeordnetes Theoriekonzept für die Explikation der involvierten Werteraster an. Eine simple Übernahme der kultursoziologischen Segmentierung ist im Licht von Öffentlichkeitsarbeit als einer spezielle System-Umwelt-Interaktion also ebenfalls nicht möglich.

## 2.5. Kulturelle Teilöffentlichkeit als PR-spezifische Kategorie

Das betriebswirtschaftliche und das publizistikwissenschaftliche Konzept von Öffentlichkeit repräsentieren vom Ansatz her bestenfalls zwei Sonderfälle von Öffentlichkeit (Wirtschaft, Politik) und sind charakterisiert durch je sehr eingeschränkte Intentionen (instrumentell Gewinn, ziel-normativ demokratische Teilhabe) sowie eine exklusive Auffassung von Öffentlichkeit als Kommunikationssystem. Das kultursoziologische Konzept von Öffentlichkeit erlaubt demgegenüber im empirischen Zugriff auf lebensweltliche Handlungskontexte ungleich differenziertere Unterscheidungen in eine Vielzahl von Öffentlichkeiten, ohne diese freilich einer operationalen Gestaltung zugänglich zu machen und sie funktional zu bewerten. Naturgemäß gibt es in allen drei Fällen Überlappungen bzw. Ausgriffe auf jenen Ansatz zu notieren, der hier als kulturwissenschaftlich für Öffentlichkeitsarbeit als Wissenschaft vorgeschlagen wird, z. B. in der betriebswirtschaftlichen Tendenz, die Zielgruppenspezifikation nach Variablen im Sinne eines „Szene-Marketing" (Till Nöthel) zu kultursoziologisch begründeten Netzwerken zu verdichten, die *auch*, aber eben nicht *nur* kommunikationsbestimmt sind. Doch je für sich genommen läßt sich keine der vorgestellten „Umwelt"-Auffassungen (Zielgruppen, Stakeholder, Diskurs-/Kommunikationsöffentlichkeit, Lebenswelt-Milieus) für eine Wissenschaft der Öffentlichkeitsarbeit einfach übernehmen. Allerdings bieten diese Theorien wirtschaftlicher, politischer und sozialer Netzwerke hinreichend Anregungen, einen neuen integrativen Begriff von Öffentlichkeit zu kompilieren, der den Erfordernissen des Wissenschaftsfeldes Öffentlichkeitsarbeit besser entspricht.

Öffentlichkeit, im Sinne einer Schlüsselkategorie für Öffentlichkeitsarbeit, soll hier verstanden werden als ein kulturell funktionaler Raum innerhalb einer komplexen alltäglichen Lebenswelt. Öffentlichkeit läßt sich dabei (mangels ausgereifter Theoriebildung zunächst nur additiv) durch sieben Merkmale charakterisieren:

1. Sie ist synchronisch zu fassen, aber nicht historisch beschränkt. Öffentlichkeit gab es als Phänomen auch schon lange vor dem 18. Jahrhundert, etwa im Mittelalter oder in den frühen Hochkulturen. Selbst die Priesterkaste des altägyptischen Pharao kannte (der Sache nach) „Öffentlichkeit" und betrieb – mit ihren eigenen, zeitgenössischen Medien und Methoden – Öffentlichkeitsarbeit. Bereits diese *Geschichtlichkeit* von Öffentlichkeit definiert Öffentlichkeitsarbeit als kontinuierliche Aufgabe. Damit wird ein enormes Feld für Forschungen eröffnet, deren Resultate wichtige Einblicke in die Bandbreite ebenso wie in die Entwicklung von Medien, Methoden und Funktionen von Öffentlichkeitsarbeit versprechen. Eine Geschichte etwa der gesellschaftlich jeweils dominanten Öffentlichkeiten, das heißt Öffentlichkeit als Prozeß, und sei es auch nur in Gestalt einer historiographischen Typologie, ist in Umrissen bereits erkennbar: die antike Öffentlichkeit der attischen Polis, die neue Öffentlichkeit des römischen Imperiums, die mittelalterliche Öffentlichkeit der christlichen Kultur, die reformatorische Öffentlichkeit, die absolutistische Öffentlichkeit, die Zeitungsöffentlichkeit der frühen Neuzeit, die bürgerliche Öffentlichkeit usw. bis hin zur heutigen „digital-interaktiven" Öffentlichkeit mit je spezifischen Formen, Medien und primären Funktionen.

2. Öffentlichkeit ist kontextuell angelegt, als Netzwerk. Sie gliedert sich in eine Vielzahl von *Teilöffentlichkeiten.* Dabei handelt es sich um funktional teils eher offene, teils eher geschlossene Subsysteme mit je eigenen Foren, die in ihrer jeweiligen Binnendifferenzierung von Öffentlichkeitsarbeit erfaßt werden müssen. Sie charakterisieren sich also u. a. dadurch, daß sie gerade nicht allen bzw. nicht zu jeder Zeit zugänglich sind. Spezifiziert werden sie aus der Sicht des Systems vor allem

durch ihre unterschiedlichen Akteure bzw. Rollen und ihre unterschiedlichen Funktionen. Die Effizienz von Öffentlichkeitsarbeit wird in dem Maße zunehmen, in dem sie sich auf die Komplexität von Öffentlichkeit, auf die Vieldimensionalität der diversen Teilöffentlichkeiten ausrichtet.

3. Öffentlichkeit ist nicht nur ein Kommunikations-, sondern auch ein Sozialsystem, das heißt, sie erschöpft sich nicht in ihrer Funktion als kommunikatives Forum, sondern sie ist *Handlungsarena*. Dabei ist sie übergreifend nicht kommerziell oder normativ politisch, sondern soziokulturell bestimmt, von Interessen, Zielen, Werten, realen Lebensformen im weitesten Sinn. Auf diesen Zusammenhang von Öffentlichkeitsarbeit und Werten wird noch ausführlicher abzuheben sein (Kap. 3). Öffentlichkeitsarbeit muß demnach als eine interkulturelle Interaktion begriffen werden, die sich auch und letztlich im realen Handeln äußert.

4. Öffentlichkeit ist bezugsrelevant differenziert und muß systemspezifisch jeweils nach ihren *Funktionen* konkretisiert werden. Dabei geht es meist um Basisfunktionen wie Überlebensfähigkeit, Konditionierung, Einfluß und Macht als Faktoren der Optimierung. Auch die Bestimmung medialer Öffentlichkeiten als „Scheinöffentlichkeiten" (Peter Ludes) wäre letztlich der Funktionenebene zuzurechnen. Ausschlaggebend ist der zeitgebunden jeweils systemstrukturelle „Sinn" (vgl. Kap. 4). Die eine Teilöffentlichkeit kann wichtiger sein als die andere, die eine ähnlicher und damit vertrauter als die andere. Diese Funktionen von Öffentlichkeit lassen sich hierarchisieren. Öffentlichkeitsarbeit muß sich daran orientieren, wenn sie erfolgreich sein will.

5. Öffentlichkeit ist stets *medial konstituiert.* Das darf nicht verwechselt werden damit, daß Medien ihrerseits auch als Teilöffentlichkeiten, das heißt als Institutionen oder Organisationen, auftreten können oder daß Öffentlichkeit „in" den Medien hergestellt wird, im Sinne von exhibitionistischer Veröffentlichung des Privat-Intimen. Beides steht in der aktuellen Diskussion im Vordergrund, das heißt, das Problem der Teilhabe wird eher normativ gemäß dem publizistischen Öffentlichkeitsbegriff behandelt als empirisch-analytisch, ganz zu schweigen von dem interaktionsorientierten Gesichtspunkt der (PR-)Gestal-

tung, nach dem Medien als Werkzeuge von Öffentlichkeitsarbeit behandelt werden (vgl. Kap. 5). Öffentlichkeit als Raum weist Medien vielmehr eine Bedeutung zu, die bislang durch die häufige Einengung auf die technischen Medien nicht in vollem Umfang erkannt wurde. Der Begriff der „Medienöffentlichkeit" krankt heute eher an dieser Begrenzung als an seiner impliziten Klage über Öffentlichkeit als untergehender Kontrollinstanz gegenüber dem Staat und den gesellschaftlich Mächtigen. Öffentlichkeit existiert nur gemeinsam mit dem, was nicht öffentlich ist, dem „Geheimnis" (Joachim Westerbarkey). Öffentlichkeit beginnt also mit der „Veröffentlichung" des zuvor Nicht-Öffentlichen, und bei dieser Veröffentlichung handelt es sich stets um eine mediale Vermittlung. Ausgehend von den vier großen Gruppen der Menschmedien, Printmedien, Elektronischen Medien und Digitalen Medien muß man auch vier Typen von Medienöffentlichkeit unterscheiden:

– zunächst die traditionelle *„theatrale Öffentlichkeit":* menschmedienfundiert und heute keineswegs begrenzt auf das Kulturmedium Theater, sondern im Prinzip in allen Typen von Öffentlichkeit in unterschiedlichem Ausmaß von Bedeutung. Der klassische „Pressesprecher" einer Behörde, Institution, Organisation, eines kommerziellen Unternehmens stellt die für Öffentlichkeitsarbeit heute vielleicht bekannteste Variante eines solchen Menschmediums dar, tatsächlich aber nur einen schmalen Ausschnitt aus der großen Bandbreite „theatraler" Menschmedientypen (Kap. 5.1);

– dann die klassisch-bürgerliche *Presseöffentlichkeit*, früherer Garant und Hauptträger der „vierten Gewalt" (Kap. 5.2);

– die politische Ein-Weg-Öffentlichkeit, früher in Gestalt der „Radio-" und heute der *„Fernsehöffentlichkeit"*, die unter „Viel-Kanal-Bedingungen" (vgl. Otfried Jarren/Friedrich Krotz) durch die Ausdifferenzierung der Angebote und der Mediennutzung zur Verengung und damit Destruktion der normativen Öffentlichkeit beigetragen hat (Kap. 5.3);

– schließlich die fragmentarisierte Internet-Öffentlichkeit oder *„virtuelle Öffentlichkeit"*, die von manchen, auf der Grundlage der digitalen Medien als „brechtschem Kommunikationsapparat", euphorisch gefeiert wird als neuer Demokratiegarant, von andern auch als neues Werbe- und Unterhaltungsmedium par excellence (vgl. Klaus Beck/Gerhard Vowe) (Kap. 5.4).

6. Öffentlichkeit ist nicht personal bestimmt, sondern systemisch und läßt sich entsprechend quantitativ nach ihrer Größe oder Reichweite *skalieren*. Eine solche Skala könnte für die heutige Zeit etwa die folgenden Typen umfassen (Faulstich 1999):

– Die *personale Öffentlichkeit* bedeutet dialogisch, face-to-face, und interaktiv die Ausweitung des Ego zum Alter. Personale Öffentlichkeit etwa als Zweierbeziehung oder als Familie ist menschmedien-fundiert. Und inszeniert ist sie so gut wie alle anderen Typen von Öffentlichkeit auch.

– Die *situative Binnenöffentlichkeit* meint die Kleingruppe und ist expliziter raumbestimmt. Damit lassen sich unterschiedlichste lokale Öffentlichkeiten erfassen: die Straße draußen, die Kneipe, die Disco, das Restaurant, die Party oder der Stammtisch. Wichtig sind hier die Opinion leaders und die Peers mit menschmedialer Funktion, außerdem lokale und regionale Gruppierungen und Vereine als typische Freizeitorganisationen.

– Die Arbeits- oder *Betriebsöffentlichkeit* (im formalen Sinne einer Organisationsöffentlichkeit) meint die Sphäre des Jobs, des Büros, des Unternehmens als komplementärem Gegenüber zu Familie, Privatsphäre, Freizeit- und Konsumbereich.

– Die *institutionalisierte Gruppenöffentlichkeit* ist der nächstbreitere Typus: eine Branche, die Kirche, eine Partei usw. Auch die diversen Formen der sogenannten Gegenöffentlichkeit dürften heute vermutlich hier verortet werden müssen.

– Es folgt die habitualisierte *Freizeitöffentlichkeit*: Special-interest-Konsumbereiche wie die Theateröffentlichkeit, die Rockerszene, die literarische Öffentlichkeit, die Werbewelt oder andere spezifische Symbolmilieus.

– Noch breiter ist die *publizistische Öffentlichkeit*, die auf Medienöffentlichkeit, speziell Presse und Fernsehen, abhebt und normativ politische Kontrollfunktion (als „vierte Gewalt") wahrnehmen will. Wichtig ist, daß dieser Typus von „normativer Öffentlichkeit" (Rudolf Maresch), zumindest heute, nur einen unter vielen ausmacht.

– Es folgt die übergreifende *Kulturöffentlichkeit*, verstanden als Konzepte wie „der Westen", etwa im Vergleich zum

„Osten“ oder zur „Dritten Welt“, aber auch als „die Deutschen“, „die Angelsachsen“ und andere sprachlich oder wertemäßig ähnlich bis gleich fundierte Öffentlichkeiten.

– Abschließend ist die *Weltöffentlichkeit* zu nennen, am anderen Pol der Skala. Globale Kommunikation verläuft über weltweite Netze. Doch sie ähnelt aufgrund der prinzipiell interaktiven Grundstruktur am ehesten wieder – zirkulär – der personalen Öffentlichkeit, dem erstgenannten, schmalsten Typ. Tatsächlich handelt es sich hier eher um eine virtuelle Öffentlichkeit im Sinne einer Doppelmedialisierung, nämlich der menschmedialen durch die digitale.

Eine Konzept von Öffentlichkeitsarbeit, das sich, wie noch heutzutage weitverbreitet, ausschließlich etwa auf die Betriebsöffentlichkeit oder auf ausgewählte Fälle lokaler und institutionalisierter Öffentlichkeiten beziehen will, muß entsprechend erweitert werden. In jedem Fall darf Öffentlichkeitsarbeit, außer beim ersten Typus, nicht als personale Interaktion mißverstanden werden. Der Pressesprecher oder der PR-Referent eines Unternehmens oder einer sonstigen Organisation vertritt nicht sich selbst als Subjekt, sondern nur sein System. Die Glaubwürdigkeit der Organisation kann nicht durch individuelle Glaubwürdigkeit ersetzt, höchstens über sie vermittelt werden.

7. Öffentlichkeit ist als Schlüsselkategorie für Öffentlichkeitsarbeit in allen sechs genannten Merkmalen sozusagen *bilateral-reziprok*, das heißt, sie bezeichnet stets sowohl die „Umwelt“ (externe Öffentlichkeit) als auch das „System“ (interne oder Binnenöffentlichkeit). In dieser unauflöslichen Relation liegt das Spezifikum des Öffentlichkeitsbegriffs für eine zukünftige Wissenschaft der Öffentlichkeitsarbeit.

Schlußfolgerung: Die Reflexion von „Umwelt“ bzw. Öffentlichkeit, in ihrer Bedeutung als funktional kultureller Raum, eröffnet eine ganz neue Perspektive auch auf das „System“. Nicht nur das kommerzielle Unternehmen darf als Organisation verstanden werden, das interagiert bzw. Öffentlichkeitsarbeit betreibt, nicht nur jede Non-Profit-Organisation, sondern grundsätzlich jede soziale Gruppe und Organisation überhaupt, unabhängig von Art oder Grad ihrer organisationalen Verfaßtheit.

Mit anderen Worten: Die Ausdifferenzierung von „Öffentlichkeit" erzwingt auch die Ausdifferenzierung von „System". Öffentlichkeitsarbeit als spezielle System-Umwelt-Interaktion gibt es also auch (skaliert von oben nach unten) für einen politischen Staatenbund wie z. B. Europa, für supranationale Großorganisationen wie z. B. die Katholische Kirche, für eine Branche wie z. B. die Atomindustrie, für eine überregionale Interessengemeinschaft wie z. B. die Gewerkschaften, für ein Bundesland, eine Tourismus-Region, die städtische Gemeindeverwaltung, den lokalen Sportverein, die Rockergruppe, die Familie und sogar die etablierte einzelne Paarbeziehung. Man darf sich durch die enorme Unterschiedlichkeit der verwendeten Bezeichnungen, der Formen, Medien, Teilöffentlichkeiten, Ziele, Funktionen nicht irritieren lassen: Der Sache nach handelt es sich jeweils um ein und dasselbe: die jeweils spezielle Interaktion eines Systems mit seiner Umwelt. Schon ein einzelnes Indiz kann die prinzipielle Vergleichbarkeit der Öffentlichkeitsarbeit in all diesen Fällen illustrieren: Nicht nur bei kommerziellen Unternehmen und Non-Profit-Organisationen findet sich das klassische Logo, nach traditionellen PR-Theorien unverzichtbarer Bestandteil des sprichwörtlichen „corporate design" (Kap. 4.1), sondern auch (skaliert wieder von oben nach unten) als Europafahne, als Bundesadler, als christliches Kreuz, als Gemeindewappen, als Vereinsemblem usw. bis hin zum Ehering. Öffentlichkeitsarbeit kann damit im folgenden verstärkt als eine kulturwissenschaftliche Domäne sichtbar werden.

## Literatur

Beck, Klaus (Hrsg.): Computernetze – ein Medium öffentlicher Kommunikation? Berlin 1997.

Beck, Klaus und Gerhad Vowe (Hrsg.): Computernetze – ein Medium öffentlicher Kommunikation? Berlin 1997.

Bentele, Günter und Manfred Rühl (Hrsg.): Theorien öffentlicher Kommunikation. Problemfelder, Positionen, Perspektiven. München 1993.

Bentele, Günter und Michael Haller (Hrsg.): Aktuelle Entstehung von Öffentlichkeit. Akteure – Strukturen – Veränderungen. Konstanz 1997.

Berger, Peter A. und Stefan Hradil (Hrsg.): Lebenslagen, Lebensläufe, Lebensstile. Göttingen 1990.

Faulstich, Werner (Hrsg.): Konzepte von Öffentlichkeit. 3. Lüneburger Kolloquium zur Medienwissenschaft. Bardowick 1993.

Faulstich, Werner: Der Öffentlichkeitsbegriff. Historisierung – Systematisierung – Empirisierung. In: Peter Szyszka (Hrsg.), Öffentlichkeit. Diskurs zu einem Schlüsselbegriff der Organisationskommunikation. Opladen, Wiesbaden 1999, S. 67–76.

Gerhards, Jürgen: Konzeptionen von Öffentlichkeit unter heutigen Medienbedingungen. In: Otfried Jarren und Friedrich Krotz (Hrsg.), Öffentlichkeit unter Vier-Kanal-Bedingungen. Baden-Baden, Hamburg 1998, S. 25–48.

Gerhards, Jürgen und Friedhelm Neidhardt: Strukturen und Funktionen moderner Öffentlichkeit. Fragestellungen und Ansätze. In: Stefan Müller-Doohm und Klaus Neumann-Braun (Hrsg.), Öffentlichkeit, Kultur, Massenkommunikation. Oldenburg 1991, S. 31–89.

Göhler, Gerhard (Hrsg.): Macht der Öffentlichkeit – Öffentlichkeit der Macht. Baden-Baden 1995.

Habermas, Jürgen: Strukturwandel der Öffentlichkeit. Untersuchungen zu einer Kategorie der bürgerlichen Gesellschaft. Neuwied 1962, Frankfurt/Main 1990.

Herczog, Andreas und Ernst Hubeli: Öffentlichkeit und öffentlicher Raum. Von der Öffentlichkeit zur Ikoexistenz von Öffentlichkeiten – vom öffentlichen Raum zu öffentlichen Orten. Zürich 1995.

Hölscher, Lucian: Öffentlichkeit und Geheimnis. Eine begriffsgeschichtliche Untersuchung zur Entstehung der Öffentlichkeit in der frühen Neuzeit. Stuttgart 1979.

Janisch, Monika: Das strategische Anspruchsmanagement – vom Shareholder Value zum Stakeholder Value. Bern, Stuttgart, Wien 1993.

Jarren, Otfried und Friedrich Krotz (Hrsg.): Öffentlichkeit unter Vier-Kanal-Bedingungen. Baden-Baden, Hamburg 1998.

Marshall, Stefan: Politik „online" – Demokratische Öffentlichkeit dank Internet? In: Publizistik, 42. Jg. (1997), H. 3, S. 304–324.

Negt, Oscar und Alexander Kluge: Öffentlichkeit und Erfahrung. Zur Organisationsanalyse von bürgerlicher und proletarischer Öffentlichkeit. Frankfurt/Main 1972.

Neidhardt, Friedhelm (Hrsg.): Öffentlichkeit, öffentliche Meinung, soziale Bewegungen. Sonderheft der Kölner Zeitschrift für Soziologie und Sozialpsychologie. Opladen 1994.

Nissen, Dirk: Effektivität des Marketing von Verbänden. Wiesbaden 1998.

Nöthel, Till: Szenen-Marketing und Produkt-Positionierung. Ein Ansatz zur Zielgruppenfragmentierung. Wiesbaden 1999.

Rühl, Manfred: Kommunikation und Öffentlichkeit. Schlüsselbegriffe zur kommunikationswissenschaftlichen Rekonstruktion der Publizistik. In: Bentele/Rühl 1993, S. 77–102.

Schulze, Gerhard: Die Erlebnisgesellschaft. Kultursoziologie der Gegenwart. Frankfurt, New York 4. Aufl. 1993.

Sennett, Richard: Verfall und Ende des öffentlichen Lebens – Die Tyrannei der Intimität (orig. The Fall of Public Man. New York 1977). Frankfurt/Main 1983, 3. Aufl. 1985.

Signitzer, Benno: Theorie der Public Relations. In: Roland Burkart und Walter Hömberg (Hrsg.), Kommunikationstheorien. Ein Textbuch zur Einführung. Wien 1992, S. 134–152.

Szyszka, Peter (Hrsg.): Öffentlichkeit. Diskurs zu einem Schlüsselbegriff der Organisationskommunikation. Opladen, Wiesbaden 1999.

Westerbarkey, Joachim: Das Geheimnis. Zur funktionalen Ambivalenz von Kommunikationsstrukturen. Opladen 1991.

Wunden, Wolfgang (Hrsg.): Öffentlichkeit und Kommunikationskultur. Beiträge zur Medienethik, Bd. 2. Hamburg, Stuttgart 1994.

# 3. Werte und Öffentlichkeitsarbeit

## 3.1. Zum Wert als Begriff

Zunächst ist übergreifend zu begründen, warum „Wert" für eine Wissenschaft der Öffentlichkeitsarbeit von Bedeutung ist und was darunter allgemein zu verstehen ist. Hier am deutlichsten unterscheidet sich die holistische Konzeption von Öffentlichkeitsarbeit aus kulturwissenschaftlicher Sicht (als spezielle System-Umwelt-Interaktion) von der betriebsbezogenen, partikularistischen Konzeption von Öffentlichkeitsarbeit im Sinne einer Managementfunktion, als praktisches Instrument gewinnorientierter Kommunikationspolitik kommerzieller Unternehmen.

Beiträge zur Wertediskussion kommen aus verschiedenen Disziplinen. Abgesehen von der Biologie (z. B. mit dem Wert Erhaltung der Art), den Rechtswissenschaften (z. B. mit dem Wert Gesetzeskonformität) oder der Politikwissenschaft (z. B. mit dem Wert Freiheit) sind das insbesondere die folgenden sechs:

- die Philosophie: Wert im Sinne von Ideal, Maßstab, ontologisch fundierter Funktion, ästhetisch gesetztem Sinn,
- die Theologie: Wert im Sinne von Moral, religiösem Wert, Geboten, Glaubensvorschriften,
- die Psychologie: Wert im Sinne von Antrieb, Motivation, Präferenz, subjektivem Ziel,
- die Soziologie: Wert im Sinne von Einstellung, Norm, Regel, Gesetz, Code,
- die Wirtschaftswissenschaften: Wert im Sinne von Gebrauchswert, Tauschwert, Gut auf einem Markt, Nachfrage, Nutzen,
- und selbstverständlich auch die Kulturwissenschaft: Werte im Sinne von kollektiven Verhaltensweisen und Gebräuchen,

sozial-interaktiven Leitmustern, Mentalitäten, repräsentativen Sinnkonzepten.

Dabei finden sich zahlreiche Mischformen, etwa sozialpsychologischer oder kulturphilosophischer Art. Eine Vielzahl anderer Begriffe wie z. B. Interesse, Instrument, Wunsch oder Bedürfnis wird ähnlich verstanden. Fachspezifisch gibt es sodann noch weitere Unterscheidungen wie die zwischen Wert, Werthaltung, Bewertung, Werturteil, Wertvorstellung usw. Man darf sich Werte in jedem Fall nicht nur als kognitive Gebilde vorstellen, sondern sie haben zugleich eine emotionale Komponente. Und sie äußern sich sowohl individuell als auch kollektiv völlig verschieden in unterschiedlichen Handlungsräumen.

Infolge der enormen Differenzen zwischen den einzelwissenschaftlichen Zugriffen und Begriffsauffassungen und angesichts der Komplexität des Problemfeldes gibt es bislang noch keine allgemein gültige Definition von „Wert“, geschweige denn eine disziplinübergreifende Wertetheorie. Bezogen auf Objekte, erscheint Wert vor allem als ein „Gut“. Diese Auffassung unterschlägt jedoch den relationalen Charakter des Werts: „Gut“ für wen und in welcher Hinsicht? Im Alltag durchgesetzt haben sich zwei andere Auffassungen: Bezogen auf Subjekte, erscheint Wert vor allem als ein „Ziel“. Bezogen auf Handeln, erscheint Wert vor allem als ein „Maßstab“. Hierfür hat sich die Unterscheidung von Werten und Normen eingebürgert: „Normen“ sind eher Verhaltensrichtlinien bzw. Verhaltenserwartungen, mit denen der einzelne konfrontiert ist. Konformes Verhalten wird hier belohnt, abweichendes Verhalten sanktioniert. Normen beziehen sich eher auf äußerliches Verhalten und werden eher per Zwang durchgesetzt. Normen sind meist spezifisch, als soziale Ist-Zustände wie auch als regulative Sollbestimmungen. „Werte“ dagegen sind eher vom einzelnen selbst ausgebildete Verhaltensrichtlinien und Zielvorstellungen. Belohnungen oder Sanktionen machen hier wenig Sinn. Werte beziehen sich eher auf inneres Verhalten und werden eher durch persönliche Überzeugung aufrechterhalten. Werte sind hier meist allgemein. Für das Verhältnis von Normen und Werten ist wichtig, daß sie unter bestimmten Umständen konvertiert werden – individuelle Werte wie von Religionsgründern uns als Normen entgegentreten oder Normen zu individuellen Werten diffundieren.

Individuum und Gesellschaft bestehen jedoch nicht quasi „an sich", sondern gehören untrennbar zusammen – in Gestalt vielfältiger Organisationen auf verschiedenen Ebenen mit unterschiedlicher Reichweite und Funktion. Im Hinblick auf den Zusammenhang von „Wert" und Öffentlichkeitsarbeit – verstanden als spezielle Interaktion eines Systems mit seiner Umwelt (Kap. 1), gemäß differenzierten Öffentlichkeitskonzepten und Teilöffentlichkeiten (Kap. 2) – erscheint demnach die Thematisierung einer dritten Ebene zwingend: Zwischen 1. die Gesellschaftsebene, auf der Werte eine übergreifend sinn- und identitätsstiftende, eine normbildende Funktion haben, im Hinblick auf die Integrativität und Stabilität des Ganzen, und 2. die personale Ebene, auf der Werte kognitive und emotionale Orientierungen und Standards des individuellen Handelns liefern, steht 3. die Systemebene der Organisationen. Ohne daß hier diverse spezielle Organisationstheorien eingeholt werden können, sei doch davon ausgegangen, daß erst auf dieser Organisationsebene sowohl gesellschaftliche als auch individuelle Werte entstehen und sich entwickeln, beide miteinander vermittelt werden – individuelle Ziele als spezifischer Maßstab für andere formuliert und Maßstäbe als allgemeines Ziel vorgeschrieben werden. Dabei können im Falle von Kräften und Interessen gleicher Stärke bei entgegengesetzten Valenzen Konflikte sowohl zwischen der Organisation einerseits und der gesellschaftlichen Umwelt andererseits entstehen als auch zwischen der gesellschaftlichen Organisation einerseits und den Individuen dieser Organisation andererseits: das System nach außen und das System nach innen. Hier fungieren Werte als interaktionales Konstrukt für eine Konfliktlösung. Erst die Professionalisierung dieser wertbezogenen Interaktion bei bestimmten Organisationen im Sinne einer Handlungsrolle führt zum ausgebildeten „Öffentlichkeitsarbeiter": nach außen und nach innen. „Wert" ist demnach gesellschaftskonstitutiv, identitätsverbürgend, handlungsmotivational, steuerungsfunktional, ausbildungsstrategisch. Eine wissenschaftliche Konzeption von Öffentlichkeitsarbeit wäre ohne Berücksichtigung der Basiskategorie „Wert" schlechterdings nicht vorstellbar.

An Organisationstypen werden im folgenden demnach idealtypisch drei unterschieden:

– erstens gemeinwohlorientierte Non-Profit-Organisationen, bei denen der Finalwert im öffentlichen Interesse liegt, während die Mitglieder Sekundärinteressen verfolgen (z. B. bei einer Stadtverwaltung);
– zweitens kommerzielle Unternehmen, bei denen der Finalwert im privaten Gewinn der Eigner oder Aktieninhaber liegt, während die übrigen Mitglieder der Organisation Sekundärinteressen verfolgen (z. B. bei einem Industrieunternehmen);
– und drittens gruppenspezifische Non-Profit-Organisationen, bei denen der Finalwert mit den Primärinteressen der Mitglieder identisch ist (z. B. bei einem Sportverein).

Mit der Differenzierung in übergreifend gesellschaftsfundierte Werte, individuell-subjektive Werte und organisationsspezifische Werte tangiert Öffentlichkeitsarbeit die Wertproblematik in dreifacher Hinsicht: als Sozialethik, als Individualethik und als Organisationsethik. Genauer: Öffentlichkeitsarbeit stellt sich dar als die organisationsimmanente Vermittlung zwischen gesellschaftsfundierten Werten auf der einen Seite und individuellen Werten auf der anderen Seite. Aufgabe der Öffentlichkeitsarbeit ist demnach auch die Wertkongruenz oder zumindest die Vermeidung von Wertkollisionen oder Wertgegensätzen sowohl im Verhältnis eines Systems zur Umwelt als auch im Verhältnis eines Systems zu seinen Mitgliedern. Deshalb hat man PR auch schon als „Konfliktregler" (Günther Haedrich) oder „Normenharmonisierer" (Ulrich Saxer) bezeichnet. Allerdings erschöpft sich Öffentlichkeitsarbeit nicht in dieser Funktion.

Werte sind nicht konstant; ihre konkreten Inhalte, Formen, Rangfolgen und Gewichtungen wandeln sich. Dieser Wertewandel meint Änderungen in der Wertorientierung, der Werthaltung, der Wertpräferenz, der Wertehierarchie. Unfragwürdig ist vor allem der Wandel von Rangplätzen. Er betrifft alle drei Ebenen, allerdings in verschiedenem Ausmaß und in unterschiedlicher Bedeutung. Wertewandel findet sich zunächst über größere Zeitspannen hinweg in öffentlicher, übergreifend gesellschaftlicher Hinsicht, wie es die Generationsthese behauptet (Kap. 3.2). Ob es sich dabei tatsächlich um Verschiebungen kompletter kultureller Orientierungssysteme handelt, ist allerdings noch umstritten. Wertewandel ist aber auch im biographischen Rückblick, im Sinne der Lebenszyklusthese, von Bedeutung (Kap. 3.3). Mit zehn Jahren haben wir ganz andere Werte als mit fünfzehn, mit zwanzig oder gar mit vierzig Jahren; und dazu kommt noch der Unterschied der Geschlechter. Wie sich schließlich das Problem der Wertbestimmung auf Organisationsebene stellt, muß wieder stark differenziert gesehen werden (Kap. 3.4). Daraus lassen sich dann schließlich Kriterien für die Bewertung von Öffentlichkeitsarbeit ableiten (Kap. 3.5).

## 3.2. Gesellschaftsbezogene Werte

Gesellschaftsbezogene Werte spielen für Systeme auf der Organisationsebene eine unterschiedlich bedeutsame Rolle, je nachdem ob sie mit deren Wertesystem kongruent, synchron, kompatibel oder konträr sind. Und sie unterscheiden sich je nach dem Öffentlichkeitskonzept und der Teilöffentlichkeit, mit der interagiert wird. Dabei muß die diachronische Perspektive, der historische Veränderungsprozeß gesellschaftsbezogener Werte, im Zentrum der Aufmerksamkeit stehen: der sogenannte Wertewandel als wichtiger Bestandteil des sozialen Wandels (Kap. 3.2.1). Die synchronische Sicht erscheint hier typologisch reduziert (Kap. 3.2.2) und kann vielleicht eher auf Individual- oder Organisationsebene entfaltet werden.

3.2.1. „Wertewandel" meint zumeist den Wandel gesellschaftlicher Werte: Mit der Veränderung der Gesellschaft wandeln sich auch die dominanten Werte. Das kann ganz unterschiedliche Formen annehmen: Neue Wertvorstellungen werden entwickelt (z. B. Schutz der Umwelt bei der Müllentsorgung), alte Werte können hinfällig werden (z. B. Härte in der Kindererziehung), Werte können auch umgedeutet werden (z. B. vom Gehorsam der Frau in der Ehe zur Partnerschaft von Mann und Frau), oder Werte wechseln ihren Platz auf einer Skala der Rangordnung (z. B. rücken materielle Werte mit dem Erreichen des Wohlstands in der Skala zumeist nach unten). Letzteres wurde vor allem von Ronald Inglehart vertreten. Er entwickelte für die westlichen Industrienationen die Theorie einer „stillen

Revolution“ der Wertvorstellungen von der Kriegsgeneration zur Nachkriegsgeneration, das heißt der Generation, die nach 1945 geboren wurde. In diesem Generationenwechsel hat sich bei den Wertprioritäten die materialistische Wertorientierung zu einer postmaterialistischen Wertorientierung gewandelt. Als Grundlage dafür geht er von der Mangelhypothese aus, nach der man hoch bewertet, was relativ knapp ist. Über die Sozialisation vollziehen sich entsprechend Veränderungen. „Materialismus“ macht er fest an dominanten Sicherheitsbedürfnissen (z. B. Aufrechterhaltung der Ordnung im Land, Verbrechensbekämpfung) und an Versorgungsbedürfnissen (z. B. wirtschaftliches Wachstum, Bekämpfung der Preissteigerung). „Postmaterialismus“ dagegen äußert sich in Partizipation und Menschenwürde (z. B. mehr Mitsprache der Menschen am Arbeitsplatz, eine eher freundliche Gesellschaft) und in der Dominanz intellektueller und ästhetischer Bedürfnisse (z. B. Verschönerung von Städten, Ideen zählen mehr als Geld). Inglehart hat seine zentrale These in ein globales Modell des sozialen und kulturellen Wandels integriert (ökonomische Veränderungen, Zunahme an politischem Interesse, Änderungen religiöser Einstellungen und sexueller Normen, neue Jugendkultur usw.). Demnach haben in den sechziger Jahren ganz offensichtlich die Werte der Kriegsgeneration für die Nachkriegsgeneration ihre handlungsleitende Funktion verloren, nachdem die implizierten Ziele erreicht bzw. die in den Werten angesprochenen Probleme gelöst waren.

Helmut Klages hat demgegenüber ein differenzierteres Szenario der Wertentwicklung in Deutschland von 1871 bis heute vorgelegt, das man wie folgt zusammenfassen könnte:

– *Werte im Zweiten Reich (ab 1871):*

In kleinen Eliten in Wirtschaft, Administration und Wissenschaft verbreitete sich das liberalistische Wertsystem (politische und ökonomische Freiheitsrechte des Individuums, Zurückdrängung des Zunftwesens und der staatlichen Regulation, Religion wurde zur Privatsache erklärt). Bei den Massen dominierten die kleinbürgerlich-konventionellen Werte, stand die Dominanz des Lokalen im Zentrum. Die Entstehung des Nationalstaats und der Sieg über den „Erbfeind“ Frankreich führten zu einer Welle nationaler Begeisterung. Ein Deutscher zu sein wurde zu einem individuell gefühlten Wert. Die vorherrschenden Werte waren jedoch wenig ausgewogen: Man war Deutscher, aber zugleich auch Liberaler, Sozialist oder Traditionalist. Man war zugleich Unternehmer, selbständiger Gewerbetreibender alten oder neuen Stils, Offizier, Arbeiter, Angestellter usf. – „Zerrissenheit" war das Lieblingswort dieser Zeit. Harte Arbeit und Disziplin (im militärischen, industriellen, auch sozialistischen Bereich) standen in der Rangfolge oben. Im Ersten Weltkrieg kamen zentrale Werte wie Kameradschaft und die Bereitschaft zur gegenseitigen Aufopferung hinzu.

– *Werte in der Weimarer Republik:*
Beleidigter Nationalstolz, gefühlsmäßige Abwehr des „Parteiengezänks", Ressentiments gegen die „Kriegs- und Nachkriegsgewinnler". Überkommene Milieu- und Schichtzugehörigkeit, Konfessionsabschottungen und Ideologien waren durchlöchert und führten zu einer diffusen Werte-Stimmung. Vor dem Hintergrund der im Krieg erfahrenen „Volksgemeinschaft" verband sich Unbestimmt-Religiöses mit Prometheisch-Heroischem. Die Sehnsucht nach Integrität wurde zu einer der Voraussetzungen für die Akzeptanz eines „Führers" mit charismatischen Eigenschaften.

– *Werte im Dritten Reich:*
Regenerierung des nationalen Selbstbewußtseins, Leitbild eines neuen Menschen (Elemente des Nordischen, des Heroischen, des Starken und Kämpferischen, aber auch des Einordnungs- und Opferbereiten). Gruppenspezifische Werte: für Frauen die Mutterschaft als Wert, für Bauern die Schollenverbundenheit, für Handwerker die Handarbeit und eine volksverbundene Intellektualität, für Jugendliche ästhetisch-sportliche Ideale, usf.

– *Werte in der Nachkriegszeit:*
Nach dem Wertezusammenbruch mit dem Ende des Zweiten Weltkriegs dominierte das Gefühl der Beschämung, der Unsicherheit, herrschte die Abwendung von allen ideologischen Orientierungssystemen vor: der „Ohne-mich-Standpunkt", die Abkehr von allem Öffentlichen und Politischen in den fünfziger Jahren. Mit der Währungsreform 1948 setzte statt dessen der materielle Wiederaufbau ein, zusammen mit einer massiven Aufwertung von Pflicht- und Ordnungswerten. Neben Pflicht, Pünktlichkeit, Sauberkeit etc. und Ordnung waren das vor al-

lem Effizienz und Effektivität sowie die Hochwertung des Output (der wiederaufgebauten Häuser, Städte, Straßen usf.).

– *Werte der sechziger/siebziger Jahre:*
Übergang vom Materialismus zum Postmaterialismus, wie ihn Ronald Inglehart konstatierte. Eine Art Kulturrevolution, Aufbruchstimmung, Suche nach neuen Horizonten – und ein Individualisierungsschub. Niedergang von Werten wie Disziplin, Gehorsam, Pflichterfüllung, Treue, Unterordnung, Fleiß, Bescheidenheit, Anpassungsbereitschaft, Fügsamkeit, Enthaltsamkeit – „das ganze verdammte innere Preußentum" wurde auf den Müll geworfen. An die Stelle der Pflicht- und Akzeptanzwerte traten Selbstentfaltungswerte wie Emanzipation, Gleichheit, Partizipation, Autonomie, persönlicher Genuß, Ausleben emotionaler Bedürfnisse, Kreativität, Spontaneität, Selbstverwirklichung, Eigenständigkeit, Ungebundenheit. Die Spannweite dieser Wertdivergenz provozierte aber auch innere Spannungszustände, Ungewißheiten und Wertkonflikte.

Klages geht nicht auf den Wertewandel der achtziger Jahre ein, aber man könnte ihn in Form von alternativen Gegenüberstellungen ergänzen:

– *Werte der achtziger Jahre:*
Dem persönlichen Konsum und materieller Verschwendung wurde eine neue, ökologisch orientierte Sparsamkeit, eine umwelt- und gesundheitsbewußte Ernährungs- und Lebensweise entgegengesetzt; statt militärischer Stärke, Überlegenheit, Wettrüsten und Feindbildern fand sich eine eher kosmopolitische Orientierung mit den Werten Frieden, Abrüstung, Rüstungskontrolle, Gewaltverzicht; statt religiöse Bindung und Kirchentreue eher die Suche nach neuen Sinnhorizonten mit den Möglichkeiten von Spiritualität und Meditation, Mystik und Esoterik; statt Rohstoffausbeutung und objektivistisch-materieller Naturauffassung eine auf Recycling und Rohstoffschonung ausgerichtete ökologisch orientierte Sparsamkeit und eine eher biologisch-psychologische Naturauffassung; statt Wirtschaftswachstum eher Nullwachstum, statt Gewinnprinzip eher Gemeinnutzprinzip, statt Leistungsprinzip eher Humanprinzip; statt Zentralismus eher Regionalismus, statt Konformismus eher Individualismus, statt Expertokratie eher basisbezogene Gegeneliten, statt Stabilität und Ordnung eher Wan-

del und Reform; statt Patriarchalismus und männliche Überlegenheit eher Angleichung der Geschlechterrollen.

– *Werte der neunziger Jahre (wieder nach Klages):*

Während sich bestimmte Werte wie z. B. Ordnungsliebe in manchen Teilöffentlichkeiten tendenziell nur wenig verändern, klaffen andere Wertentwicklungen immer weiter auseinander. Werte wie Gehorsam und Unterordnung gehen weit nach unten, während ein Wert wie Selbständigkeit steil ansteigt. Der Wertewandel setzt sich also fort, unbeschadet der deutschen Einigung und ihrer wertebezogenen Folgen. Die Selbstentfaltungswerte werden sich immer weiter spezifizieren, individualisieren, ausdifferenzieren und insbesondere um Genußwerte anreichern.

Aussagen zum Wertewandel wie bei Klages und anderen kranken häufig daran, daß sie hypothetisch und introspektiv erscheinen: empirisch nur wenig abgesichert. Deutlich wurde, daß sich Weltanschauungen nur langsam verändern, überwiegend auf dem Weg des Generationswechsels in der Bevölkerung. Inglehart sieht in dieser inhärenten Verzögerung des kulturellen Wandels die Gefahr, daß die Generation der Älteren, die an den Hebeln der politischen und wirtschaftlichen Macht sitzen, stets diejenigen Wertvorstellungen und Handlungsvoraussetzungen verkörpern, die jeweils gerade überholt sind. Kaum deutlicher als hier kann man sehen, daß Diskussionen um Werte und Wertewandel stets auch Diskussionen um Steuerungsfunktionen darstellen – ein entscheidender Gesichtspunkt für Öffentlichkeitsarbeit, die naturgemäß auf die Gestaltung ihrer Interaktionen mit ihren jeweiligen Umwelt-Systemen und Teilöffentlichkeiten aktiv Einfluß nehmen will.

3.2.2. Von vielen wird der Wertewandel als eine tiefgreifende Krise empfunden. Das liegt weniger an den Veränderungen einzelner Werte als vielmehr an der Erkenntnis sehr vieler Menschen, daß alle Werte bedingt und damit relativ sind. Das schließt auch die Wertsysteme und die Werthierarchien ein (Stichworte: „Wertrelativismus", „Wertdiffusion"). Manche sehen genau darin die Grundlage für die allgemeine Kultur- oder Sinnkrise der heutigen Zeit. Der interkulturelle Austausch und der daraus folgende Austausch von Wertsystemen relativiert die traditionellen Werte, macht das Traditionserbe fragwürdig und macht auch scheinbar überzeitliche Wertsysteme (Religionen) unglaubwürdig oder wenigstens arbiträr. Hinzu kommt der Zeitfaktor: Der Austausch von Wertsystemen als Prozeß, ihre Verschmelzung beschleunigt sich kontinuierlich. Dieser immer schnellere Abbau der Orientierung an überkommenen oder als verbindlich betrachteten Werten bzw. die sprunghaft voranschreitende grundsätzliche Relativierung von Wertsystemen überhaupt bedeutet einerseits einen größeren Spielraum für individuelles, eigenverantwortliches, autonomes Handeln, andererseits aber auch eine Destabilisierung kultureller, politischer und sozialer Systeme. Das hat zur Folge, daß die Bereitschaft abnimmt, aus einer altruistischen Gesinnung heraus, in Erfüllung gegebener Werte, uneigennützig zu handeln, und man statt dessen das eigene Ich als zentralen Bezugspunkt für zweckrationales Handeln setzt – und da dominiert natürlich die Steigerung des individuellen Nutzens vor allem anderen. Man nannte das positiv den Wechsel von der Gesinnungsethik zur Verantwortungsethik, man kann es aber auch negativ bezeichnen als den Wechsel vom Altruismus zum Egoismus, von der Gesellschaftsorientiertheit zur Ichzentriertheit.

Innerhalb und auf der Grundlage der wirtschaftlichen und politischen Grundstrukturen der Gesellschaft wird der kulturelle Rahmen geschaffen, in dem diese Werte ausgehandelt werden: in westlichen Gesellschaften derzeit vor allem Kapitalismus und Demokratie. Kapitalismus meint nicht eigentlich Profitmaximierung, sondern die private Aneignung der Gewinne durch einige wenige Menschen zu Lasten der vielen, die an der Wertschöpfung gleichermaßen beteiligt sind. Demokratie meint nicht die Mitbestimmung aller an allem, sondern eine repräsentative Demokratie, eine Demokratie von Parteien, die mehr oder weniger alle politischen Entscheidungsträger stellen, obwohl 96,2 % der wahlberechtigten Bevölkerung nicht Mitglied einer Partei sind. Beide Grundwerte (Privatkapitalismus, repräsentative Demokratie) sind derzeit bis zum Anschein des Natürlichen als selbstverständlich eingeschliffen. Der Untergang der DDR bzw. das Scheitern von Gegenpositionen (Kommunismus, Totalitarismus) hat das noch verstärkt.

Neue gesellschaftliche Entwicklungen und Veränderungen oberhalb dieser Basis, zum Teil von ihr selbst hervorgerufen, evozieren jedoch kontinuierlichen Bedarf an immer neuen Wertedebatten. Als solche Phänomene werden derzeit vor allem die folgenden genannt: wirtschaftliche Globalisierung, strukturelle Arbeitslosigkeit, Finanznot der öffentlichen Haushalte, Krise des Sozialstaats, Kündigung des Renten-Generationsvertrags, Verarmung großer Teile der Bevölkerung, wirtschaftliche Monopolisierung, Schwächung politischer Selbstbestimmung durch die Europäisierung, Schwund der institutionellen Bindungen, Handlungsschwäche der Politik bzw. Ohnmacht, Mobilität, Technisierung und Realitätsverlust qua virtueller Realität und Simulation, usw. Indem traditionelle Werte wie Arbeit, Religion und Familie ihren Wertcharakter und ihre stabilisierende und integrierende Funktion zunehmend verlieren, ergibt sich ein Vakuum, das momentan offenbar mit stärker individuellen, kurzzeitigen, naheliegenden, erlebnisorientierten Werten gefüllt wird.

Daraus lassen sich verschiedene, empirisch abgrenzbare Werttypen ableiten, die sich ständig verschieben. Derzeit grenzt man fünf unterschiedliche Werttypen voneinander ab:

– *Typ 1: die Konventionalisten*

Sie sind vor allem ordnungsliebend. 18 % der Bevölkerung (1997) lassen sich durch Akzeptanz- und Sicherheitswerte charakterisieren. Es handelt sich hier vorwiegend um ältere Menschen aus Arbeiter- und Facharbeiterkreisen mit Volksschulbildung oder abgeschlossener Lehre. Sie haben Familie und Kinder und wohnen im eigenen Haus.

– *Typ 2: die Realisten*

Sie sind vor allem aktiv. 34 % der Bevölkerung (1997) besitzen neben Akzeptanz- und Sicherheitswerten auch Selbstentfaltungs- und Engagementwerte. Charakteristisch ist ihre Fähigkeit zur Wertsynthese oder Wertbalance. Die Realisten sind flexibel, anpassungsbereit, pragmatisch, eher unauffällig. Sie sind mittleren und jüngeren Alters, entstammen gehobeneren Sozialschichten, haben Realschulabschluß, Familie und Kinder, wohnen im eigenen Haus und können auf ein hohes Einkommen zurückgreifen.

– *Typ 3: die Resignierten*

Sie sind primär perspektivenlos, das heißt weder vertreten sie tradierte Werte, noch übernehmen sie moderne. 14 % der Bevölkerung (1997) zeichnen sich weder durch Akzeptanz- und Sicherheitswerte noch durch Selbstentfaltungs- und Engagementwerte aus. Statt dessen werden sie von einem generellen Wertverlust gekennzeichnet. Sie sind teils in den jungen und vornehmlich in den älteren Bevölkerungsgruppen anzutreffen. Sie entstammen Arbeiter- oder Facharbeiterkreisen, haben Volksschulbildung oder abgeschlossene Lehre, ein niedriges Einkommen und wohnen in einer Mietwohnung.

– *Typ 4: die nonkonformen Idealisten*

Sie sind zentral kritisch, konfliktorientiert, mit hohen idealistischen Erwartungen. 18 % der Bevölkerung (1997) lassen sich durch entsprechende Selbstentfaltungs- und Engagementwerte charakterisieren. Sie sind überwiegend zwischen 30 und 45 Jahre alt und ledig, haben einen hohen Schulabschluß und stammen aus den oberen sozialen Schichten.

– *Typ 5: die hedonistischen Materialisten*

Sie lassen sich erst seit der zweiten Hälfte der achtziger Jahre feststellen: egozentrisch, konsumorientiert, auf individuelle materielle Bedürfnismaximierung ausgerichtet, in der Tendenz politikverdrossen. 16 % der Bevölkerung (1997) entfallen auf diese quantitativ zunehmende Gruppe. Dabei handelt es sich vor allem um die 18–30jährigen.

Je nachdem, welchem dieser Werttypen man zuzurechnen ist, lassen sich dann bestimmte konkrete Wertmuster im individual- oder gesellschaftsbezogenen Bereich quasi voraussagen. Dabei ist in Rechnung zu stellen, daß sich diese gemäß dem individuellen Lebenszyklus zwar verändern werden; man weiß heute, daß die Ausbildung persönlicher Wertsysteme in der frühen Sozialisation nicht unbedingt mit einem bestimmten Alter abgeschlossen ist, wenn auch die Eckdaten in aller Regel stabil bleiben. Aber es handelt sich eben nicht einfach um Zielgruppen, sondern um systemstrukturierende Werttypen.

## 3.3. Individualbezogene Werte

Die Bestimmung individualbezogener Werte und deren lebenszyklisch bedingten Wandels erweist sich naturgemäß als sehr viel heterogener. Insgesamt aber scheinen sie offenbar doch weniger beliebig und individuell willkürlich zu sein als erwartbar. Drei verschiedene Ansätze sollen hier exemplarisch zumindest benannt werden: das anthroposophische Konzept als ein Beispiel für die große Bandbreite normativ-ideologischer Konzepte, das psychoanalytische Konzept nach Freud und das soziologische Konzept der Lebensstile.

3.3.1. Charakteristisch für die große Bandbreite eigenwilliger Werte- und Sinnkonzepte zum biographischen Ablauf ist etwa die „Geheimwissenschaft" eines Rudolf Steiner, der einen „Siebenjahresrhythmus der Leibes- und Bewußtseinsentwicklung" annimmt. Verkürzt gesagt, charakterisiert sich die erste Phase, von der Geburt bis zur Ausbildung der zweiten Zähne, durch die Entfaltung des physischen Leibs und des sogenannten „Ätherleibs"; die zweite Phase, bis zur Pubertät, durch die Entfaltung des sogenannten „Astralleibs" und die Geschlechtsreife; die dritte Phase, ab der sich Ätherleib und Astralleib wieder zurückverwandeln, durch die Ausbildung des „Ich" zur Vollreife, gefolgt von Phasen mit der freien Geistespersönlichkeit, den Meisterjahren, der Lebensmitte und einer weiteren Spiritualisierung bis zum Tod. – Solche esoterischen und sonstigen okkulten, religiösen, ideologischen Konzepte vom Wertewandel im individuellen Lebenszyklus finden sich auch noch heute in der Bevölkerung westlicher Kulturen sehr viel verbreiteter, als man als Wissenschaftler anzunehmen geneigt ist. In manchen Teilkulturen kann ihre praktische Bedeutung kaum überschätzt werden. Insgesamt aber scheinen diejenigen Wertbestimmungen – etwa gemäß den Religionen – individuell zu dominieren, die nicht an biographischen Wandel gekoppelt sind und vielmehr übergreifend, für das gesamte Menschenleben, Gültigkeit beanspruchen, wenn auch unterschiedlich virulent.

3.3.2. Weniger obskur als der anthroposophische Ansatz, aber immer noch mit normativem Einschlag zeigt sich der Lebenszyklus etwa nach Erik H. Erikson. Ausgerichtet am Konzept der psychologischen Ich-Entwicklung von Sigmund Freud, werden – wieder verkürzt dargestellt – acht Phasen mit funktional unterschiedlichen Zielbestimmungen voneinander abgegrenzt: Im *Säuglingsalter* geht es um die Ausbildung eines Urvertrauens als Grundlage. Im *Kleinkindalter* folgt die Autonomie, im *Spielalter* das Erlernen der Initiative, im *Schulalter* die Ausbildung des Werksinns. In der *Adoleszenz* entwickelt sich die Identität zum Ich, im *frühen Erwachsenenalter* die Fähigkeit der Intimität. Das *Erwachsenenalter* selbst wird bestimmt von einer Grundhaltung der Generativität, während das *reife Erwachsenenalter* vom Wert der Integrität ausgezeichnet ist. Die jeweiligen Schlüsselwerte, die hier nicht näher erläutert werden können, sind in unterschiedlichem Ausmaß bereits wissenschaftlich fundiert. Der Akzent liegt dabei allerdings eher auf der Darstellung der jeweiligen Probleme und Fehlentwicklungen, die auf den verschiedenen Stufen psychischer Reifung auftreten können, und wie sie zu lösen bzw. zu korrigieren sind.

Bestimmte Durchschnittsphasen individueller Entwicklung mit den entsprechenden Werteclustern lassen sich trotz unterschiedlicher ideologischer Provenienz verallgemeinern: Im Rahmen der bürgerlichen Familie lernt das Kleinkind zunächst seine Umwelt kennen, um sich dann mit sich selbst auseinanderzusetzen. Mit dem Abschluß der Pubertät verläuft die Biographie dann meist zweigleisig: Kennenlernen des anderen Geschlechts, Partnerfindung, „Nestbau“ und „Brutpflege“ auf der einen Seite, bis die Jungen flügge geworden sind und ihrerseits den Familienverband verlassen; Ausbildung, Berufsfindung, Arbeitsplatz und Karriere auf der anderen Seite – eine problematische Dualität, die immer noch meist über die Aufteilung in geschlechtsspezifische Rollen (Vater als Verdiener, Mutter als Erzieherin) bewältigt wird, meist zum Nachteil der Frau. Subjektive Wertbestimmungen wie Glück, friedliche Welt, Freiheit, Freundschaft oder Sicherheit sind ansonsten wenig aussagefähig und werden bedeutungsvoll erst im lebenszyklischen Kontext (Glück z. B. beim Kind über das neue Fahrrad, beim Jugendlichen über das bestandene Abitur, beim jungen Erwachsenen als erwiderte Liebe, beim Erwachsenen als Reichtum oder beim älteren Menschen als Gesundheit).

3.3.3. Der soziologische Ansatz zum Lebenslauf oder den Lebensaltersstufen zielt vor diesem Hintergrund differenzierter auf Lebenstilkonzepte mit altersabhängigen Zielen, Interessen und Teilkultur- und Milieu-Einbindungen des Individuums. An die Stelle mehr oder weniger normativer Stufen oder Schritte rücken hier ausnahmslos deskriptiv-empirisch gewonnene kollektive Verdichtungen und Muster von Verhaltensweisen und Präferenzen, die sich stark voneinander unterscheiden, je nachdem, in welcher Zeitspanne gesellschaftlichen Wandels sie sichtbar gemacht werden (z. B. in den fünfziger oder den neunziger Jahren) und welcher Fokus gewählt wird (z. B. Freizeitverhalten, Berufskarriere oder Familienkonstellation). Das Konzept der „Lebensstile" zielt darauf ab, ältere Konstrukte wie „Klasse" und „soziale Schicht", die sich aufgrund umfassender Differenzierungs-, Individualisierungs-, Pluralisierungsprozesse überholt haben, zu ersetzen. „Lebensstil" – das ist eine Verknüpfung von Akteurspräferenzen, Handlungsstrategien und daraus resultierenden Verhaltensmustern, die Einzelfaktoren wie Alter, Geschlecht, Region, Subkultur usw. besser berücksichtigt. Lebensstil ist demzufolge ein interessen- und wertegesteuerter Habitus, der gleich mehrere Funktionen erfüllt: Er repräsentiert die Alltagsroutine und stabilisiert damit soziales Handeln. Er steuert über Symbolmuster die Gruppen-, Organisations- und Subkulturzugehörigkeit. Und er expliziert die „Logik" der Lebensführung, den individuellen Sinn und fördert somit subjektive Identität.

Daraus wird ersichtlich, daß der Lebensstilansatz bislang noch stärker in systematischen, vergleichenden Querschnittuntersuchungen realisiert wird als im diachronischen Zugriff. Charakteristisch dafür wäre etwa die These von der „Erlebnisgesellschaft" und ihren Formen. Gerhard Schulze unterscheidet dazu, wie bereits erwähnt (Kap. 2.4), verschiedene Aspekte der Alltagsästhetik (z. B. Standardisierung von Erlebnisangeboten), verschiedene Milieus (z. B. Harmoniemilieu, Selbstverwirklichungsmilieu etc.) und verschiedene Typen von Szenen (z. B. Hochkulturszene, Kneipenszene). Die damit gewonnenen Kategorien wendet er auch diachronisch und skizziert knapp einen soziokulturellen Wandel in drei Abschnitten:

– *Restauration der Industriegesellschaft (Ende der vierziger bis Mitte der sechziger Jahre):*
Zunehmener Wohlstand, zunehmende Anreicherung alter Werte- und Verhaltensmuster durch neue, Großgruppenstrukturen, Hochkultur versus Trivialkultur.
– *Kulturkonflikt (Mitte der sechziger bis Ende der siebziger Jahre):*
Zunächst Begrenzung auf jugendliche Subkulturen, „Spontaneität" als Wert, kritische Distanzierung von sozialer Kontrolle, Entkoppelung von Hoch- und Trivialkultur, Pluralisierung der Lebensphilosophie, zunehmend innenorientierter Konsum, Strategien der Erlebnisverdichtung, Ausdifferenzierung von Szenen.
– *Erlebnisorientierte Gesellschaft (ab Anfang der achtziger Jahre):*
Durchsetzung der Erlebnisorientierung (z. B. Selbstverwirklichung, Unterhaltung), verstärkte Genußorientiertheit, Dominanz breiter Wahlmöglichkeiten, Ausbildung persönlicher Stile, Ausweitung und Differenzierung der bestehenden Szenen, neue ökonomische Leitmotive.

Hartmut Lüdtke – um nur noch einen weiteren Vertreter zu nennen – aggregiert ähnlich sieben verschiedene hochkomplexe Lebensstiltypen mit je spezifischen Strategien der Lebensführung (z. B. Unabhängigkeit und Einfluß, Beliebtheit und soziale Kontakte). Im Vergleich von 1966 und 1988 skizziert er vergleichbar knapp Trends (Reduktion der Arbeitszeit und der Hausarbeit auf je ca. 70 % der Ausgangszeit; Anstieg des Medienkonsums, hauptsächlich von Fernsehen und Video, auf das 1,4fache; Anstieg der Zeitverwendung für Weiterbildung, Aktivsport, öffentliche Partizipation und private Kommunikation und Kontakte). Insgesamt zeigt sich dabei, für die Zeit von 1963 bis 1989, weniger eine zunehmende „Individualisierung" im Sinne einer Loslösung aus strukturellen Zusammenhängen als vielmehr ein Wandel der Freizeitstile von umfassenden, homogenen zu multiplexen, kleinformatigen Milieus.

Zusammengefaßt: Ob die Zielvorstellung anthroposophisch als „Geistespersönlichkeit" konzipiert wird, psychoanalytisch als

„gesunde Persönlichkeit“ oder soziologisch als „stabiler Lebensstil“ – jeweils stellt sich vom lebenszyklischen Wertewandel her das Problem der Identität des Individuums. Als „Sinn“-Konzept muß es noch gesondert behandelt werden (Kap. 4), zumal es auf Organisationsebene in der Debatte um „Corporate Identity“ wieder auftaucht.

## 3.4. Organisationsbezogene Werte

Gesamtgesellschaftliche Integration ist ein zufälliges Resultat aus dem kurzsichtigen Agieren zahlreicher Einzelakteure. Konsens oder Übereinstimmung in Werten wird nicht als oberstes Organisationsziel gleichsam vorgegeben, sondern bestenfalls in den Reflexionen und dem Austausch von Werteclustern im Rahmen des kulturellen und sozialen Systems konsensuell modelliert. Kultur als „Markt“ an Werten und Normen generiert Sinnkonzepte, die politisch, juristisch, religiös oder schlicht durch soziale Verhaltensmuster eingeschliffen und festgeschrieben, gewissermaßen institutionalisiert werden, allerdings stets nur auf Zeit. Organisationsbezogen sind Werte in mehrfacher Hinsicht von Bedeutung: einmal als vorgegebene Werte von oben, die dann kontinuierlich nach außen und nach innen vermittelt werden müssen, die aber auch mitunter selbst beeinflußt oder generiert werden können. In allen Fällen werden die organisationsspezifischen Werte konfrontiert mit gesellschaftsfundierten Werten, einmal (nach außen) in ihrer öffentlichen Form, sodann (nach innen) in ihrer privaten, individuellen Gestalt. Eine tendenziell große Kongruenz der Werte im letzten Fall ist natürlich dadurch vorgegeben, daß eine Organisation ihre Mitglieder wertkonform auswählt oder prägt bzw. für diese bei einer allzu großen Wertdivergenz meist Alternativen in Form anderer Organisationen bestehen. Geht man von den gesellschaftsbezogenen Werten aus, so unterscheiden sich die Organisationen nach der Nähe ihrer spezifischen Interessen zu denen der Gesellschaft: im Prinzip nach dem Unterschied zwischen „kommerziell“ und „non-profit“ oder den beiden Polen Privatnutzen und Allgemeinnutzen. Entsprechend sollen organisationsbezogene Werte zunächst bei kommerziellen Organisationen behandelt werden (Kap. 3.4.1), wobei „Unternehmenskultur“ und „Institutionenethik“ im Mittelpunkt stehen, und dann exemplarisch bei Non-Profit-Organisationen (Kap. 3.4.2). Die Ebene der Organisation der sozialen Beziehungen der Akteure erlaubt in beiden Fällen das, was auf umfassend gesellschaftlicher Ebene nicht mehr möglich ist: Kontrolle und Einfluß bei der Gestaltung. Deshalb muß hier auch die professionelle PR-Gestaltung als Sonderfall behandelt werden (Kap. 3.4.3). Diese PR-Ethik gehört zur Organisationsethik, nicht zur Individualethik.

3.4.1. Was genau heißt „Organisationsethik“? Der Begriff ist erst in jüngerer Zeit entstanden und wird in den allermeisten Fällen exklusiv auf kommerzielle Unternehmen bezogen. Gemeint sind damit fast ausnahmslos „Wirtschaftsethik“, „Unternehmensethik“, „Managementethik“. Hierbei lassen sich mit Peter Ulrich zwei Bereiche unterscheiden: die *Verantwortungsethik* der Unternehmensführung und die Institutionenethik der Unternehmung. Erstere meint vor allem die Managementethik: Gerechtigkeit und Toleranz gegenüber den Mitarbeitern, Fairness und allgemeine Sozialverträglichkeit, Kooperations- und Leitkompetenz, Balance mit eigenen Macht- und Gewinninteressen usw. – also „Führungsethik“. Sie wird aus betriebswirtschaftlicher Sicht als wichtige Aufgabe begriffen. Dabei gilt auch der gesellschaftsfundierte Wertewandel als „Herausforderung für die Unternehmenspolitik“ und als Anlaß sogar für organisatorischen Wandel. Wenn gesamtgesellschaftliche Werte wie beispielsweise Ordnungsliebe und Gehorsam in der Akzeptanz rapide sinken und Werte wie Selbständigkeit und Genuß deutlich steigen, wenn Arbeit immer weniger als Bedingung für ein glückliches Leben gilt, hat das wesentliche Auswirkungen auf Motivation, Engagement, Loyalität, Identifikation der Mitarbeiter mit dem Unternehmen. Das reicht hin bis zum Konflikt zwischen dem einzelnen Mitarbeiter (Selbstbestimmung, ganzheitliches Tun, Freiheit usw.) und dem Unternehmen (Fremdbestimmung, Arbeitsteilung, Unterordnung usw.). Eine Führungspolitik, die das Wertespektrum der Mitarbeiter nicht abdeckt, sondern es vernachlässigt oder vielleicht sogar weitestgehend damit kollidiert, wird langfristig scheitern („innere Kündigung", Personalfluktuation, geringere Leistung etc.). Mit Blick auf „Führungswerte" hat man bereits von der „Führungskultur als Eckpfeiler der Unternehmenskultur" (Gerhard Bihl) gesprochen. Sofern damit allerdings auch z. B. gemeint wäre, ältere Mitarbeiter möglichst sensibel und einfühlsam von der Arbeit „freizusetzen" oder rentabilitätsbedingt auf die Beschäftigten Druck auszuüben, wäre „Ethik" tendenziell auf psychologische Fähigkeiten der Personalführung reduziert und würde sich im suggerierten Wertbezug als Etikettenschwindel erweisen.

Matthias Barth hat entsprechend den oben genannten Werttypen im Fall einer Verschiebung ihrer Verteilung im Betrieb den dringenden Handlungsbedarf angedeutet – am Beispiel des Führungsstils: *Konventionalisten* lassen sich durch einen bestimmten Führungsstil kaum motivieren, wichtiger sind schriftliche Richtlinien und Vorschriften. *Realisten* haben dann das höchste Motivationsniveau, wenn der Führungsstil mitarbeiterorientiert ist. Ähnlich die *Idealisten*, zu motivieren auch durch einen aufgabenorientierten Führungsstil. Die *Hedomaten* dagegen haben das geringste Motivationsniveau, das bei Freistil-Vorgesetzten auch noch den absoluten Tiefpunkt erreicht. (Die *Resignierten*, die hier nicht mehr erwähnt werden, sprechen vermutlich auf einen autoritären Führungsstil am besten an.) Der gesellschaftliche Wertewandel wirkt sich somit insgesamt in einer abnehmenden Bedeutung normativer Bindungen an das Unternehmen aus. Die Bindungswünsche der Mitarbeiter werden pluralisiert. Das heißt: Formen affektiver und kalkulativer Bindung im Sinne von individueller Sinnstiftung müssen entwickelt werden, breiteren Raum einnehmen und sich im Führungsstil niederschlagen.

Grundsätzlich betrifft die Verantwortungsethik als Teil der Organisationsethik aber nicht nur das Management, sondern alle Mitarbeiter und Mitglieder der Unternehmung. „Mobbing" beispielsweise, zwar überwiegend von Vorgesetzten praktiziert, impliziert in der Regel auch die Kolleginnen und Kollegen. Organisationsethik als Verantwortungsethik zielt auf die sogenannte „Unternehmenskultur". Unternehmenskultur ist die wertebezogene Gestaltung innerbetrieblicher Kommunikations- und Verhaltensweisen im weitesten Sinn. Als wichtige

Einflußvariable für Unternehmenserfolg erkannt, wurde ihr unter dem Gesichtspunkt des „human capital" ab den achtziger Jahren auch in Deutschland zunehmend mehr Aufmerksamkeit zugewandt. Damit wird deutlich: Unternehmenskultur soll zwar den betroffenen Menschen dienen, aber nicht etwa aus selbstloser Liebe, sondern in Ergänzung und Optimierung einer rein zweckrationalen Organisation. Von der Betriebswirtschaftslehre wurden mehrere Typologien von Unternehmenskulturkonzepten entwickelt, die aber jeweils von der Art des Unternehmens ausgehen, nicht von Wertesystemen, womit ihre Fremdbestimmung offensichtlich wird. Ausgehend von einem unternehmensspezifischen Leitbild, meist in Gestalt von Rechten und Pflichten expliziert, sollen Identifikation mit dem Unternehmen, mehr Mitarbeiterzufriedenheit und damit ein besserer Unternehmenserfolg erreicht werden. Unternehmenskultur hat in diesem Sinn speziell drei Funktionen:

1. Koordination (Handlungsorientierung, Reduktion von Komplexität, Effizienz etc.),
2. Integration (Enthierarchisierung, Kooperation als innere du-orientierte Werthaltung, Fairness etc.) und
3. Motivation (Teamgeist, Selbstbestimmung, Sinntransparenz, Verantwortung etc.).

Zusammengefaßt: Verantwortungsethik meint Management- oder Führungsethik und die Beteiligung aller Mitglieder im Rahmen einer übergreifenden Unternehmenskultur, die bei kommerziellen Unternehmen prinzipiell den ökonomischen Werten funktional untergeordnet ist.

Markant anders stellt sich bei kommerziellen Organisationen neben der Managementethik und Unternehmenskultur die *Institutionenethik* dar. Hier geht es nicht primär um Kommunikation wie bei Verantwortungs- oder Führungsethik („Diskursethik"), hier geht es um unternehmerisches Handeln im eigentlichen Sinn. Institutionenethik wird verstanden als „Vernunftethik des unternehmerischen Wirtschaftens im Ganzen". Dahinter verbirgt sich nichts anderes als das Problem der Vermittlung des „privaten Gewinnstrebens" mit der „gesellschaftlichen Verantwortung", der Geltungsanspruch quasi des Mehr-Werts, die Legitimität unternehmerischen Handelns. Dazu gibt es eine Reihe von nicht mehr ernsthaft vertretbaren Ansätzen, mit denen man bislang versuchte, die totale Gewinnmaximierung ethisch zu rechtfertigen: So wurde oft im Sinne privater Handlungsorientierung etwa das subjektive, personale Gewinnstreben des Unternehmers als legitimes Handlungsmotiv herausgestellt, sodann auch seine objektive Pflicht im Sinne eines kapitalistischen Unternehmerethos. Institutionenethik wird dabei als Individualethik (des Unternehmers als Person) ausgegeben. In der Tat scheute man sich nicht, im Rückgriff z. B. auf das christliche Gebot der Nächstenliebe oder den Kategorischen Imperativ Immanuel Kants die Hausvater-Ideologie im Sinne des Mythos vom alten kapitalistischen Patriarchen des 19. Jahrhunderts zu beschwören, als „Vernunftethik des Wirtschaftens", eine Art sittliche Pflicht für einige wenige („Hausväter"), die breite Masse („Familie") zu versorgen. Dabei wird häufig eine angebliche Grundnorm der Wirtschaftsethik genannt: „Solidarität". Rechtlich hat das die Gestalt angenommen: „Eigentum verpflichtet". Sodann wurde im Sinne systemischer Funktionen aber auch immer wieder das objektive Gewinnerfordernis als Sachzwang herausgestellt, dem im Rahmen einer kapitalistischen Wirtschaftsordnung, sozusagen ordnungsethisch, nicht zu entkommen sei.

Ulrich betont hierzu, daß der Gewinn als Wert grundsätzlich seinerseits wieder einer moralischen Bewertung unterworfen sei („Wirtschaftsbürgerethik"). Deshalb müßten drei von vier Ansätzen einer Unternehmensethik verworfen werden:

1. die *instrumentalistische* Unternehmensethik: Sie begreift Ethik als Rentabilitätsfaktor, der eingesetzt wird, wenn es „opportun" ist, z. B. wenn ethisches Verhalten in der Öffentlichkeit Akzeptanz erzeugt, vor allem in kritischen Situationen, oder z. B. wenn damit die Motivation der Mitarbeiter bestärkt werden kann. Ethik ist ein Instrument, eine bloße Strategie, die man nur bei Bedarf einsetzt.

2. die *karitative* Unternehmensethik: Sie versteht Ethik als Konsequenz erfolgreichen Wirtschaftens. Es geht ihr um großzügige Wohltätigkeit, sei es im Sinne einer Spendenethik („profit-spending", „corporate giving") nach außen, sei es in Form einer Gewinnbeteiligung der Mitarbeiter nach innen. De facto freilich zielt dieses Denkprinzip auf die Rechtfertigung, den

„Gewinnkuchen“ gerade nicht auszuschütten, sondern vielmehr zu reinvestieren, weil damit die Möglichkeit der Wohltätigkeit langfristig ja zunehme.

3. die *korrektive* Unternehmensethik: Sie versteht Ethik als situative Selbstbegrenzung eines Unternehmens beim Gewinnstreben auf ein vorher festgelegtes Formalziel. Auch hier aber wird ein breiter Willkürraum eröffnet, denn der zu erwirtschaftende Gewinn kann beliebig hoch angesetzt werden. Im übrigen würde eine solche Unternehmenspolitik der Logik des Kapitals widersprechen. Auch hier wird Ethik nicht eigentlich ernstgenommen.

Nach Ulrich zeigt sich erst 4. die „*integrative* Unternehmensethik“ als ernsthaften Ansatz, das unternehmerische Gewinnstreben zu legitimieren. Diese Ethik setze gesellschaftsorientiert an bei der unternehmerischen Wertschöpfungsaufgabe. Bei der Wertschöpfung werde die ethische Komponente höher bewertet als die funktionale, das heißt, die Lebensdienlichkeit habe kategorischen Vorrang vor dem betriebswirtschaftlichen Erfolg. In Aspekten wie einer „Geschäftsethik“, einer „Branchenethik“ und schließlich des „Stakeholder-Dialogs“ erweise sich die gesellschaftliche Verantwortung als „republikanische Unternehmensethik“. Mit Blick auf den Status praktisch aller großen Unternehmen als Aktiengesellschaften („quasi-öffentliche Unternehmen“) gelangt Ulrich zu der These von der „Unternehmung als einer pluralistischen Wertschöpfungsveranstaltung“.

Angesichts der gewaltigen Anstrengungen fast aller Unternehmen in *nicht*-lebensdienlichen Bereichen und im Hinblick auf die enormen Unterschiede zwischen Arm und Reich, die ja immer weiter zunehmen, wirkt diese Theorie einer angeblich „integrativen Unternehmensethik“ allerdings realitätsfremd und akademisch. Hier wird vor allem übersehen, daß die Wert*schöpfung* zwar ohne Frage pluralistisch erfolgt, daß aber die *Aneignung* der geschaffenen Werte individualisiert ist. Das vorgebliche Ideal einer integrativen Wirtschaftsethik übersieht den kapitalistischen Kern des Problems in dem Maße, in dem es das Ideal der „*sozialen* Gerechtigkeit“ auf „*Leistungs*gerechtigkeit“ oder gar „*Bedarfs*gerechtigkeit“ reduziert und die „*Verteilungs*gerechtigkeit“ ausklammert. Am derzeit aktuellen Beispiel von „Umwelt“ als ethischem Wert und „Nachhaltigkeit“ als ethischem Handlungsprinzip läßt sich gut veranschaulichen, daß nur Wissenschaft und Politik hier an einem Strang ziehen. Das kommerzielle Unternehmen als Organisation, zumal auf einem Markt, integriert sich mit entsprechender Produktgestaltung nur dann, wenn es dazu gezwungen ist oder wenn dadurch eine profitable Marktlücke eröffnet wird.

Zweierlei also muß festgehalten werden: Bei kommerziellen Unternehmen dominiert mit absoluter Priorität der Mehr-Wert, Herzstück aller ökonomischen Werte, das heißt, das wirtschaftliche, marktbezogene Teilsystem ordnet sich das kulturelle, wertbezogene Teilsystem unter, statt sich ihm seinerseits zu unterwerfen. Zum andern bedeutet die ungerechte Privatisierung der Gewinne eine ethisch im Ernst nicht vertretbare Ungerechtigkeit. Mit Recht wurde denn auch die Unternehmensethik in ihrer Gestalt als Institutionenethik bereits kritisiert und zurückgewiesen.

Bilanz: Organisationsethik bei kommerziellen Unternehmen ist in Gestalt einer kommunikativen Führungs- und Verantwortungsethik, im Sinne einer Unternehmenskultur, für sich genommen den ökonomischen Werten funktional zugeordnet, ohne ihren Charakter als Ethik zu verlieren. Setzt man aber Verantwortungs- und Institutionenethik in Beziehung zueinander und sieht darin „das Kernproblem der Personalmanagement-Ethik“ (Wittmann 1998), bleibt für dieses „Spannungsfeld“, abgesehen von einer abstrakten „Integration“ über eine „unternehmerische Gratwanderung“, bestenfalls die funktionale Nutzung von Handlungsspielräumen zugunsten der Beschäftigten – was Verantwortungsethik und Institutionenethik klar hierarchisiert. Institutionenethik selbst schließlich, bezogen auf kapitalistische Unternehmen, setzt Ethik lediglich instrumentalistisch, karitativ oder korrektiv ein und funktionalisiert sie damit gegenüber dem Mehr-Wert, das heißt, Institutionenethik ist hier möglicherweise Vertuschung und Vortäuschung falscher Primärinteressen. Das wird im Zusammenhang mit dem Sonderfall Sponsoring (Kap. 6.2) wieder aufzugreifen sein.

3.4.2. Bei Non-Profit-Organisationen ist Organisationsethik als Führungsethik und Unternehmenskultur im wesentlichen mit der bei kommerziellen Unternehmen vergleichbar. Anders aber hinsichtlich der Institutionenethik, die sich hier naturgemäß von Organisation zu Organisation, je nach dem institutionell oder strukturell oder funktional gesetzten Wertesystem, unterscheiden kann. Als Beispiel soll hier die Stadtverwaltung als Organisation erläutert werden. Die Institutionenethik der Stadtverwaltung ist grundsätzlich gesellschaftsbezogen angelegt und in ihrer Werteorientierung vom Allgemeinwohl bestimmt. Bereits der juristische Hintergrund macht das deutlich: Verfassungsrechtlich ergibt sich aus dem Demokratiegebot das Volk als primärer Träger der Staatsgewalt, bei der kommunalen Selbstverwaltung die Beteiligung der Bürgerinnen und Bürger der Stadt in Form örtlicher Parteien und Gruppierungen. Kommunalwahlen, aus denen die Ratsmitglieder und Bürgermeister, das heißt die Organisationsmanager, hervorgehen, bieten im Prinzip die Möglichkeiten der Beteiligung aller Mitglieder einer Stadt und sind daher vom Wert „Selbstbestimmung" fundamental geprägt. Zugleich wirkt die städtische öffentliche Meinung als Korrektiv der bürgerlichen Macht- und Interessenausübung auch außerhalb der Kommunalwahlen. Das impliziert kurzfristige aktuelle Probleme oder umstrittene Maßnahmen ebenso wie mittelfristige kommunalpolitische Ziele in den unterschiedlichsten städtischen Bereichen bis hin zu langfristigen Entwicklungsprogrammen und -zielen, das heißt, der kontinuierliche Interessen- und Werteausgleich ist durch Bürgerbeteiligung und Bürgernähe das zentrale, seinerseits nicht mehr funktionalisierte Anliegen der Institution Stadtverwaltung. Der Wertebezug ist nicht instrumentalistisch, sondern in der Tat integrativ.

Diese Überparteilichkeit im Interesse aller Stadtbewohner impliziert eine ganze Reihe weiterer Werte wie Information, Partizipation, Akzeptanz, Kooperation, Wirtschaftlichkeit. Sachliche, umfassende, frühzeitige und kontinuierliche *Information*, über die Presse, andere Medien und in Direktkommunikation, ist ein strukturimmanenter Pflichtwert der Stadtverwaltung, denn nur der informierte Bürger ist ein mündiger Bürger. *Partizipation* meint die Bürgerbeteiligung an der Willensbildung, an der Entscheidungsfindung und an der Durchführung von Maßnahmen, also Kontrolle oder etwa auch Kommunikation im Sinne eines problemerhellenden „Frühwarnsystems“. *Akzeptanz* bezieht sich auf die Möglichkeit kritischer Reflexion und Auseinandersetzung im Rahmen freier Meinungsäußerung oder der Einflußnahme über bestimmte Gruppen und die Notwendigkeit des Ausgleichs widerstreitender Interessen und Werte – in einer Demokratie naturgemäß im Sinne der jeweiligen Mehrheit. Die Stadtverwaltung ist mindestens mittelfristig unabdingbar auf Zustimmung angewiesen. *Kooperation* meint nicht nur die Beteiligung der Bürgerinnen und Bürger, sondern natürlich zuallererst das Zusammenwirken der politischen Managementebene und der diversen Ressorts und Abteilungen durch Beamte, Angestellte und Arbeiter innerhalb der Stadtverwaltung – im realen Handeln. *Wirtschaftlichkeit* bedeutet den verantwortungsvollen, sparsamen Umgang mit den Steuergeldern, das heißt den letztlich von den Bürgerinnen und Bürgern selbst zur Verfügung gestellten Mitteln, bis hin zur Ausgabenrechtfertigung.

Aufgrund der Bedeutung der Stadtverwaltung für den Alltag der Bürgerinnen und Bürger, die von deren Entscheidungen und Maßnahmen mehr oder weniger direkt betroffen sind, wird der Wertebezug weniger kommunikativ als vielmehr im Verhalten hergestellt. Bei der Baugenehmigung, der Straßenreinigung, der Sozialhilfe, der Stadtplanung, der Altenhilfe, der Kinderbetreuung, bei Finanzamt und Polizei (und auf enorm vielen weiteren Handlungsfeldern) wird eher der tatsächliche Bürgerservice bewertet, weniger die politisch-abstrakten Proklamationen oder Lippenbekenntnisse und Versprechungen. Kommunale Öffentlichkeitsarbeit vermittelt sich primär im bürgerfreundlichen realen Handeln und erst sekundär über Kommunikation.

Für die Interaktion mit den diversen Umweltsystemen der Stadt, speziell in Konkurrenz mit anderen Städten, hat sich inzwischen das sogenannte „Stadtmarketing“ verbreitet: die Profilierung der Stadt als eines speziellen Erlebnisraums. Dabei geht es insbesondere um die Ansiedlung von Unternehmen zur Sicherung von Arbeitsplätzen, um kulturelle Attraktivität zur Anziehung kaufträchtiger Konsumenten und Touristen, um die Erhöhung des Wohn- und Freizeitwertes zur Stabilisierung und Integration der Bürgerinnen und Bürger. De facto handelt es sich also beim Stadtmarketing um eine wertebezogene Interaktion der Stadt(verwaltung) gewissermaßen nach außen, das heißt um genuine Öffentlichkeitsarbeit. Auch hier werden Leitbilder entwickelt, Visionen für die Zukunft, Orientierungspunkte für das zukünftige Verhalten von Politikern, Unternehmen, Verbänden, Vereinen, privater Initiativen, konkrete Strategien für einzelne Aktionsfelder. Charakteristisch dabei ist – zumindest idealiter – wieder die Beteiligung aller sogenannten „gesellschaftlich relevanten Gruppen“ und die Forderung nach Konsensfähigkeit.

3.4.3. Sowohl der Pressesprecher oder „Marketing“-Manager der Stadtverwaltung als auch der Pressereferent oder PR-Berater im kommerziellen Unternehmen bezeichnen ein und dieselbe Handlungsrolle (die außerdem noch andere, auch nichtprofessionelle Varianten aufweist, vgl. Kap. 5.1). Der professionalisierte PR-Gestalter gehört in keiner Form zur Individualethik; er darf nicht individuell gefaßt werden, sondern muß, gemäß dem Konzept von Öffentlichkeitsarbeit als spezieller System-Umwelt-Interaktion, als systemische Berufsrolle gelten. Er steht für die Interessen des jeweiligen einzelnen Systems gegenüber seiner Umwelt ebenso wie gegenüber seinen Teilen. In der Praxis dürften kaum fundamentale Differenzen bestehen zwischen den organisationsbezogenen Werten und den individuellen Werten des Vermittlers. Er stellt insofern einen Sonderfall der Vermittlung von organisationsbezogenen Werten einerseits mit gesellschaftsbezogenen Werten andererseits bzw. von organisationsbezogenen mit individualbezogenen Werten der Mitglieder der Organisation dar. In kommerziellen ebenso wie in Non-Profit-Organisationen ist er Instrument oder Bestandteil der Unternehmensführung und damit grundsätzlich parteilich. Seine persönliche Parteilichkeit gründet in seiner ökonomisch bedingten Abhängigkeit, kann aber auch auf Überzeugung beruhen. Einen Wertewandel gibt es auf dieser Subjektebene nur in begrenztem Umfang, weil er zwangsläufig zur Entlassung oder Kündigung führt. Zwischen dem professionellen PR-Gestalter und seiner Organisation ist die Wertkonformität praktisch unabdingbar. Das unterscheidet ihn grundsätzlich von der Handlungsrolle des Journalisten, der trotz ökonomischer Abhängigkeit nicht zwangsläufig auch inhalts- und wertebezogen parteilich sein muß, weil er von seinen objektiven Tätigkeitsmerkmalen her zentral den Interessen des Lesers, Hörers, Zuschauers verpflichtet ist und zu einem nicht unbeträchtlichen Anteil Kontrollfunktionen im Widerstreit von Interessen in der Öffentlichkeit wahrzunehmen hat. Genau das Gegenteil ist beim professionellen PR-Gestalter der Fall. Er ist definitionsgemäß der Institution zugeordnet, für die er spricht, die er einseitig und häufig gerade gegen die Interessen anderer Systeme vertritt, die ihn bezahlt – er gehört gerade zu denen, die kontrolliert werden müssen. Das gilt durchaus auch für den professionellen PR-Gestalter bei Non-Profit-Organisationen, etwa den kommunalen Pressesprecher. Die Ethik des PR-Gestalters darf also nicht mit der Journalistenethik in Zusammenhang gebracht oder gar gleichgesetzt werden, nur weil viele PR-Gestalter vorher journalistisch tätig waren. Der professionelle PR-Gestalter muß in dem Maße als Bestandteil speziell der Institutionenethik betrachtet werden, in dem er sich auf die vorgebliche Vermittlung organisations- und gesellschaftsfundierter Werte bezieht. Insofern gehören Vertuschung, Fassadenverschönerung, Einseitigkeit der Darstellung und die Vortäuschung falscher Interessen und Primärwerte zur Tätigkeit des professionellen PR-Gestalters, sofern diese das Selbstverständnis der Organisation prägen, die er vertritt. Daß diese Merkmale für professionelle PR-Gestalter von Non-Profit-Organisationen, etwa den erwähnten kommunalen Pressesprecher, nur in extrem reduzierter Form gelten, muß auf den fundamentalen Unterschied der Institutionenethik zurückgeführt werden.

Schon seit längerem gibt es eine kuriose Tendenz in den Diskussionen um Public Relations, den Gegenstand ideologisch aufzuwerten durch Bezugnahme auf philosophische Grundbegriffe wie Weltsicht, Wahrheit oder Identität, ja sogar von einer „Philosophie der Public Relations“ zu sprechen (z. B. Larissa A. Grunig). Werte wie „Vertrauen“, „Glaubwürdigkeit“, „Akzeptanz“ oder „gesellschaftliche Verantwortung“ tauchen in diversen Kodizes – seit dem Code d'Athènes (1965) – und immer wieder in den Debatten speziell um eine PR-Ethik als Berufs-Ethos auf. Dabei handelt es sich freilich nur um „PR für PR-Leute“ (Astrid Kersten); es sind Allgemeinplätze, ohne theoretischen Kontext eklektizistisch instrumentalisiert, nicht sanktionierbar und deshalb in der Praxis ebenso irrelevant wie die ansonsten vermeldeten Werte „Aufrichtigkeit“, „Gewaltlosigkeit“, „Fairness“, „Mitmenschlichkeit“ usw. Der professionelle PR-Gestalter wird hier vom „Konfliktregler“ gleich zum „Mediator“, zum priesterähnlichen Therapeuten aufgepeppt. Dagegen muß gelten: Ethik ist unteilbar, es gibt nur eine allgemeine Ethik, keine besondere für professionelle PR-Gestalter.

Ein Blick auf den Schlüsselwert „Vertrauen“ soll die Problematik deutlicher machen. Günter Bentele hat 1994 ein differenziertes theoretisches Konzept des öffentlichen Vertrauens als „normative und soziale Grundlage für Public Relations“ skizziert. Als Hintergrund nennt er gesellschaftliche Veränderungen wie die explosionsartige Zunahme von Informationen und die Verdichtung von Medien- und Kommunikationsstrukturen, die Vertrauen immer wichtiger werden ließen. Die steigende Bedeutung von Medialisierungen mache Informationen immer weniger nachprüfbar, die Menschen seien verstärkt auf „Treu und Glauben“ angewiesen. Zugleich sei ein weitgehender Vertrauensschwund festzustellen, gegenüber den Medien, gegenüber kommerziellen Unternehmen, gegenüber den Politikern und demokratischen Institutionen. Bentele unterscheidet vor diesem Hintergrund unterschiedliche Typen des Vertrauens: Systemvertrauen, Institutionenvertrauen, Personenvertrauen, und zwar auf der Grundlage eines „interpersonalen Basisvertrauens“, und propagiert „dialogorientierte PR“ als Norm für Öffentlichkeitsarbeit; „Vertrauen“ sei sowohl sozialer Mechanismus, auf dessen Boden PR agiere, als auch Zielwert für PR. Als die wichtigsten Vertrauensfaktoren, die also durch Öffentlichkeitsarbeit realisiert werden müßten, benennt er u. a. Sach- und Problemlösungskompetenz, Transparenz, Offenheit, gesellschaftliche Verantwortung.

Eine solche Konzeptualisierung von „Vertrauen“ als Schlüsselkategorie zum Verständnis von PR, auch schon bei den pragmatisch-vortheoretischen Definitionen der PR-Praktiker immer wieder genannt (Kap. 1.1), kommt für eine Wissenschaft der Öffentlichkeit freilich nicht in Frage. Schon die Konfundierung empirischer und normativer Bestimmungen, zugleich *seins*bezogen und *sollens*bezogen, läßt sich nicht aufrechterhalten. Vor allem wird deutlich, daß eigentlich zwei verschiedene Auffassungen von „Vertrauen“ benutzt werden bzw. suggestiv die Bedeutung des einen auf den andern übertragen wird. Diese unzulässige Vermischung ist bereits bei Niklas Luhmann angelegt, auf den sich Bentele ausdrücklich bezieht. Luhmann (1989) betrachtet Vertrauen als einen Mechanismus der Reduktion sozialer Komplexität und vereinnahmt den Begriff für die Soziologie. Er spricht zwar zunächst vom „persönlichen Vertrauen“ als einem intersubjektiven Phänomen, behauptet dann aber, in einer zunehmend komplexer werdenden Welt habe sich dieses personale Vertrauen „in ein Systemvertrauen neuer Art“ gewandelt (1989, 23). Das läßt sich freilich nur dann vertreten, wenn man wie Luhmann auch den einzelnen Menschen nur als ein soziales System betrachtet. Wer jedoch daran festhält, daß es fundamentale Unterschiede gibt zwischen einem individuellen Subjekt (Mensch) und einer sozialen Organisation (System), wird Psychologie nicht gänzlich in Soziologie auflösen. Demnach ist Vertrauen „personales Vertrauen“, das heißt Zutrauen zu eigenen Erwartungen, manifestiert *auch* als ein Gefühl im intersubjektiven Austausch zwischen Ego und Alter. „Vertrauen“ gilt als eine intersubjektive Basiskategorie, das heißt nur zwischen individuellen Menschen aufzubauen und direkt, face-to-face erfahrbar. Vertrauen ist nicht nur ein rationaler Akt, sondern hat auch eine affektive Dimension, die in Gegenseitigkeit gründet. Das oben erwähnte Urvertrauen des Kleinkindes zur Mutter oder frühkindlichen Bezugsperson beispielsweise ist ganzheitlich, für das Vertrauenssubjekt zentral, selbstbestimmt, emotional fundiert. Das gilt in unterschiedlichem Maße auch für andere Vertrauensbeziehungen zwischen Menschen (zwischen Lebensgefährten oder Eheleuten, zwischen Schüler und Lehrer, zwischen Freunden, Kollegen usw.). Vertrauen hat mit Gemeinschaftsgefühl, Angstabwehr, Geborgenheit zu tun, mit der Erwartung, daß der andere einem nicht schadet. Personales Vertrauen hat für den einzelnen eine existentielle Relevanz. Offenheit, Glaubwürdigkeit, Verständnis bezeichnen Qualitäten einer zwischenmenschlichen Beziehung. Vertrauen hat man zu jemandem, nicht zu etwas. Vertrauen ist nicht einfach da, sondern muß intersubjektiv aufgebaut werden und wachsen. Der Vertrauensverlust zwischen Menschen ist reziprok und wiegt schwer. Ist Mißtrauen an die Stelle des Vertrauens getreten, bedarf es enormer Anstrengungen und einer längeren Zeit, es wieder zu zerstreuen.

Wenn umgangssprachlich auch davon gesprochen wird, daß man Vertrauen hat gegenüber der Regierung, der Schule, der Reparaturwerkstatt, der Stadtverwaltung, dann verbirgt sich dahinter nur eine rhetorische Übertragung: Gemeint ist eigentlich Zutrauen nicht gegenüber Organisationen, sondern gegenüber konkreten Menschen – Politikern, Lehrern, Mechanikern, Verwaltungsbeamten; genauer: gegenüber Organisationen *weil* gegenüber Menschen. Dabei kann das Vertrauen beispielsweise ins Fernsehen simpel die Form des Vertrauens in die Sprecherin der „Tagesschau" annehmen oder aber sich auf die wechselseitige Kontrolle der Fernsehmacher untereinander beziehen, auf die Kontrolle der Fernsehmacher durch andere Journalisten, der Journalisten durch Politiker, oder auch auf die Kontrolle durch Millionen weiterer Zuschauer – letztlich geht es in jedem Fall um konkrete individuelle Menschen. Systemisches Vertrauen bricht zusammen, wenn das Vertrauen in die personalen Repräsentanten des Systems nicht mehr gegeben ist. Je größer, komplexer, anonymer allerdings die Organisation, desto fragwürdiger und willkürlicher das „Vertrauen" – und desto drängender die Notwendigkeit ersatzhafter Anbindung an individuelle Subjekte. Der Sprecher, der Pressereferent, der Repräsentant, der Chef fungiert als Personalisierung eines abstrakten Systems, auf den der Bedarf an personalem Vertrauen nur projiziert wird. Dabei gilt erneut der Unterschied zwischen kommerziellen und Non-Profit-Organisationen. Der kommunale Pressesprecher beispielsweise ist stark in personalfundierte Kommunikationskreise und Teilöffentlichkeiten der Kommune eingebunden, wird damit für die Bürgerinnen und Bürger emotional „näher", „vertrauter", ist vielen zumeist „persönlich, also face to face, bekannt", auch als Privatmensch, so daß man ihm eher „traut" als dem vergleichsweise anonymen Pressesprecher eines Großkonzerns.

Das „systemische Vertrauen" ist grundsätzlich von einer anderen Form und Qualität als das „personale Vertrauen". Systemisches Vertrauen ist die auf eigenen Erfahrungen aufgebaute standardisierte Erwartung gegenüber einer Organisation – ein pragmatisches Handlungsmodell oder Szenario, dessen Gültigkeit jederzeit ad hoc aufgebaut und auch wieder in Frage gestellt werden kann. Die emotionale Komponente ist hier im Vergleich mit rationalen Überlegungen sehr viel geringer ausgeprägt und prinzipiell sogar verzichtbar. Eine Gruppe, ein Unternehmen, eine Organisation welcher Art auch immer kann nicht fühlen. Es handelt sich um eine Person-Organisation-Interaktion, nicht um eine interpersonale Interaktion, das heißt, mit einer Firma gibt es auch keinen „Dialog" im eigentlichen Sinn. Der Dialogbegriff ist hier eine bloße Metapher, ebenso wie der Begriff „Vertrauen". Systemisches Vertrauen hat, bezogen auf die Interaktion mit einer einzelnen Organisation, auch bei weitem nicht die existentielle Relevanz, die personales Vertrauen zu einer einzelnen Person aufzuweisen hat. Vertrauen als Erwartung gegenüber einer Organisation ist partikulär, funktional stark begrenzt, fremdbestimmt, häufig monetär fundiert und käuflich bzw. professionalisiert. Auch die maßgeblichen Faktoren sind hier andere: Kompetenz, Transparenz, „gesellschaftliche Verantwortung". Die Entstehung von Mißtrauen schließlich, als Enttäuschung der Erwartung gegenüber einer Organisation, ist einseitig und ungleich leichter und schneller zu kompensieren als bei personalem Vertrauensverlust.

Zwischenbilanz: Die psychologische Kategorie „Vertrauen" auf die Interaktion zwischen Mensch und Organisation zu beziehen bzw. für eine Theorie der Öffentlichkeitsarbeit zu nutzen wäre eine Anthropomorphisierung von Organisation, von System und müßte in die Irre führen. *Personales* Vertrauen und *systemisches* Vertrauen sind zwei völlig unterschiedliche Interaktionsformen. Aus ihrer beharrlichen Vermischung könnte man entweder die Erkenntnis ableiten, daß die wirtschaftliche und politische Elite PR dazu benutze, das wirtschaftliche bzw. politische System zu legitimieren und ein falsches Bewußtsein darüber zu erzeugen (Michael Kunczik). Oder man könnte versuchen, die spezielle System-Umwelt-Interaktion anders zu fassen als mit dem Begriff „Vertrauen". Luhmann selbst hat dazu schon einen Hinweis gegeben: „Grundlage allen Vertrauens ist die Darstellung des eigenen Selbst als einer sozialen, sich in Interaktionen aufbauenden, mit der Umwelt korrespondierenden Identität" (1989, 68). Im folgenden Kapitel soll versucht werden, das mißverständliche, suggestiv irreführende Modell des „systemischen Vertrauens“ durch das Strukturhomologie-Konzept zu ersetzen (Kap. 4.3).

Zurück zum professionellen PR-Gestalter als Teil seiner Organisation und somit Gegenstand von Institutionenethik, nicht Individualethik. Zurück zur Aufgabe von Öffentlichkeitsarbeit als Anpassung und Vermittlung von Werten, zur Vermeidung von Wertkollisionen, zur Vertuschung realer Wertgegensätze und tatsächlicher Interessenprioritäten. Hier stellt sich letztlich auch die Frage nach dem „Wert“ von Öffentlichkeitsarbeit selbst. Wie ist Öffentlichkeitsarbeit als die Vermittlung zwischen organisationsbezogenen und gesellschaftsbezogenen Werten bzw. organisationsbezogenen und individualbezogenen Werten im konkreten Fall gelungen? Dazu gibt es drei verschiedene Perspektiven oder Kriterien:

– erstens die Selbstbewertung, im Sinne professioneller Beurteilung: Wurde das Handwerkszeug beherrscht und funktional und effizient eingesetzt? „Wert“ (instrumentell) meint hier die praxisbezogene Leistungsbeurteilung im Hinblick auf das Handwerkszeug.

– zweitens die Bewertung durch die Organisation. Wurde die drohende Wertekollision vermieden, wurde der angestrebte Werteausgleich erreicht? „Wert“ (funktional) meint hier eine Evaluation der PR-Kampagne oder PR-Maßnahme, sei es nach außen oder nach innen, im Hinblick auf die gesetzten Ziele.

– drittens die Bewertung durch die Gesellschaft. War die Öffentlichkeitsarbeit eine wirkliche Anpassung der organisationsbezogenen an die gesellschaftlichen Werte, handelte es sich um einen tatsächlichen Werteausgleich, oder war alles Täuschung, Scheinvermittlung, um von der tatsächlichen Wertekonkurrenz abzulenken und sie zu übertünchen? Wert (essentiell) meint hier die Beurteilung der Glaubwürdigkeit von Öffentlichkeitsarbeit als spezieller System-Umwelt-Interaktion. In dem Maße Wertgegensätze real gar nicht ausgeglichen, Wertwidersprüche gar nicht überwunden werden sollten, sondern es nur darum ging, die Kollision zwischen gesellschaftlichen und organisationsspezifischen Werten zu verschleiern – etwa blanke Gewinn- oder Machtinteressen mit dem Mäntelchen der sogenannten „gesellschaftlichen Verantwortung“ zu verdecken –, erschöpft sich Öffentlichkeitsarbeit in der Beschönung, in der blanken Fassade, in Lüge und Verzerrung. Dann ist Öffentlichkeitsarbeit in der Tat eben „nur PR“, wie der Volksmund verächtlich sagt.

## Literatur

Armbrecht, Wolfgang und Ulf Zabel (Hrsg.): Normative Aspekte der Public Relations. Grundlegende Fragen und Perspektiven. Eine Einführung. Opladen 1994.

Avenarius, Horst: Die ethischen Normen der Public Relations. Kodizes, Richtlinien, freiwillige Selbstkontrolle. Neuwied 1998.

Barth, Matthias: Unternehmen im Wertewandel. Zur Bindung der Mitarbeiter durch die Unternehmenskultur. Konstanz 1998.

Becher, Martina: Moral in der PR? Eine empirische Studie zu ethischen Problemen im Berufsfeld Öffentlichkeitsarbeit. Berlin 1996.

Becker, Jörg: Ethik im Management. Eine empirische Studie am Beispiel der deutschen Bauwirtschaft. Frankfurt/Main 1996.

Bentele, Günter: Ethik der Public Relations als wissenschaftliche Herausforderung. In: Horst Avenarius und Wolfgang Armbrecht (Hrsg.), Ist Public Relations eine Wissenschaft? Eine Einführung. Opladen 1992, S. 151–170.

Berkel, Karl und Rainer Herzog: Unternehmenskultur und Ethik. Heidelberg 1997.

Blickle, Gerhard: Kommunikationsethik im Management. Argumentationsintegrität als personal- und organisationspsychologisches Leitkonzept. Stuttgart 1994.

Blickle, Gerhard (Hrsg.): Ethik in Organisationen. Konzepte, Befunde, Praxisbeispiele. Göttingen 1998.

Böckler, Michael et al./Informationszentrum Sozialwissenschaften: Wertwandel und Werteforschung in den 80er Jahren. Forschungs- und Literaturdokumentation 1980–1990. Bonn 1991.

Brewing, Josef: Kritik der Unternehmensethik. An den Grenzen der konsensual-kommunikativ orientierten Unternehmensethik. Bern, Stuttgart, Wien 1995.

Erbring, Luth, Stephan Ruß-Mohl, Berthold Seewald und Bernd Sösemann: Medien ohne Moral. Variationen über Journalismus und Ethik. Berlin 1988.

Erikson, Erik H.: Identität und Lebenszyklus. Drei Aufsätze, übersetzt von Käte Hügel. (orig. 1959) 15. Aufl. Frankfurt/Main 1995.

Fromme, Johannes und Manfred Stoffers (Hrsg.): Freizeit im Lebensverlauf. Schwerpunkte und Perspektiven der Freizeitkulturforschung – Perspektiven für Politik und Pädagogik. Bielefeld/Erkrath 1988.

Funiok, Rüdiger (Hrsg.): Grundfragen der Kommunikationsethik. Konstanz 1996.

Graumann, Carl F. und Rolf Willig: Wert, Wertung, Werthaltung. In: Hans Thomae (Hrsg.), Theorien und Formen der Motivation. Göttingen 1983, S. 312–396.

Haller, Michael und Helmut Holzhey (Hrsg.): Medien-Ethik. Beschreibungen, Analysen, Konzepte für den deutschsprachigen Journalismus. Opladen 1992.

Hein, Marion Ruth: Organisationskommunikation und Organisationskultur. Führungskräfte – Kommunikatoren und Kulturmanager. Eine empirische Analyse. Bonn 1990.

Hepp, Gerd: Wertewandel. Politikwissenschaftliche Grundfragen. München, Wien 1994.

Hillmann, Karl-Heinz: Wertwandel: Zur Frage soziokultureller Voraussetzungen alternativer Lebensformen. Darmstadt 1986.

Holst, Elke, Jürgen P. Rinderspacher und Jürgen Schupp (Hrsg.): Erwartungen an die Zukunft. Zeithorizonte und Wertewandel in der sozialwissenschaftlichen Diskussion. Frankfurt/Main, New York 1994.

Horn, Karen Ilse: Moral und Wirtschaft. Zur Synthese von Ethik und Ökonomik in der modernen Wirtschaftsethik und zur Moral in der Wirtschaftstheorie und im Ordnungskonzept der Sozialen Marktwirtschaft. Tübingen 1996.

Inglehart, Ronald: Kultureller Umbruch. Wertwandel in der westlichen Welt. Frankfurt/Main, New York 1989.

Klages, Helmut, Hans-Jürgen Hippler und Willi Herbert: Werte und Wandel. Ergebnisse und Methoden einer Forschungstradition. Frankfurt/Main, New York 1992.

Köcher, Renate und Joachim Schild (Hrsg.): Wertewandel in Deutschland und Frankreich. Opladen 1998.

Leisinger, Klaus M.: Unternehmensethik. Globale Verantwortung und modernes Management. München 1997.

Lüdtke, Hartmut: Zeitverwendung und Lebensstile. Empirische Analysen zu Freiheitverhalten, expressiver Ungleichheit und Lebensqualität in Westdeutschland. Marburg 1995.

Luhmann, Niklas: Vertrauen. Ein Mechanismus der Reduktion sozialer Komplexität. 3. Aufl. Stuttgart 1989.

Mayer, Karl Ulrich (Hrsg.): Lebensverläufe und sozialer Wandel. Opladen 1990.

Meulemann, Heiner: Werte und Wertewandel. Zur Identität einer geteilten und wieder vereinten Nation. Weinheim, München 1996.

Mohr, Niko: Kommunikation und organisatorischer Wandel. Ein Ansatz für ein effizientes Kommunikationsmanagement im Veränderungsprozeß. Wiesbaden 1997.

von Rosenstiel, R., M. Djarrahzadeh, H. E. Einsiedler und R. K. Streich (Hrsg.): Wertewandel. Herausforderungen für die Unternehmenspolitik in den 90er Jahren. 2. überarb. Aufl. Stuttgart 1993.

Schlöder, Bernd: Soziale Werte und Werthaltungen. Eine sozialpsychologische Untersuchung des Konzepts sozialer Werte und des Wertwandels. Opladen 1993.

Schulze, Gerhard: Die Erlebnisgesellschaft. Kultursoziologie der Gegenwart. Frankfurt/Main, New York 1992, 3. Aufl. 1993.

Steinmann, Horst und Gerd Rainer Wagner (Hrsg.): Umwelt und Wirtschaftsethik. Stuttgart 1998.

Ulrich, Peter: Integrative Wirtschaftsethik. Grundlagen einer lebensdienlichen Ökonomie. 2. Aufl. Bern, Stuttgart, Wien 1998.

Wilke, Jürgen (Hrsg.): Ethik der Massenmedien. Wien 1996.

Wittmann, Stephan: Ethik im Personalmanagement. Grundlagen und Perspektiven einer verantwortungsbewussten Führung von Mitarbeitern. Bern, Stuttgart, Wien 1998.

Wunden, Wolfgang (Hrsg.): Medien zwischen Markt und Moral. Beiträge zur Medienethik. Stuttgart 1989.

Wunden, Wolfgang (Hrsg.): Wahrheit als Medienqualität. Frankfurt/Main 1996.

# 4. Der Sinn von PR

Öffentlichkeitsarbeit ist eine spezielle System-Umwelt-Interaktion von gesellschaftskonstituierender Bedeutung (Kap. 1.4). Bereits anhand der Ausdifferenzierung von „Umwelt" gemäß diversen Öffentlichkeitskonzepten und jeweils verschiedenen Teilöffentlichkeiten ließ sich erkennen, daß die Interaktionsform Öffentlichkeitsarbeit in hohem Maße der Spezifikation bedarf und letztlich als kulturelle Kategorie verstanden werden muß (Kap. 2.5). In ihrem Wertebezug wurde die gesellschaftliche Bedeutung dieser Interaktion um ein weiteres sichtbar: Organisation erschien als Vermittlung zwischen Gesellschaft und Individuum, Öffentlichkeitsarbeit als die Vermittlung zwischen gesellschafts- und organisationsspezifischen bzw. organisationsspezifischen und individuellen Werten (Kap. 3.4). Also nicht jede System-Umwelt-Interaktion darf als Öffentlichkeitsarbeit mißverstanden werden – eine solche „Hyperkategorie", mehr oder weniger mit humanem „Leben" gleichzusetzen wäre kaum hilfreich.

Im folgenden soll nun der „spezielle" Charakter der kulturellen Interaktion im Falle von Öffentlichkeitsarbeit mit Blick auf ihren Sinn genauer erläutert werden. „Sinn" ist die wohl schwierigste Kategorie einer Wissenschaft der Öffentlichkeitsarbeit. Der Sinn von PR, Sinn überhaupt liegt nicht einfach vor, sondern muß stets neu ins Auge gefaßt werden. Sinn ist keine Gegebenheit, sondern instabil. Sinn wird konstituiert – nicht durch einen Kontext, nicht durch ein Subjekt, nicht durch irgendein kosmisches oder sonstiges Prinzip, sondern selbstreferentiell, durch das System selbst, und im Rekurs auf andere Entwürfe von Sinn in Umweltsystemen. Öffentlichkeitsarbeit betreibt jedes Unternehmen, jede Organisation, jedes System unaufhörlich, ganz unabhängig davon, ob es gewollt wird oder nicht, ob es bewußt geschieht oder nicht. „Sinn" dieser Interaktion ist aus systemtheoretischer Sicht jedoch nicht etwa die Vorteilhaftigkeit der Beziehungen zwischen den Systemen, gemäß der Vorstellung wechselseitiger Gratifikation oder gemäß Verständnis, Vertrauen, Konsens, sondern maßgeblich ist allein der Zwang, sich in der Gesellschaft selbst zu erhalten. Der Sinn von Öffentlichkeitsarbeit als System-Umwelt-Interaktion liegt ausschließlich in der Systemerhaltung und Systemoptimierung im Ablauf historischer Veränderungen.

Öffentlichkeitsarbeit als eine *spezielle* System-Umwelt-Interaktion läßt sich in kritischer Reflexion bereits vorliegender Ansätze verdeutlichen – ausgehend vom sogenannten Corporate-Identity-Konzept (Kap. 4.1) und dem eingeführten Image-Konzept (Kap. 4.2). Dem wird die spezielle Auffassung von Image als Funktion von Strukturhomologie entgegengesetzt. Der Sinn von PR gipfelt – nach Maßgabe einer umfassenden Wissenschaft der Öffentlichkeitsarbeit – letztlich im Spannungsfeld kultureller Fremd- und Selbstbestimmung: Öffentlichkeitsarbeit hat im Kern Identitätsfunktion (Kap. 4.3).

## 4.1. Das Corporate Identity-Konzept

Die klassische Antwort auf die Frage nach dem Sinn von PR lautete bislang: „Corporate Identity" (CI). In den achtziger Jahren ist CI mehr als andere Kategorien zum Schlüsselbegriff für das Verständnis von Öffentlichkeitsarbeit geworden. CI und verwandte Termini wuchsen zu einer Art Zauberformel heran und wurden in weiten Bereichen mit PR mehr oder weniger identisch gesetzt.

Wichtige deutschsprachige Monographien und Sammelbände zum Thema wären etwa (Beispiele):

1980: „Corporate Identity" von Klaus Birkigt und Marinus M. Stadler (München); neu bearbeitet mit weiteren Autoren (Landsberg/Lech 1993; diess., München 1998);
1982: „Corporate Identity" von Roman Antonoff (Frankfurt/Main) und zahlreiche andere Publikationen desselben Autors bis zu „Die Identität des Unternehmens: ein Wegbegleiter zur Corporate Identity" (Frankfurt/Main 1987);

1984: „Corporate Design International" von Wolfgang Schmittel (Zürich);
1985: „Corporate Identity" von Klaus Kneip und Wolfgang Disch (Bonn);
„Vom Geist und Stil des Hauses – Unternehmenskultur in Deutschland" von Peter Zürn (Landsberg);
1986: „Unternehmensphilosophie und Corporate Identity" von Ralf Kreutzer u. a. (Mannheim);
„Unternehmens-Kultur als neuer Erfolgsfaktor" von Hans O. Rasche (Heiligenhaus);
1987: „CI – Corporate Identity" von Peter Fenkart und Hansruedi Widmer (Zürich);
„Unternehmenskultur" von Edmund Heinen (München);
„Global Image, Corporate Image, Marken-Image, Produkt-Image" von Kurt Huber (Landsberg);
„Imagetransfer" von Anneliese Mayer und Rolf Mayer (Hamburg);
„Image und Wirkung" von Alexander Demuth (Düsseldorf);
„Unternehmenskultur und moderne Psyche" von W. Holleis (Frankfurt/Main, München, New York);
„Auswahlbibliographie Corporate Identity", hrsg. vom Rat für Formgebung (Frankfurt/Main);
1988: „Corporate Identity" von Gertrud Achterholt (Wiesbaden, Neuauflage 1998);
„Unternehmenskultur und Stammeskultur" von Uta Brandes et al. (Darmstadt);
„Organisationskultur" von E. Dülfer et al. (Stuttgart);
der „Beitrag der Produktpolitik zur Corporate Identity" von Jürgen Kammerer;
1989: „Unternehmenskultur und Marketing von Rundfunkunternehmen", hrsg. von Ulrich Saxer (Stuttgart);
„Corporate Identity" von Wally Olins (o. O.), u. v. a.;
1990: „Das CI-Dilemma. Abschied von falschen Illusionen" von Ingrid Keller (Wiesbaden);
1991 ff.: Wie schon seit 1984 erschien auch 1991 und in den Folgejahren regelmäßig der „CI-Report" von Roman Antonoff (Darmstadt);
1993: „Corporate Identity als ganzheitliche Strategie" von This Wache und Dirk Brammer (Wiesbaden);
der Sammelband „Unternehmensidentität, Corporate Identity, betriebswirtschaftliche und kommunikationswissenschaftliche Theorie und Praxis", hrsg. von Theo Bungarten (Tostedt);

Was heißt „Corporate Identity"? Das Bild bei den zahlreichen Definitionen ist nach wie vor verwirrend: Wilfried Klewin schrieb in der Loseblattsammlung „Handbuch für Öffentlichkeitsarbeit" von Günther Schulze-Fürstenow (1986): „CI ist in. CI gilt als ein Thema, mit dem man sich befassen, besser noch: das man bewältigen muß. [...] Was ist, was will CI? Es ist immer noch ein schillernder Begriff, häufig falsch angewandt; in zahlreichen Erklärungen hat man ihn einzugrenzen versucht." Klewin nennt folgende „schlichte" Definition: „Mit Corporate Identity versucht ein Unternehmen, sich in seiner Gesamtheit den verschiedenen Teilen der Öffentlichkeit gegenüber verständlich zu machen, das Auftreten festzulegen und alle Botschaften des Unternehmens aufeinander abzustimmen und optimal zu nutzen." Dem fügt er zehn völlig unterschiedliche weitere Definitionen an, von Marcus Aurelius bis zu Paul Erich Wipperfürth. Birkigt/Stadler verstehen unter CI „die strategisch geplante und operativ eingesetzte Selbstdarstellung und Verhaltensweise eines Unternehmens nach innen und außen auf Basis einer festgelegten Unternehmensphilosophie, einer langfristigen Unternehmenszielsetzung und eines definierten (Soll-) Images – mit dem Willen, alle Handlungsinstrumente des Unternehmens in einheitliche Rahmen nach innen und außen zur Darstellung zu bringen." Sie sprechen hier, analog zum sogenannten Marketing-Mix, vom „Identitäts-Mix".

Die erste Definition, zitiert von Klewin, ist in ihrer Allgemeinheit beinahe gleichbedeutend mit gängigen (und unbrauchbaren) Definitionen von Öffentlichkeitsarbeit oder Public Relations überhaupt (Kap. 1.1). Von daher wird vielleicht verständlicher, warum CI in den achtziger Jahren einen derartigen Boom erleben konnte. Die zweite Definition, von Birkigt/Stadler, enthält eine Reihe neuer Begriffe, die es eigentlich auch erst wieder zu definieren gälte: Image, Unternehmensphilosophie, Handlungsinstrumente u. a. Zu nennen wäre noch eine dritte, verbreitete Definition, die von Roman Antonoff im „Lexikon der Public Relations" von Pflaum/Pieper gegeben wird. Antonoff nennt hier (1989) fünf Punkte: „Corporate Identity ist

- die Summe spezifischer Fähigkeiten, Eigenschaften und Darstellungsweisen, die eine Organisation zusammenhält und die sie von anderen Organisationen unterscheidet;

- eine Sozialtechnik zur Gründung, Entwicklung und Stabilisierung von Organisationen;
- die zentrale Strategie eines Unternehmens;
- Identität einer Körperschaft, Corporative Identität;
- Sinn und Form einer Organisation."

Da wird man dann vollends verwirrt: Ist CI nun eine „Summe" oder eine „Sozialtechnik" oder eine „Strategie" oder eine „Identität" oder „Sinn und Form"? Hier widerspricht sich in der Tat beinahe alles bzw. erweist sich bei genauerem Hinsehen als bloße Sprechblase, z. B. die Antonoff-Definition Nr. 3: CI ist die Identität einer Körperschaft, ist Corporative Identität. Das ist eine bloße Tautologie wie „Ein Schimmel ist ein weißes Pferd". Gleichwohl bleibt Antonoff auch in der Neuauflage des PR-Lexikons (1993) bei seiner Terminologie und unterstreicht sogar noch den Eigencharakter der „CI-Disziplin", der „wirklich mit einem neuen Beruf" zu verbinden sei: dem des „CI-Experten". Er bilanziert: „Das Thema Corporate Identity ist aus dem Stadium einer Management-Mode herausgewachsen. Es ist zu einer sich etablierenden neuen Disziplin geworden."

Man könnte die Liste von Definitionen beinahe beliebig verlängern und käme zu immer neuen Varianten und Deutungsgebungen. Als Bilanz gilt auch noch heute, wie es Gertrud Achterholt 1988/1998 formulierte: „Wenn irgend etwas die Diskussion über „Corporate Identity" nach wie vor charakterisiert, dann ist es der Zustand begrifflicher Unsicherheit." Es gibt also nicht „die" Definition oder eine allgemein verbreitete gleichbleibende Auffassung von CI. Ingrid Koller sprach denn auch vom „CI-Dilemma" bzw. dem „Abschied von falschen Illusionen". Deshalb mag die Versuchung naheliegen, sich an F. Bieger (et al.) zu halten, der 1985 die Ergebnisse einer „Projektgruppe CI" mit den Worten einleitete: „Bewußt gibt es in diesem Abschnitt keine Definition von CI. Wir nehmen vielmehr an, daß der Leser [...] sehr rasch empfindet, was CI ist – ebenso aber auch, was CI nicht ist."

Statt die Diskussion hier zu beenden, um vielleicht zu empfinden, was CI ist und was nicht, sollte man wieder zurückkehren zur rationalen, kritisch-wissenschaftlichen Ebene. A. Tafertshofer hat bereits 1982 versucht, die vielen Definitionen zu systematisieren. Dabei ist es ihm vor allem gelungen, den Zirkelschluß im Corporate Identity-Konzept schlüssig auch nachzuweisen: Wenn der eine Autor CI als Philosophie oder Strategie oder Ziel auffaßt, der zweite Autor CI als Umsetzung oder Instrument definiert und der dritte Autor mit CI das Ergebnis oder die Wirkung bezeichnet, dann gilt in der Tat die wenig aufschlußreiche Definition „CI bewirkt CI“. Für eine Wissenschaft der Öffentlichkeitsarbeit ist die CI-Definition unbrauchbar, weil sie unlogisch und arbiträr erscheint.

Im Anschluß an Tafertshofer hat man verschiedene komplexere Modelle ausgebildet, um CI gleichsam als Theorie zu entwickeln. Vor allem diverse Handbücher versuchen damit zu überzeugen: Sie bilden Formeln, die griffig anmuten. Franz M. Bogner beispielsweise propagierte 1990 die Formel „CI = CB + CC + CD“. Demnach setzt sich CI aus drei Teilbereichen zusammen: CB = Corporate Behaviour, CC = Corporate Communications und CD = Corporate Design. Ersteres meint „das gesamtheitliche Gebaren der Institution“, „hier soll alles aus einem Guß sein: die Sprache, die Argumente, vielleicht sogar die Kleidung“. Das Zweite meint „kommunikationspolitische Grundsätze und Kommunikationskanäle nach innen und nach außen“. Das Dritte meint das visuelle Unternehmensbild (Slogan, Farbe, Emblem etc.). Wolfgang Reinecke und Hans Eisele dagegen propagierten im selben Jahr in ihrem „Taschenbuch für Öffentlichkeitsarbeit“ als „professionelle Faustregel“ die sehr viel komplexere Formel „(CI + CC + CD) × CCom = CIm“. CI = Corporate Identity heißt hier die Unternehmensphilosophie. CC = Corporate Culture heißt das Betriebsklima. CD = Corporate Design heißt das visuelle Erscheinungsbild des Unternehmens in allen Formen. Diese drei werden addiert und mit CCom = Corporate Communications multipliziert. CCom bezeichnet den operativen Kommunikationsprozeß. Gemeint ist damit, daß CI + CC + CD „zu einem Führungs- und Managementinstrument“ werden sollen. Ergebnis ist das CIm = Corporate Image. Damit ist das Unternehmensimage gemeint, das die Teilöffentlichkeiten sich von dem Unternehmen machen, „intern wie extern, positiv wie negativ“.

Man kann hier beobachten, wie die Verwirrung immer kompletter wird – zunächst einmal durch die Neuinterpretation und gegensätzliche Bedeutungsgebung von Begriffen: bei Bogner

z. B. heißt Corporate Behaviour, was bei Reinecke/Eisele mindestens zum Teil als Corporate Culture bezeichnet wird; oder bei Reinecke/Eisele ist Corporate Identity weitgehend bedeutungsgleich mit dem, was bei Bogner Corporate Communications heißt; oder was bei Bogner das Ergebnis ist, nämlich Corporate Identity, ist bei Reinecke/Eisele ein Faktor für ein ganz anderes Ergebnis, nämlich Corporate Image. Der Wirrwarr steigt aber auch durch immer neue Begriffe, die in die Diskussion eingeführt werden. Bisher wurden bereits sechs genannt: (alphabetisch) Corporate Behaviour, Corporate Communications, Corporate Culture, Corporate Design, Corporate Identity, Corporate Image. Hinzu kommen u. a. Corporate Advertising, Corporate Marketing, Corporate Personality, Corporate Philosophy, Corporate Sales Promotion – bis hin zur Corporate Public Relations (was immer das nun wieder heißen mag) oder, noch präziser, „Kommunikation".

Jüngste Beiträge schießen sich auf den Zusammenhang von Strategie, Image und Identität ein. So erklärt beispielsweise Gerhard Regenthal CI als Summe aus Corporate Culture, Corporate Design und Corporate Communication und definiert (1996, 23): „CI ist die strategische Selbstdarstellung und harmonische Verbindung aller Aktivitäten eines Unternehmens nach innen und außen. Ziel ist die Verbesserung der Identität." Das erscheint ihm geradezu als „Quantensprung" (Regenthal 1997, 21). Wohl unfreiwillig deutlich nennt er auch das Ziel dieser Profilierung durch CI: „Vom Produkt zum Programm zur Promotion durch Profil zum Profit" (Regenthal 1996, 12). Oder Wiegend F. Große-Oetringhaus verspricht „Orientierung im Wandel" und „Spitzenleistungen" durch „strategische Identität" und „ganzheitliche Transformation". „Identität" definiert er aus Macherperspektive und eher vage als „das Übereinstimmen von Vision und Kompetenz" (1996, XIII). Deutlich wird hier das Hauptaugenmerk auf Präsentation, Darstellung, Wirkung gelegt. Identität ist Resultat von Öffentlichkeitsarbeit, ist PR-Identität. Wert wird nur instrumentell gefaßt.

Daß die Definitionen sich derart frappant unterscheiden und einander widersprechen, liegt vermutlich auch an der Entstehung und Geschichte des CI-Gedankens. Man hat hier verschiedene Stufen der Entwicklung benannt, auf denen jeweils unterschiedliche Bedeutungen ein und desselben Begriffs CI entwickelt wurden – analog zu den unterschiedlichen vorwissenschaftlichen Entwicklungsphasen von Öffentlichkeitsarbeit generell (vgl. Einführung). Nach Gertrud Achterholt gab es mindestens fünf verschiedene Stadien:

– In der ersten, frühindustriellen Phase war das Unternehmen durch den Unternehmer als Persönlichkeit definiert; die Identität des Betriebs war an die Identität des Inhabers oder Eigners gekoppelt. „Die Einbindung der Mitarbeiter erfolgte durch eindeutige, abgegrenzte und zum Teil autoritäre Anweisungen, die Verhaltensregeln gleichkamen." (Man vergleiche etwa Firmen wie Siemens, Bosch, Krupp u. a., nur gab es damals statt des Wortes CI den Begriff „Firmenstil".) Heute gilt die Bedeutung des individuellen Eigners nur noch für wenige Unternehmen wie z. B. Rosenthal oder Burda. Selbst Springer und Bertelsmann haben diese frühere personenorientierte Identität weitgehend verloren, als sie sich zu supranationalen und multimedialen Kommunikationskonglomeraten entwickelten. Aktiengesellschaft heißt im Französischen nicht umsonst „société anonyme", und diese Anonymität läßt eher gleichgültig. Es war also notwendig, den Identitätsverlust zu kompensieren.

– Die zweite Phase – zwischen den beiden Weltkriegen – war die Erfindung der „Marke": Die Identität eines Unternehmens definierte sich durch den Markencharakter seiner Waren (Philip Reemtsma durch „Ernte 23", „R6" und „Erste Sorte"; Daimler-Benz durch den „Mercedes"; Osram durch die gleichnamige Glühbirne usf.). Einflußreich war hier das Buch von H. Domizlaff: „Die Gewinnung des öffentlichen Vertrauens" (Hamburg 1952). Verbreitet war diese Strategie vor allem bei Automobilherstellern (Mercedes-Benz, BMW, Opel, Ford), dann im Nahrungsmittelbereich (Maggi, Knorr, Bahlsen) und im Körperpflege- und Pharmabereich (Odol, Spalttabletten, Bayer).

– Von daher war es nur ein kleiner Schritt zur angeblich dritten Phase, der Design-Periode, nach dem Zweiten Weltkrieg. Die Identität durch die Marke veränderte sich zur Identität durch das Produkt- und Graphik-Design. Die Braun AG beispielsweise, darin führend in Deutschland, begann mit ihrer „Braun-Linie" bereits 1954. Verantwortlich dafür war W. Schmittel, der sich auch in zahlreichen Büchern dazu äußerte und einer der bekanntesten deutschen CI-Designer wurde. Das gestylte Erscheinungsbild der Lufthansa wurde ab 1963 aufgebaut. Wir alle kennen Merkmale des Corporate Designs wie z. B. die verschiedenen Embleme und Logotypen, die graphischen Symbole, Farben und musikalischen oder sprachlichen Erkennungstopoi (die Image-Slogans) der Banken und Firmen (z. B. „Mach mal Pause – Coca Cola", der Stern bei Mercedes, „das grüne Band der Sympathie" der Dresdner Bank, „Wir reißen uns sechs Beine für Sie raus" bei Agip usf.).

– In den sechziger Jahren begann ein Prozeß, in dem sich Produkte und Dienstleistungen zunehmend einander anglichen, in der Qualität, im Preis, letztlich auch in der Art von Design (Stichworte: „Problem der Positionierung auf dem Markt, Problem der Differenzierung von Wettbewerbern"). Zudem fand man heraus, daß nicht nur das Aussehen des Produkts für die Kaufentscheidung des Verbrauchers maßgebend war, sondern auch – und sogar vorrangig – das allgemeine Bild, das der Verbraucher von der Ware, der Dienstleistung, dem Unternehmen hat: das Image. Bis in die siebziger Jahre hinein dominierten deshalb entsprechend zahlreiche Image-Kampagnen der Unternehmen.

– Als jedoch der erwartete Erfolg, zumindest was Umfang und Qualität anging, ausblieb, wurde ersichtlich, daß das Image prinzipiell zwar durchaus imstande war, die gewünschte Identität zu vermitteln, daß es aber nicht genügte, ein Image zu erzeugen, das heißt ein Bild für außen, ein Bild bei den Zielgruppen und in der Öffentlichkeit, gewissermaßen ein Fremdbild. Man erkannte vielmehr die Notwendigkeit, das „Fremdbild" mit dem „Selbstbild" in Übereinstimmung zu bringen. Genau das war angeblich der Schritt zur Einbeziehung des eigenen Unternehmens: Was bisher Maske war nach außen, PR als Schönfärberei, CI als Pseudo-Identität, mußte umgewandelt werden. Corporate Identity meint in diesem Sinne „echte" Identität, das heißt Übereinstimmung von Bild und Wirklichkeit. An die Stelle des Designs und des bloß äußerlichen Image trat ganzheitliches strategisches Denken.

An diesem höchst fragwürdigen historiographischen Konstrukt kann man nicht nur die implizite Gleichsetzung von CI und Öffentlichkeitsarbeit erkennen, sondern auch wieder die normative Aufwertung einer angeblichen Entwicklung, das heißt die defensive Grundtönung (vgl. Kap. 1.1). Besonders offensichtlich wird die Beliebigkeit des Identitätsbegriffs: Mit „Identität" ist einmal die Person des Unternehmers gemeint, dann die Produktmarke, das Design, das Image, schließlich das „echte" „Selbstbild" gemäß ganzheitlichem strategischen Denken.

Corporate Identity macht also weder als Begriff noch als Modell noch als historiographisches Konstrukt Sinn (z. B. Zerfaß/Scherer 1993). Die Begeisterung für das CI-Konzept hat denn mittlerweile auch nachgelassen. Die Beharrlichkeit freilich, mit der gleichwohl am Identitätsaspekt festgehalten wird, verweist auf eine wichtige Dimension von Öffentlichkeitsarbeit, die aber offensichtlich anders gefaßt werden muß. Roman Antonoff bietet erste Hinweise dazu, wenn er auf Non-Profit-Organisationen wie Staat, Armee, Partei, Sportverein und letztlich die „Identität sozialer Gruppen" verweist. Der Zusammenhang von Identität und Image und die Bedeutung von Identität für Öffentlichkeitsarbeit, speziell bei Non-Profit-Organisationen, wird demnach noch gesondert zu behandeln sein.

Was „Corporate Identity" pseudotheoretisch nur verspricht, leistet bereits die Auffassung von PR als „Interaktion in Gesellschaft" (Kap. 1.4): ein umfassendes Konzept wechselseitiger Beziehungen zwischen System und Umwelt, die also als Einheit gedacht sind. Schon von daher steht Öffentlichkeitsarbeit für das Streben nach Stabilität, das heißt nach der Erwartbarkeit von Handlungen, denn das Zusammentreffen von System und diversen Umweltsystemen bedeutet zuallererst Unordnung. Wenn unterschiedliche Komplexitäten aufeinandertreffen, bewirkt das Unberechenbarkeit. Es geht nicht um Interaktionen von Personen, sondern um Interaktionen von Systemen. Das bedeutet: Austausch nicht nur von Informationen, sondern Austausch von Strukturen. Interaktion meint mithin einen Konstitutionszusammenhang, mit dem und in dem ein soziales System seine eigene Komplexität in Interaktion entwickelt und kontinuierlich stabilisiert. Es geht dabei um mehr als nur Information, Transparenz und Akzeptanz, nämlich eben nicht personal, sondern systemisch fundiert. Deshalb führen Begriffe wie „Vertrauen", „Verständnis" oder „Zielgruppe" ebenso in die Irre wie Corporate Identity: eine zu einem quasi idealen, statischen Zustand geronnene Verkürzung und Verfälschung eines tatsächlich vielmehr kontinuierlichen und dynamischen Prozesses.

Interaktion geschieht als Selektion und dadurch Konvergenz. Das hat seine systematische und seine historische Dimension. Letztere wurde mit dem Wandel gesellschaftlicher, individueller und organisationsbezogener Werte bereits vorgestellt (Kap. 3). Da sich sowohl das System als auch die Umweltsysteme permanent verändern (können) – Luhmann nennt das die „doppelte Kontingenz" –, ist Interaktion keine zeitlich begrenzte Aktivität, sondern eine kontinuierliche Aufgabe. Kaum etwas kann also besser als die Kategorie „Interaktion" zum Ausdruck bringen, daß Öffentlichkeitsarbeit zeitlich nicht terminiert werden kann, und zwar gerade aufgrund der Geschichtlichkeit von Interaktion selbst.

Problematischer als die historische ist die systematische Dimension von Interaktion. Demnach geht es bei Interaktion um die Angleichung von Normschemata, um Wertevermittlung oder Vermittlung zwischen Werten und Wertehierarchien. Normschemata als die relevanten Strukturen sind Sinn-Schemata. Aus systemtheoretischer Sicht werden sie interaktional aber nicht lediglich als Kommunikation oder gar nur in Form von Wahrnehmung generiert, sondern auch in Form von Handlungen. Beides, Kommunizieren und Handeln, bezieht sich nicht auf individuelle Personen, sondern auf die Möglichkeiten oder Freiheitsgrade von Systemen. In dem Maße sind Interaktionen gestaltbar, in dem die Strukturen von System und Umweltsystemen variabel, also veränderbar sind. Das meint nicht die Flexibilität von Personen, sondern die Flexibilität von Strukturen angesichts neuer Ereignisse. Luhmann spricht von Strukturen als von „Erwartungsstrukturen". Für die Konstituierung von „Sinn" bei Öffentlichkeitsarbeit heißt das: Selbst- und Fremdbeobachtung, Einsicht in die häufig latenten Strukturen des Systems ebenso wie in die Strukturen der Umweltsysteme und der relevanten Teilöffentlichkeiten, Selbstbindung an Normen und Werte, kommunikative Entwicklung von Sinn-Schemata und entsprechendes Handeln. Insofern kann man sagen: Interaktion ist kontinuierliche Imageanalyse und Imagegestaltung im weitesten Sinn.

## 4.2. Das Image-Konzept

Der erwähnte Zusammenhang von Image und Identität und seine Bedeutung für Öffentlichkeitsarbeit läßt sich mit der kritischen Reflexion des Imagebegriffs sichtbarer machen. Die Zauberformel „Corporate Identity", verstanden mit Blick auf die auf Wiedererkennen, Geschlossenheit, Berechenbarkeit, Einheitlichkeit, Vertrauenswürdigkeit und so weiter ausgerichtete Strategie einer Unternehmung, implizierte neben Begriffen wie „corporate culture" oder „Unternehmenskultur" (PR nach innen) und „corporate design" (PR nach außen) vor allem auch „corporate image". Damit wird zumeist das „Ergebnis" oder die „Auswirkung" der vom CI-Gedanken gesteuerten Maßnahmen im Rahmen von „corporate design", „corporate culture", „corporate communications", „corporate philosophy" oder ähnliches bezeichnet. Image in diesem Sinn bezieht sich auf das „Bild" einer Institution oder Organisation oder eines Unternehmens bei einer Gruppe von Menschen.

Bemühungen um eine in den Wissenschaften gültige oder interdisziplinär verbreitete Definition von „Image" würden noch stärker enttäuscht werden als im Falle von „Öffentlichkeitsarbeit", „Öffentlichkeit", „Wert" oder „Corporate Identity". Das liegt wieder daran, daß „Image" als Kategorie in verschiedenen Einzelwissenschaften eigentlich ganz unterschiedliche Bedeutungen hat und diese Unterschiede sich im Laufe der Zeit, infolge zahlreicher Variationen von Überlappungen, derzeit wohl nur idealtypisch voneinander abgrenzen lassen. Das soll hier andeutungsweise versucht werden, um anschließend die Relevanz von „Image" für Öffentlichkeitsarbeit als System-Umwelt-Interaktion deutlicher herausstellen zu können (vgl. auch Faulstich 1992)

Man kann mindestens vier prinzipiell voneinander verschiedene Perspektiven unterscheiden. Vorrang bei der Diskussion um einen im Rahmen von Öffentlichkeitsarbeit tauglichen Imagebegriff wurde bislang den *Wirtschaftswissenschaften* eingeräumt. Seitdem Gardner und Levy 1955 den Begriff umgedeutet haben, meint „Image" – im Rahmen des Schwerpunkts Marketing – teils nur eine Alternative zu „Einstellung" (oder noch simpler „Bekanntheit"), teils aber auch ein mehrdimensionales Konstrukt zur Erklärung des Verbraucher- bzw. Kaufverhaltens. Image heißt dabei die Gesamtheit aller rationalen, emotionalen und sozialen Vorstellungen und „Anmutungen", bewußten ebenso wie unbewußten, von einem Meinungsgegenstand. Image ist hier mit seinen Formen stets auf den ökonomischen Markt bezogen: als Produktimage, Markenimage, Firmen- oder Betriebsimage und als Branchenimage (z. B. Huber 1990; Demuth 1994, u. v. a.). Dieses Verständnis zielt ausschließlich auf die Steuerung des Kauf- und Konsumverhaltens. Die Vielzahl der Beiträge aus dieser Sichtweise, selbst wenn man auf eine numerische Schätzung der häufig gar nicht publizierten Image-Studien verzichtet, ließe sich nur noch in Form von Bibliographien erfassen.

Jürgen Müller hat vorbildhaft versucht, diesen Imagebegriff auf knappem Raum für Öffentlichkeitsarbeit fruchtbar zu machen (1989/1993). In Anlehnung an seinen Beitrag und unter Nutzung weiterer Literatur erscheint Image im Rahmen von PR als eine objektbezogene mehrdimensionale Mischung aus Meinungen, Gefühlen und Wertungen, die dem einzelnen nicht umfassend bewußt sind. Image bezieht sich primär auf eine definierte Person, Organisation oder Sache. Ein Image ist in aller Regel von geringer Komplexität, das heißt von großer Prägnanz, holzschnittartig profiliert, formelhaft strukturiert, plastisch-handfest. Es entsteht schnell und neigt zu Stabilität, wenn bestimmte Voraussetzungen erfüllt sind (z. B. große Verbreitung, Widerspruchsfreiheit, Nutzen, bleibende Distanz zum Bezugspunkt). Langfristig ist es in seiner Wertigkeit und Bedeutung freilich dem historischen Wertewandel unterworfen, also zeitspezifisch. Ein Image wird von vielen Menschen geteilt, die sich untereinander darüber verständigen. Es kann je nach Binnenkommunikations- und -handlungsräumen durchaus auch verschiedene und sogar konträre Images vom selben Gegenstand geben. Ein Image hat schließlich unterschiedliche Funktionen: Reduktion von Komplexität angesichts großer Informationsmengen; Orientierung in hochkomplexen oder informationsarmen Situationen; Entlastung bei übergroßen Wahloptionen; Bewertungshilfe. Als ein psychisches Konstrukt in Distanz zur Wirklichkeit kann das Image bedürfnisgeleitet bis zu einem bestimmten Grad tatsächliche Wirklichkeit (eigene Erfahrungen, genaue Kenntnisse etc.) ersetzen.

Die Nähe des Imagebegriffs beim Marketing und bei Öffentlichkeitsarbeit (gemäß Müller) ist offensichtlich. Sie wird noch deutlicher, wenn man die Vielzahl von Begriffen und Begriffspaaren betrachtet, die es gleichlautend gibt: Selbst- und Fremd-Image, Ist- und Soll-Image, Image-Träger, Konkurrenz-Image, Image-Politik, Image-Stärken und -Schwächen, Image-Räume, Imagewechsel, Image-Transfer, Imagetransformation, Image-Leitbild u. a. Tatsächlich wirft der Imagebegriff der Marketinglehre für Öffentlichkeitsarbeit aber zahlreiche Probleme auf. Insbesondere gibt es bei PR keinen ökonomischen Markt und kein Kauf- und Konsumverhalten, das heißt, der Imagebegriff läßt sich beispielsweise nicht einfach auf Non-Profit-Organisationen übertragen. Schon selbst im Marketing-Bereich wird der Imagebegriff durchaus als fragwürdig und problematisch empfunden. Ein Beispiel dafür wäre Fritz Lohmeier, der 1987 im Jahrbuch für Absatz- und Verbrauchsforschung der GfK darauf hinwies, daß der Objektivitätsanspruch des Imagebegriffs, der Imageanalysen und letztlich auch der praktischen Konsequenzen, die daraus für die Imagegestaltung gezogen werden, tatsächlich „auf schwachen Füßen" steht und letztlich auf die Selbsttäuschung der Auftraggeber, Marktforscher und Image-Schaffenden zurückzuführen sei. Um so problematischer erscheint seine Übertragung auf PR. Ein Beispiel dafür wäre Michael Wöhrle, der ebenfalls 1987 im pr-magazin „Imagebildung als Ziel von PR-Prozessen" definierte. Hier erscheint Image als „einer der wenigen Faktoren, die der Unternehmer verhältnismäßig leicht seinem Einfluß unterwerfen kann". Die terminologische Zusammenfassung der Standardliteratur zum Marketing-Imagebegriff führt bei Wöhrle vom Produkt- und Markenimage über das Firmenimage bis hin zum „Zielimage" als eine „neue Konzeption der Orientierung und Kommunikation" einer Unternehmung im sozialen Feld. Zugleich wurde innerhalb des Marketing der Begriff des „Imagetransfers" zunehmend wichtig, als Übertragung von Produkt auf Produkt oder auch als Übertragung von einem sachfremden Phänomen (z. B. Fernsehstar) auf ein Produkt. Dabei unterscheiden sich „Imagekampagnen" eigentlich nicht mehr von „Werbekampagnen", und vom angeblich PR-spezifischen Charakter der Kategorie Image ist nichts mehr zu sehen. Ein Image ist aus Sicht der Wirtschaftswissenschaften zuallererst „kommerziell verwertbar". Eine Adaption dieser Bedeutungsvariante für Öffentlichkeitsarbeit erscheint unmöglich.

Es gibt jedoch noch drei weitere fachspezifische Konzepte von Image:

– In der *Psychologie* meint „Image" – psychoanalytisch – das in frühester Kindheit durch Identifikation in den Tiefenschichten der Seele eingeprägte Bild („Imago") einer anderen Person, z. B. Vater oder Mutter. Die entsprechenden Entwürfe wurden vor allem von Sigmund Freud und C. G. Jung sowie ihren Nachfolgern entwickelt. Grundsätzlich geht es hier stets um Personen. In der Persönlichkeits- und Ausdruckspsychologie meint „Image" eher Selbstbild oder Identität. Heutige psychologische Auffassungen bevorzugen Begriffe wie Vorurteil und Stereotyp (bezogen auf Geschlechter, auf Minderheiten und Randgruppen usw.). Diese Sichtweise zielt auf Einsicht in die individuell oder sozial akzentuierte Bedeutung vor allem von Identität, Selbstdarstellung, Selbstbestätigung und Wertausdruck bei Menschen; die Frage gilt der Natur des Menschen, als Individuum und in seiner Beziehung mit anderen.

– In der Soziologie bzw. den *Sozialwissenschaften*, die im Sinne von Sozialpsychologie sowie Werbepsychologie besondere Affinität sowohl zur psychologischen als auch zur ökonomischen Dimension aufweisen, meint „Image" die Formen, Probleme und Bedeutungen sozialer Rollen. Diese Sichtweise zielt auf die Steuerung sozialer Umweltbewältigung und Orientierung; die Frage gilt der Natur sozialer Beziehungen und gesellschaftlicher Prozesse. In der Publizistik- und Medienforschung gibt es einen übergreifenden Schwerpunkt beim Image von Politikern, Sportlern, Rock-, Film- und Fernsehstars sowie ihren Leitbildfunktionen im Rahmen (z. B.) von Wahlverhalten, Öffentlichkeit, Kulturkonsum und demokratischer Gesellschaftsordnung.

– In der *Philosophie* schließlich meint „Image" – erkenntnistheoretisch – das Abbild von Wirklichkeit. Die Entwürfe reichen in einem großen Bogen von der Ideenlehre Platons über diverse Gottesvorstellungen im Mittelalter, vor allem bei den Mystikern, und neuere Konzepte wie die Philosophie des Geistes bei Hegel oder die Welt als Vorstellung bei Schopenhauer bis hin zum Radikalen Konstruktivismus heutiger Tage bzw. einer PR-Theorie wie von Merten und Kückelhaus (Kap. 1.3). Diese Sichtweise fragt nach der Wirklichkeit; die Frage gilt der Natur und Erkennbarkeit von Wirklichkeit. Es geht dabei um das Problem der Wahrheit (bzw., etwa in der Ästhetik, um das wahre Schöne).

Diese drei Dimensionen von Image bieten wichtige Teilbedeutungen für einen kulturwissenschaftlichen Imagebegriff, wie er für die Wissenschaft von Öffentlichkeitsarbeit konzipiert werden kann. Demnach ist ein Image erstens in Wahrnehmung und Kommunikation für den einzelnen glaubwürdig (psychologisch), zweitens im sozialen Handeln gesellschaftlich bedeutsam und wirksam (sozialwissenschaftlich) und drittens wahr, das heißt entspricht der Wirklichkeit (philosophisch). Damit wird dem instrumentellen, auf wirtschaftliche Verwertbarkeit ausgerichteten Imagebegriff der „Image-Macher" ein zweiter, kulturwissenschaftlich geprägter Imagebegriff konträr entgegengesetzt. David M. Dozier hat diesen als „reputation" bezeichnet, die auf eigenen Erfahrungen beruhe (1993), Carl Botan als subjektive Wissensstruktur oder „human image" (1993). Im Gegensatz zum Image als manipulativem Konstrukt, als parteilich verzerrende Schönung des Systems gegenüber seiner Umwelt, macht Image hier den Kern des Systems sichtbar, seine tatsächliche Bedeutung, sein „Wesen". In beiden Fällen stellt Image ein „Abbild" dar – im ersten Fall aber der aufgesetzten Wünsche der Konstrukteure, die mit dem Bezugsgegenstand nichts zu tun haben müssen, im zweiten Fall der Strukturen des Systems selbst. Das soll mit „Strukturhomologie" bezeichnet werden; das Strukturhomologie-Konzept soll das traditionelle Imagekonzept ablösen und die philosophische Bedeutungsdimension für eine Wissenschaft der Öffentlichkeitsarbeit greifbar machen.

Zuvor aber sei noch kurz auf die Dimensionen der psychischen Glaubwürdigkeit und der sozialen Relevanz eingegangen. Es war Peter Szyszka, der den *psychischen Aspekt* des Imagebegriffs wieder in Erinnerung gerufen hat (1993). Dabei greift er den traditionellen Begriff des „Vertrauens" auf, der sich durch zahlreiche vortheoretische Definitionen zieht (vgl. Kap. 1.1), und markiert ihn als „die Subjekt-Seite des Image-Begriffs", als eine „Verkürzung des Wesenszusammenhanges eines Image-

Objektes“, die „letztlich am Denken und Handeln“ gemessen wird. Damit wird die Falle einer rein personal konzipierten und auf bloße Kommunikation zwischen Subjekten eingeschränkten Öffentlichkeitsarbeit vermieden – wie sie etwa die folgende Definition verführerisch nahelegt: „Ein Image gibt die subjektiven Ansichten und Vorstellungen von einem Gegenstand wieder“ (W. Kroeber-Riel 1984, 190). Vertrauen kann nicht einem System oder einer Organisation entgegengebracht werden (vgl. Kap. 3.4.3), sondern Vertrauen ist – so Szyszka – „die eigene Einschätzung der Adäquanz der in Bezug gesetzten Objektstrukturen“, das heißt Vertrauen in das eigene „Vor-Urteil“. Psychische Glaubwürdigkeit in System-Umwelt-Interaktionen ist also in eigenen Erfahrungen fundiert, nicht quasi im Objekt. Ein Image gibt demnach die subjektiven Ansichten und Vorstellungen von den bisherigen realen Erfahrungen dieses Subjekts wieder, nicht unbedingt in bezug auf den Gegenstand und möglicherweise ohne jegliche Kenntnis des Gegenstands selbst. Glaubwürdigkeit oder Vertrauen gelten nach dem kulturwissenschaftlichen Imagebegriff zwar als emotionale Kategorien, aber nicht abgeleitet aus dem Objekt, sondern aus eigenen Wirklichkeitserfahrungen. „Vertrauen“ ist und bleibt letztlich personal.

Den *sozialen Aspekt* des Imagebegriffs hat vor allem Ruth Rustemeyer zugespitzt (1992). Ausgehend vom Begriff des „Selbstimage“, der auch in der psychologischen Marktforschung verwendet wird, also des Bildes, das man von sich selbst hat, zeigt sie Strategien der Selbstdarstellung auf, die wesentlich vom Selbstkonzept und Selbstwertgefühl determiniert sind. Je größer die Diskrepanz zwischen Ideal-Selbst und Real-Selbst, desto stärker die Gefährdung des Selbstwertgefühls und damit das Bedürfnis nach Konsistenz und Selbstwerterhöhung. Und je stärker dieses Bedürfnis nach Stabilisierung, desto dominanter die Orientierung an konformen Images. Auch hier zeigt sich also, daß der Imagebegriff in seiner Leitbildfunktion nicht objektbezogen gefaßt werden darf, sondern in der Subjektrealität fundiert ist; personal, nicht systemisch.

## 4.3. Das Strukturhomologie-Konzept

Um die kulturwissenschaftliche Bedeutung von Image zu markieren, wird Image hier als Funktion einer Strukturhomologie aufgefaßt, die gemäß den verschiedenen Formen und Graden von Interaktion in Gesellschaft zunächst einmal als Wahrnehmungskategorie beschrieben werden könnte, dann als Kommunikationskategorie, letztlich aber als Handlungskategorie gelten muß. Was heißt Strukturhomologie? Homologie heißt Übereinstimmung. Strukturhomologie meint also systemische Übereinstimmung – aber nicht etwa Anpassung des Systems an seine Umwelt bzw. strukturelle Übereinstimmung oder gar Strukturidentität als Ziel, sondern sie meint zunächst einmal Interaktion in Übereinstimmung von Strukturiertheit. Image heißt: strukturell identifizierbar. Mit der bloßen wechselseitigen Information über die je spezifischen Strukturen eines Systems, die dabei prinzipiell aber selbstverständlich verschieden voneinander bleiben, ist es jedoch nicht getan. Strukturhomologie heißt vielmehr: System und Umweltsystem interagieren miteinander auf der Basis und in Kenntnis ihrer jeweiligen Strukturen. Image als Funktion einer Strukturhomologie bezeichnet dabei das handlungs- und entscheidungsrelevante „Sinn"-Bild, als das ein System bei seinen Umweltsystemen bzw. in den relevanten Teilöffentlichkeiten existiert. Damit wäre als systemtheoretische Definition für „Öffentlichkeitsarbeit" festzuhalten: Öffentlichkeitsarbeit ist Imagegestaltung als Explikation und Vermittlung des jeweiligen System-„Sinns" mit dem Ziel der Strukturhomologie.

Strukturhomologie kann unterschiedlich stark ausgeprägt sein, je nach Priorität gegenüber anderen Systemen. Sie kann unterschiedlich komplex ausgebildet sein, je nach Art und Intensität der Interaktionen. Sie kann unterschiedliche Wertungen aufweisen, je nach Interaktions- oder Kommunikationsgrad. Und sie ist unterschiedlich begrenzt. Ein kommerzielles Unternehmen hat von vornherein einen ganz anderen Sinn als ein Non-Profit-Unternehmen, eine öffentlich-rechtliche Institution wie z. B. die Stadtverwaltung einen ganz anderen als eine private Vereinigung wie z. B. ein Sportverein oder gar eine Gruppe wie eine Familie oder eine Paarbeziehung, ganz zu schweigen von Unternehmen, Institutionen, Vereinigungen und sonstigen sozialen Organisationen *als einzelnen*. Und jedes System, jede Organisation hat in den verschiedenen Teilöffentlichkeiten mit Notwendigkeit wiederum ganz verschiedene Images oder „Sinn"-Bilder, wobei diese vom Image in der Medienöffentlichkeit noch überlagert werden können. Diese Images müssen keineswegs unbedingt harmonisiert, auf den selben Nenner gebracht oder sonstwie zwangsweise aufeinander bezogen werden. Imagegestaltung als Zentralkategorie von Öffentlichkeitsarbeit bezeichnet die Ausbildung von Strukturhomologie gerade gesondert mit Blick auf jede systemrelevante Teilöffentlichkeit. Die Strukturmerkmale A und die Faktoren B, die im einen der vielen Umweltsysteme den „Sinn" im Kern bestimmen und die Interaktionen fundieren, mögen im anderen Umweltsystem, mit einer ganz anderen Struktur, völlig irrelevant sein, und hier wären vielmehr die Strukturmerkmale C und die Faktoren D ausschlaggebend für die anzustrebende Strukturhomologie. Und das gilt selbstverständlich analog auch für die internen Teilöffentlichkeiten eines Systems, also für PR nach innen, wo jedes Teil- oder Subsystem je eine spezifische Struktur, je einen spezifischen „Sinn" aufweist, die in Homologie zueinander und zur Gesamtstruktur des Systems gebracht werden müssen. Die Bewertungen der Images – extern ebenso wie intern – sind und bleiben stets relativ, und ein positives Image in der Teilöffentlichkeit X kann durchaus mit einem neutralen Image in der Teilöffentlichkeit Y sowie einem negativen Image z. B. in der Teilöffentlichkeit Z und einem wieder gegenläufigen Image in der internen Gesamtsystem- oder der externen Medienöffentlichkeit zusammengehen. Die für die Wertung ausschlaggebenden Momente also müssen sich zwangsläufig unterscheiden und sind deshalb in ihrer Unterschiedlichkeit oder Differenziertheit in Rechnung zu stellen.

Image als Abbild von Strukturen heißt: „Sinn"-Bild. Je mehr Imagegestaltung, also je mehr Ausdifferenzierung der systemspezifischen Sinn-Bilder, desto ausgebildeter die Strukturhomologie; je weniger, desto stärker die Kontraste, Widersprüche, Leerstellen, Konflikte, Gegensätze. Damit wird Image gerade nicht als einheitliches, auf „Identität" zielendes Phänomen verstanden wie beim Corporate Identity-Konzept, sondern differenziert nach Teilöffentlichkeiten. Das heißt umgekehrt auch nicht etwa: Man sagt jedem, was er hören will oder was ankommt – Öffentlichkeitsarbeit als Augenwischerei. Oder man verhält sich so, wie die Umwelt es erwartet oder anmahnt – Öffentlichkeitsarbeit als Selbstverleugnung und Betrug. Sondern das heißt im Gegenteil: Man nimmt jede Teilöffentlichkeit und ihre Strukturen ernst und läßt sich spezifiziert auf sie ein, kommunikativ und handlungsmäßig.

Interaktion mit dem Ziel weitestgehender Strukturhomologie kann nur als partieller Austausch über die jeweils vom andern als relevant definierten Strukturmerkmale gelingen. Insofern gilt zwar, daß die vielen Images eines einzelnen Systems in verschiedenen Teilöffentlichkeiten die Struktur dieses Systems nur jeweils partiell abbilden, aber gleichwohl glaubwürdig (psychologisch), gesellschaftlich bedeutsam und handlungsleitend (sozialwissenschaftlich) und wahr (philosophisch). Imagegestaltung ist demnach die Selektion einzelner „Sinn"-Bilder, das heißt, es gibt naturgemäß, komplementär zum „Öffentlichen", stets auch Vertrauliches oder „Geheimes", und das bedeutet nicht Verzerrung und Täuschung. Die Funktion der Selektion bemißt sich nach den je unterschiedlichen Sinnmomenten des Systems und der jeweiligen Teilöffentlichkeit oder der Medienöffentlichkeit. Öffentlichkeitsarbeit ist teilöffentlichkeitsausgerichtete Imagegestaltung als Explikation des System-„Sinns". Darin liegt das „Spezielle" der System-Umwelt-Interaktion bei PR: Die Selbstinszenierung wird dem Prinzip der je spezifizierten Wahrhaftigkeit unterworfen.

Bei dieser Ausdifferenzierung einer Vielzahl von Images ein und desselben Systems stellt sich die Frage nach der Identität des Systems. Muß damit das klassische Ziel traditioneller PR, nämlich ein „positives" Image zu erreichen, vervielfacht werden? Mit der Ganzheitlichkeit, wie sie das CI-Konzept vorschrieb, muß auch dieses Ziel aufgegeben werden. Beim kulturwissenschaftlichen Imagebegriff definiert Image die Interaktionsmöglichkeiten von System und Teilöffentlichkeiten. Die optimale Gestaltung des Image einer Organisation ist mit dem Erreichen einer Strukturhomologie gegeben, also die Wertfrage wird anders beantwortet. Die Systeme interagieren mit ihren Umweltsystemen bzw. Teilöffentlichkeiten nicht danach, wie sie strukturiert sind oder sich präsentieren, sondern danach, wie ihre Strukturiertheit zum handlungs- und entscheidungsrelevanten Faktor gerinnt. Mit anderen Worten: Das Image einer Organisation in einer Teilöffentlichkeit oder bei einem Umweltsystem ist positiv, wenn die von der Teilöffentlichkeit als relevant empfundenen Faktoren und Merkmale der Organisation erkannt sind und als Handlungsgrundlage dienen. Ein Image ist desto schlechter, je weniger interagiert wird. Image aus kulturwissenschaftlicher Sicht ist demnach keine „Wirkung", kein unfreiwilliges oder gezielt erzeugtes rational-emotional-soziales „Bild", kein irgendwie geartetes Resultat scheinbar rein personaler Kommunikationsbeziehungen, die instrumentalisiert werden, sondern Ausdruck für die Qualität der Interaktion selbst zwischen System und Umweltsystemen. Strukturhomologie zielt auf Kontinuität. Imagebildung meint insofern Interaktion als einen dynamischen und kontinuierlichen Prozeß, nach innen und nach außen – nicht als „Konstrukt" im Kontext parteilich gewünschter Selbstdarstellung, etwa als „Identitätsmanagement" (Schmitt/Simonson 1998), sondern als kontinuierliche Selektion real fundierter und als relevant bestimmter Struktur- und Sinnmomente. Öffentlichkeitsarbeit zielt nicht auf ein positives Image einer Organisation, sondern auf eine positive Organisation. Es geht nicht um das Abbild, sondern um das Selbst.

Letztlich verweist Image damit auf das Problemfeld Identität. Roman Antonoff (1989/1993) konstatierte bereits dazu, daß „Identität" bei Öffentlichkeitsarbeit mindestens drei Bedeutungsvarianten habe: erstens Identität im Wahrnehmungsprozeß, im Sinne von Wiedererkennen (nach außen); zweitens Identität im Solidarisierungsprozeß, sich zugehörig fühlen (nach innen); und drittens Identität als Selbigkeit (im Sinne der Übereinstimmung von Image und Wirklichkeit, von Wort und Tat als Ziel). Er bringt die Attraktivität von CI mit der Wertfrage zusammen, wenn er sagt: „Von der CI erhofft man sich eine (selbsterschaffene) Stabilität und Orientierungsfähigkeit. Ein weiteres Motiv für die CI-Akzeptanz liegt im allgemeinen Problem zunehmender Sinnleere und Bindungslosigkeit." Diese Einschätzung wird gelegentlich sogar historisch begründet. So sieht Mats Alvesson eine gesellschaftliche Entwicklung „von der Substanz zum Image" (1993). Als Gründe werden angeführt: der kulturelle und Wertewandel im Verlauf des 20. Jahrhunderts, zunehmende Komplexität und Turbulenz von Welt, die sprunghafte Entwicklung der elektronischen und digitalen Medien, die wirtschaftliche Veränderung von einer Produktions- zu einer Dienstleistungsgesellschaft. Gesellschaft sei zunehmend „Pseudo"-Gesellschaft. Andere Stellungnahmen verbinden mit Identität nicht nur eine psychologische oder sozialwissenschaftlich-historische, sondern sogar eine philosophische Qualität. Nicht zufällig findet sich im „PR-Lexikon" von Pflaum/Pieper wie selbstverständlich der Begriff „Unternehmensphilosophie" (1989/1993).

All diese anspruchsvollen Bezüge sind keineswegs überzogen. Der „Sinn" von Öffentlichkeitsarbeit muß begründet werden. Nur wird das mit den vorliegenden Ansätzen noch nicht geleistet. Die Breite dieses Problemfeldes ist enorm und läßt schnelle eklektizistische Befunde wie die genannten nicht zu. „Identität" spielt nicht nur in der Psychologie, Soziologie und Philosophie eine zentrale Rolle, sondern auch in der Theologie, der Kunstwissenschaft, der Literaturwissenschaft, Sprachwissenschaft oder den Rechtswissenschaften, nicht zuletzt auch in der Theaterwissenschaft, die nach Person, Rolle, Maske fragt, nach der Differenz von Sein und Schein im Spiel, nach Inszenierung. Das wirft eine lange Reihe offener Fragen auf, die nur kulturwissenschaftlich beantwortet werden können: Wie hängen Werterelativismus und Identitätskrise zusammen? Inwiefern kann bei zunehmender gesellschaftlicher Ausdifferenzierung und der allgemeinen Akzeleration gesellschaftlichen Wandels, beim Prozeßcharakter von Interaktion überhaupt noch von Strukturen und Identität gesprochen werden? Wie ist das Verhältnis von Identität und Wandel? Läßt sich PR letztlich doch mit der Spieltheorie am besten fassen? Muß Öffentlichkeitsarbeit in diesem Kontext in der Tat als „Geheimnis-Management" aufgefaßt werden (z. B. Westerbarkey 1991), bzw. gehört zur Öffentlichkeitsarbeit zwingend die „Latenz", der „blinde Fleck" dazu (vgl. Luhmann/Fuchs 1989)? Wie läßt sich der Zielcharakter von Identität, der teleologische Kern, der utopische Charakter des „Sinns" für PR begründen? (Und so weiter.) Begriffe wie „Identität" (z. B. Marquard/Stierle 1979/1996) und „Theatralität" oder „Inszenierungsgesellschaft"

(z. B. Willems/Jurga 1998) verweisen auf hochkomplexe Zusammenhänge, die bislang noch nicht aufgearbeitet sind und ein weiteres wichtiges Defizit einer zukünftigen Wissenschaft der Öffentlichkeitsarbeit signalisieren.

Zum Strukturhomologie-Konzept als Zwischenschritt zu umfassenderen Lösungen läßt sich immerhin festhalten: Strukturhomologie heißt Übereinstimmung in Strukturiertheit und bezeichnet das Ergebnis von Interaktionen zwischen System und Umwelt bzw. Teilöffentlichkeiten auf der Basis und in Kenntnis des jeweiligen „Sinn"-Bilds. Das „Spezielle" der System-Umwelt-Interaktion bei PR liegt aus kulturwissenschaftlicher Sicht darin, daß die Selbstinszenierung dem Prinzip der je spezifizierten Wahrhaftigkeit unterworfen ist. Es geht nicht um das Abbild, sondern um die Identität des Selbst.

## Literatur

(zusätzlich zu den in Kap. 4.1 genannten CI-Titeln)

Alvesson, Mats: Organization: From substance to image? In: Armbrecht/Avenarius/Zabel 1993, S. 113–131.

Armbrecht, Wolfgang, Horst Avenarius und Ulf Zabel (Hrsg.): Image und PR. Kann Image Gegenstand einer Public Relations-Wissenschaft sein? Opladen 1993.

Beach, Lee Roy (Hrsg.): Image theory: Theoretical and empirical foundations. Mahwah, N.J., London 1998.

Bergler, Reinhold: Psychologie des Marken- und Firmenbildes. Göttingen 1963.

Bieger, F., P. C. G. Lux, W. Disch und W. Schmittel: Projektarbeit CI – 101 nützliche Erkenntnisse aus der Praxis. BDW Deutscher Kommuniktionsverband e.V. (Hrsg.). Bonn 1985.

Bogner, Franz M.: Das neue PR-Denken. Stategien, Konzepte, Maßnahmen, Fallbeispiele effizienter Öffentlichkeitsarbeit. Wien 1990, Neuauflage 1994.

Botan, Carl: Image and ethics in International Public Relations. In: Armbrecht/Avenarius/Zabel 1993, S. 189–197.

Buß, Eugen und Manfred Piwinger: Welchen Wert hat Image? In: Public Relations Forum, 4. Jg. (1998), H. 2, S. 84–88.

Demuth, Alexander: Erfolgsfaktor Image. So nutzen Sie den Imagevorteil für Ihr Unternehmen. Düsseldorf (u. a.) 1994.

Dozier, David M.: Image, reputation and mass communication effects. In: Armbrecht/Avenarius/Zabel 1993, S. 227–250.

Faulstich, Werner (Hrsg.): Image, Imageanalyse, Imagegestaltung. Bardowick 1992.

Herbst, Dieter: Das professionelle 1x1. Corporate Identity. Berlin 1998.

Horowitz, M. J.: Image formation and cognition. New York 1978.

Huber, Kurt: Image. Global Image, Corporate Image, Marken-Image, Produkt-Image. 2. Aufl. Landsberg/Lech 1990.

Johannsen, Uwe: Das Marken- und Firmenimage. Theorie, Praxis, Methodik. Berlin 1971.

Kroeber-Riel, W.: Konsumentenverhalten. München 3. Aufl. 1984.

Luhmann, Niklas und Peter Fuchs: Kommunikationssperren in der Unternehmensberatung. In: Diess., Reden und Schweigen. Frankfurt/Main 1998, S. 209–227.

Marquard, Odo und Karlheinz Stierle (Hrsg.): Identität. München 1979, 2. Aufl. 1996.

Müller, Jürgen: Image. In: Dieter Pflaum und Wolfgang Pieper (Hrsg.), Lexikon der Public Relations, 2. Aufl. Landsberg/Lech 1993, S. 251–254.

Regenthal, Gerhard: Identität & Image. Praxishilfen für den Umgang mit Corporate Identity. 2. Aufl. Köln 1996.

Regenthal, Gerhard: Corporate Identity – Luxus oder Notwendigkeit. Mit gutem Image zum Erfolg. Wiesbaden 1997.

Rustemeyer, Ruth: Die Wechselwirkung von Produktimage und Selbstdarstellung der Konsumenten: zur Perspektive der Psychologie. In: Faulstich 1992, S. 64–81.

Schmitt, Bernd und Alex Simonson: Marketing-Ästhetik. Strategisches Management von Marken, Identity und Image. München, Düsseldorf 1998.

Schulze-Fürstenow, Günther (Hrsg.): Handbuch der Öffentlichkeitsarbeit von Wirtschaft, Verbänden, Behörden und Institutionen. (Loseblattsammlung) Neuwied 1986 ff.

Spiegel, Bernt: Die Struktur der Meinungsverteilung im sozialen Umfeld. Bern 1961.

Szyszka, Peter: Image und Vertrauen. Zu einer weniger beachteten Perspektive des Image-Begriffs. In: Faulstich 1992, S. 104–111.

Tafertshofer, A.: Corporate Identity. Mangische Formel als Unternehmensideologie. In: Die Unternehmung, 36. Jg. (1982), Nr. 1, S. 11–25.

Trommsdorff, Volker: Die Messung von Produktimages für das Marketing. Grundlagen und Operationalisierung. Köln (u. a.) 1975.

Westerbarkey, Joachim: Das Geheimnis. Zur funktionalen Ambivalenz von Kommunikationsstrukturen. Opladen 1991.

Willems, Herbert und Martin Jurga (Hrsg.): Inszenierungsgesellschaft. Ein Handbuch. Opladen 1998.

Wöhrle, Michael: Imagebildung als Ziel von PR-Prozessen. In: pr-magazin (1987), H. 8, S. 23–30.

Zerfaß, Ansgar und Andreas Georg Scherer: Die Irrwege der Imagekonstrukteure. Ein Plädoyer gegen die sozialtechnische Verkürzung der Public Relations-Forschung. Nürnberg 1993.

# 5. Die Bedeutung der Medien für Öffentlichkeitsarbeit

Bisher wurde eine systematische Darstellung aller PR-relevanten Medien noch nicht vorgelegt. Eine zukünftige Wissenschaft der Öffentlichkeitsarbeit muß entsprechende kommunikations-, publizistik- und medienwissenschaftliche Befunde erst noch umfassend einholen. Das kann hier auch nicht quasi nebenbei geleistet werden, aber auf der Grundlage zahlreicher Einzelfallstudien und in Weiterführung der bisherigen Ausführungen zum theoretischen Rahmen von Öffentlichkeitsarbeit als spezieller System-Umwelt-Interaktion läßt sich vielleicht ein erster Überblick zusammenstellen.

Sieht man vom Sonderfall medialer Organisationen (Buchverlag, Kinobetrieb, Radiostation, Stadttheater usw.) ab, so wurden Medien bislang in zweierlei Hinsicht thematisiert – einmal als Moment der Interaktion zwischen System und Umwelt (Kap. 1.4), sodann im Zusammenhang mit Öffentlichkeit (Kap. 2.5). Letzteres meinte nicht nur die publizistische oder Medienöffentlichkeit, sondern generell Öffentlichkeit als Medienforum in einem kulturell funktionalen Raum: Es gibt keine Öffentlichkeit ohne Medien, und Medienkultur bildet das Herzstück von Kultur. „Medium“ ist hier zu verstehen als ein institutionalisiertes System um einen organisierten Kommunikationskanal von spezifischem Leistungsvermögen mit gesellschaftlicher Dominanz (Faulstich 2000, 27). „Institutionalisiertes System“ meint zum Beispiel das Fernsehen. „Organisierte Kommunikationskanäle“ wären dann die verschiedenen Sender. „Spezifisches Leistungsvermögen“ bezieht sich auf die Angebote und Gesetzmäßigkeiten „des“ Fernsehens, auf der Basis der einzelnen Sender, im Vergleich mit anderen Medien. Und „gesellschaftliche Dominanz“ meint seine zeitspezifische Bedeutung für die kulturelle Steuerung und Orientierung in Gesellschaft – beim Fernsehen in der zweiten Hälfte des 20. Jahrhunderts ganz stark gegeben, in der ersten Hälfte dagegen nur schwach ausgeprägt und von anderen Medien wie Film, Hörfunk und Zeitung überlagert. Medien in diesem Sinn sind Bestandteil der Systemumwelt und damit *Zielmedien*, in die es einzudringen, mit denen es zu interagieren gilt.

Für eine Wissenschaft der Öffentlichkeitsarbeit sind dabei übergreifend ganz verschiedene Gesichtspunkte von Interesse (vgl. zusammenfassend Faulstich 2000): wirtschaftliche, politische, juristische, psychologische, ethische, ästhetische und schließlich organisatorische. Das soll hier nur kurz angedeutet werden:

– *Medienökonomie* meint die Medien in ihrer Verflechtung als Märkte. Aus betriebswirtschaftlicher Sicht betrifft das die Organisationsstrukturen von Medienbranchen und Einzelunternehmen, die Personalstruktur und -führung, die Planung und Kostenrechnung in einzelnen Medienbetrieben, Marketing und Controlling usw. Aus volkswirtschaftlicher Sicht geht es um Probleme wie beispielsweise die Medienkonkurrenz, die Bedeutung der Nachrichtenagenturen, intermediäre Kooperationsformen, Distributionsprozesse für Medienprodukte, Wettbewerbsbeschränkungen, die Formation von Medienmultis, die Monopolisierung von Angeboten und Märkten. Mit „Medienmarkt" ist weniger das einzelne Medium (z. B. Film, Buch, Fernsehen, Zeitung) gemeint als vielmehr ökonomische Teilöffentlichkeiten wie z. B. der Publikumsmarkt, der Werbemarkt, der Softwaremarkt, der Nachrichtenmarkt, der Verwertungsmarkt, der Personalmarkt, der Distributionsmarkt, der elektrotechnische Markt.

– *Medienpolitik* meint die Instrumentalisierung der Medien für bestimmte politische Ziele. Dabei lassen sich mehrere Interessenlagen unterscheiden: die Medienpolitik des Staates, die in demokratischen Gesellschaften auf bestimmte Aufgaben speziell der Massenmedien bei der Information und Meinungsbildung im Sinne demokratischer Öffentlichkeit abzielen; die Medienpolitik der verschiedenen politischen Parteien; die Medienpolitik der Medieninstitutionen selber; die Medienpolitik der Wirtschaft, speziell der Werbewirtschaft; die Medienpolitik bestimmter gesellschaftlicher Gruppen wie z. B. Kirchen, Verbände, Gewerkschaften, Vereine bis hin zu noch kleineren sozialen Organisationen.

– *Medienrecht* meint alle Gesetze, Verordnungen, Richtlinien, Staatsverträge und Vereinbarungen, die Medien betreffen. Das reicht von der verfassungsrechtlichen Fundierung des Medienrechts und entsprechenden Grundrechten (z. B. Berufs- und Gewerbefreiheit, Freiheit der Presse und der Rundfunk- und Filmberichterstattung) bis hin zu Schwerpunkten wie Urheberrecht, Wettbewerbsrecht, Ehren- und Persönlichkeitsschutz oder Jugendschutz.

– *Medienpsychologie* meint die Gesetzmäßigkeiten der Wahrnehmung, Darbietung, Interpretation, Verarbeitung, generell der Nutzung der Medien durch die Menschen, als Kommunikator- wie als Rezipientenperspektive. Zentrale Stichworte wären etwa die Theorie des Agenda-Setting, nach der Massenmedien über die Betonung bestimmter Themen beeinflussen, was in einer Gesellschaft als besonders wichtig und aktuell angesehen wird; der Gratifikations- oder Nutzenansatz, der nach den psychischen Bedürfnis- und Befriedigungsmechanismen der Rezipienten fragt; die Theorie der parasozialen Interaktion, nach der Rezipienten mit Akteuren der Medien und der Medienprodukte eine subjektbestimmte emotionale Beziehung aufbauen; oder die Mediensozialisation, die mit Blick auf den Zusammenhang von Kindern und Medien eine historische Dimension einbringt.

– *Medienethik* meint die Frage der Verantwortung beim Medienhandeln. Das betrifft vor allem die Journalistenethik, das heißt die Individualethik der „Macher" im Rahmen von Berufs- oder Standesethik. Betroffen sind aber auch die Organisationsethik, die sich auf Institutionen und Unternehmen bezieht, sowie die Publikumsethik als das verantwortliche Medienhandeln der Nutzer oder Rezipienten. Schließlich wird hier nach Sozialethik gefragt, die auf übergreifende gesellschaftliche Normen und Regeln abhebt und die Ethikfrage auch auf den Wertewandel bezieht.

– *Medienästhetik* meint die künstlerische Gestaltung und Wirkung im Rahmen eines Mediums: beispielsweise die formalen Möglichkeiten und Grenzen des Mediums; oder Geschmack und Stil als Bezugsrahmen für Kommunikation; oder Design und Zeichenkonzeption als symbolische Inszenierung von systembezogener Subjektivität.

– *Medienorganisation* schließlich meint die Funktionsstruktur des einzelnen Medienbetriebs und der lokalen Konstellation einzelner Medienunternehmen – der lokalen Zeitung, des einzelnen Privatradios, eines bestimmten Fernsehsenders usw. In vielen Fällen wird der Zusammenhang von Öffentlichkeitsarbeit und Medien in der Praxis mehr oder weniger ausschließlich auf den Versuch reduziert, über Redakteure in „der Presse" oder „den Medien" präsent zu sein, also deren Bestreben nach möglichst objektiver Information bzw. ideologiefreier Unterhaltung zu unterlaufen, es im eigenen, parteilichen Sinne zu beeinflussen und möglichst zu instrumentalisieren. Diese Verengung von Öffentlichkeit auf einzelne Medienorganisationen läßt sich ernsthaft nicht verteidigen, markiert aber eines von mehreren Aktionsfeldern. Selbstverständlich ist es absolut notwendig zu wissen, wie beispielsweise die Zeitung aufgeteilt ist, in Mantel und Lokalteil, mit verschiedenen Ressorts, mit verschiedenen Redaktionen, nach welchen Prinzipien eine Medienorganisation funktioniert, welche (z. B. journalistischen) Prämissen im konkreten Fall gesetzt werden usw. bis hin zu den jeweiligen Ansprechpartnern, die dem PR-Gestalter namentlich bekannt sein müssen.

Stärker thematisiert wurden Medien im Rahmen von Öffentlichkeitsarbeit bislang unter dem zweiten Aspekt: als Moment der Interaktion. Interaktion in Gesellschaft ist stets medial vermittelt. Medien sind hier also nicht Zielmedien, sondern *Instrumentalmedien.* Im optimalen Fall wären die eine Teilöffentlichkeit konstituierenden Medien identisch mit den relevanten Instrumentalmedien. Noch dominiert hierzu die pragmatische, praxisorientierte Perspekte gemäß konkretem Handlungsbedarf – etwa wenn Medien aus betriebswirtschaftlicher Perspektive schlicht utilitaristisch unterschieden werden in Medien der Abwärtskommunikation, das heißt in der Hierarchie von oben nach unten, der gegenseitigen Kommunikation und der Aufwärtskommunikation (z. B. Noll 1996). Verzichten wir auf die Begrenzung des Einzelfalls und die Interessenbedingtheit der Macherperspektive, so lassen sich systematisch und umfassend vier Gruppen von Medien unterscheiden: Menschmedien, Printmedien, Elektronische Medien und Digitale Medien. Sie sollen im folgenden kurz vorgestellt werden. Bei einer solchen „Hubschrauberperspektive" könnten übrigens, wie sich hier nur andeuten läßt, ganz neue, spannende Befunde in den Blick kommen: So wird offensichtlich, daß die Reflexion von Öffentlichkeitsarbeit sich bisher insbesondere auf die Printmedien bezogen und andere Mediengruppen vernachlässigt hat. Man kann außerdem erkennen, daß die Menschmedien im Vergleich dazu eine vergleichsweise sogar größere Bedeutung für Öffentlichkeitsarbeit haben. Sichtbar wird auch, daß die Elektronischen Medien sich als Instrumente der Öffentlichkeitsarbeit nur für ganz bestimmte Organisationen und Funktionen eignen. Oder es zeigt sich schließlich, daß die digitalen Medien ganz neue Formen von PR nahelegen. Die Erarbeitung übergreifender Befunde zu PR-relevanten Medien steht noch aus – ein weiteres Desiderat, eine weitere wichtige Aufgabe einer zukünftigen Wissenschaft der Öffentlichkeitsarbeit. Beide Momente (Medien als Ziel- und als Instrumentalmedien) thematisieren latent jenes Moment der Macht, das gesellschaftsbezogene PR-Theorien so präzise auslassen (Kap. 1.3).

## 5.1. Die Menschmedien

Der Begriff der Menschmedien ist gewöhnungsbedürftig, aber nicht neu. Früher sprach man von Primärmedien und meinte damit Medien ohne den Einsatz von Technik, im Unterschied etwa zu Sekundärmedien, mit dem Einsatz von Technik auf der Produktionsseite (z. B. Zeitung), und Tertiärmedien, mit dem Einsatz von Technik auch auf der Rezeptionsseite (z. B. Schallplatte). Menschmedien erklären sich kulturhistorisch als funktionale Äquivalente heutiger technischer Medien, das heißt, wenn heute beispielsweise das Medium Computer als wichtiges Speichermedium für gesellschaftliches Wissen fungiert, so war diese Funktion im computerlosen 18. Jahrhundert vor allem dem Medium Buch überantwortet, und in den computer- und buchlosen frühen Hochkulturen der Menschheit vor allem dem Priester oder Schamanen, dem Seher und dem Lehrer (Faulstich 1997). Bei diesen Menschmedien handelte es sich weniger um individuelle Subjekte als vielmehr um etablierte, institutionalisierte Vermittlungsinstanzen in archaischen Gesellschaften, systemisch organisiert, leistungsmäßig spezifiziert und herrschaftsfunktional. Menschmedien gab es noch bis ins Mittelalter in großer Zahl, z. B. Hofnarr, Sänger, Erzähler/Erzählerin, Prediger, Magister (Faulstich 1996), und in der Entwicklung vom Legaten über den Herold bis zum Ausrufer wie in der frühen Neuzeit (Faulstich 1998, 69 ff.) zeigt sich eine lange Tradition des heutigen „Öffentlichkeitsarbeiters". Beim PR-Gestalter noch von einem Medium zu sprechen wäre jedoch falsch. Menschmedien gibt es heute nicht mehr, mit Ausnahme des Theaters. Gleichwohl erscheint es sinnvoll, charakteristische Merkmale der Menschmedien in Erinnerung zu rufen, weil sich die Handlungsrolle des PR-Gestalters ganz offensichtlich der Formen und Funktionen originärer Menschmedien bedient und von theatralischen Momenten im weitesten Sinn zentral geprägt ist. Der PR-Gestalter in seinen verschiedenen typologischen Ausformungen – nicht personal-individuell, sondern systemisch (Kap. 3.4.3) – muß von einer Wissenschaft der Öffentlichkeitsarbeit als Vielfalt medialer Funktionen dieser Handlungsrolle erfaßt werden.

Man kann nach bisherigen Beiträgen insbesondere aus den Bereichen der PR-Forschung, der Betriebspsychologie, der Sozialpsychologie und der angewandten Kommunikationswissenschaft mindestens sieben verschiedene Typen dieses menschmedialen Archetyps „PR-Gestalter" unterscheiden, die für Öffentlichkeitsarbeit allesamt funktionalisiert und teilweise professionalisiert sind. Richtet man sich nach der Skalierung von Öffentlichkeit (Kap. 2.5.6), so wären das: der Lebenspartner (in der Paarbeziehung), der systemische Partner (in einer Gruppe), der Pressereferent (z. B. einer Stadtverwaltung), der PR-Berater (z. B. einer PR-Agentur), der Lobbyist (z. B. eines Verbands), der Sprecher (z. B. eines großen Unternehmens) und der Repräsentant (z. B. einer Nation). Es handelt sich hierbei um idealtypische Varianten, die sich in manchen Fällen auch überschneiden (z. B. beim „Pressesprecher"). Sie sollen im folgenden nur kurz charakterisiert werden, um die Bandbreite und Unterschiedlichkeit zu verdeutlichen. Die Erarbeitung eines entsprechenden theoretischen Konzepts muß wohl erst von einer zukünftigen Wissenschaft der Öffentlichkeitsarbeit geleistet werden. Sonderformen wie z. B. die Mitarbeiterbefragung als Instrument der PR nach innen fallen eher unter Methoden und Strategien (Kap. 6), während z. B. die Betriebs- oder Abteilungsversammlung definitionsgemäß gerade ohne „Medien" auskommt.

## 5.1.1. Der Lebenspartner

Es mag ungewohnt erscheinen, mit dem Lebenspartner als Variante des PR-Gestalters zu beginnen, aber in mancherlei Hinsicht hat ja schon ganz allgemein der Mitmensch Medienfunktion: als Vermittler anderer Meinungen, neuer Informationen, umfassender Welteinstellungen, als Wahrnehmungsinstanz und Gegenüber für die Entwicklung eigener Positionen, als Ergänzung wie als Korrektiv, als Bereicherung, Bedrohung, Herausforderung, Anregung usw. Wesentliche Merkmale von PR-Medien lassen sich letztlich auf den Tatbestand zurückführen, daß der Mensch ein soziales Wesen ist, das heißt nur in der Interaktion mit anderen Menschen immer wieder der sein kann oder zu dem werden kann, der er ist.

Die numerisch kleinste Variante von Öffentlichkeit, als Kleinstgruppe oder Kleinstorganisation, ist die Paarbeziehung. Am Lebenspartner als menschmedialem PR-Typus lassen sich einige Grundzüge der PR speziell nach innen, das heißt gegenüber dem Partner, aber auch nach außen, das heißt des Beziehungspaars gegenüber Umweltsystemen, besonders deutlich erkennen. Das gilt vor allem bei ihrer Institutionalisierung in Form der Ehe. Interaktion zielt hier auf Homologie von drei Parametern: dem realen Rollenzustand (wie man *ist*), dem ideal-utopischen Rollenentwurf (wie man sein *will*) und der normativen Rollenvorgabe (was erwartet wird, wie man sein *soll*). Nach innen interagiert das Ego mit dem Lebenspartner, nach außen die Beziehungseinheit der beiden Lebenspartner mit ihren diversen Umweltsystemen.

Die zahlreichen Faktoren der Paarbeziehung sind bislang von den zuständigen Fachdisziplinen noch keineswegs umfassend erforscht, aber einige Momente scheinen hinlänglich deutlich (vgl. Burkart 1997). Nach innen werden in einer Paarbeziehung die Selbstbilder, Lebensentwürfe und Zielvorstellungen der beiden Lebenspartner ausgehandelt und nach bestimmten Strategien gemeinsam gelebt. Das betrifft rationale ebenso wie affektive Dimensionen, kommunikative ebenso wie Handlungsinteraktionen. In aller Regel geht die Theorie der Paarbeziehung heute von der spannungsreichen Geschlechterdifferenzierung und einer prinzipiellen hierarchischen Gleichrangigkeit oder Reziprozität der Interaktionspartner aus. Maßgeblich sind in struktureller Hinsicht bestimmte Wertmuster, Rituale, Formen der gegenseitigen Bestätigung von Zuneigung, sozial vorgegebene Legitimationsimpulse bis hin zu latenten Anpassungsprozessen und Konsensfiktionen. Streit beispielsweise erscheint dabei durchaus als Typus sozialverträglicher Konfliktaustragung, als normaler, alltäglicher und bewährter Verständigungsmodus (Westerbarkey 1993). Wie die Lebenspartner etwas aushandeln; wie sie ein Stückweit ihre Individualität aufgeben, ohne doch auf Selbstverwirklichung zu verzichten; wie sie ihre gemeinsame Wirklichkeit definieren, wie sie unterschiedliche Werte miteinander abgleichen, Handlungsspielräume ausloten und lebenspraktische Probleme lösen; wie sie das Spannungsfeld von personaler Identität und komplementärer Differenz gestalten; wie sie ihre Beziehung kritisch analysieren und kontinuierlich korrigieren; nicht zuletzt: wie sie ihren „Sinn“, ihre eigene Identität im Prozeß kontinuierlichen Wandels definieren (oder das Ende ihrer Beziehung erkennen) – all das gilt auch für Öffentlichkeitsarbeit (nach innen) bei größeren organisierten Gruppen, bei Unternehmen, Non-Profit-Organisationen, Verbänden oder Staaten, charakterisiert also grundsätzlich Öffentlichkeitsarbeit als kulturwissenschaftliche Domäne.

Die Beziehungsdynamik läßt sich vielfältig umschreiben – aus psychologischer Sicht spricht man häufig auch von Beziehungsspielen: Es gibt Lebensspiele, Ehespiele, Geschlechtsspiele, Partyspiele, Sexspiele und viele andere Arten und Formen von Spielen (z. B. Berne 1964/1984). Man kann aber für Deskription und Analyse auch die Metapher der Maske benutzen, nicht im Sinne von Verkleidung, sondern nach archaischem Vorbild: Affektive, normative und Realitätsmasken einer Paarbeziehung lenken hin auf das Wesentliche, machen Spielarten bzw. Strukturen der Beziehungsinteraktionen sichtbar, repräsentieren Leitbilder (z. B. Goldbrunner 1994). Nach der Spieltheorie sind solche psychosozialen Interaktionen nicht die Ausnahme, sondern der Normalfall. Es handelt sich dabei um komplexe Transaktionen mit einem komplementären Nutzen – beide Partner haben etwas davon. *Daß* innerhalb der Paarbeziehung und in den Interaktionen des Paars mit seinen Umweltsystemen gespielt wird, ist also selbstverständlich. Die entscheidende Frage ist jeweils nur, ob die Spiele konstruktiv sind oder destruktiv. Anders formuliert: *Daß* Masken angelegt werden, ist normal und sinnvoll. Die Frage ist nur, ob der „Maskentanz" von den Lebenspartnern harmonisch gestaltet wird und welche Einflüsse offene und heimliche Regisseure bzw. die zahllosen Umweltsysteme ausüben. Die Paarbeziehung zeigt sich hier als ein offenes soziales System: Liebe „in" Gesellschaft.

Die Paarbeziehung läßt auch bereits die mediale Fundierung der Interaktionen nach innen wie nach außen sichtbar werden, systemisch und nicht personal, handlungs- und nicht nur kommunikationsbezogen: in jedem Fall theatralisch. Mit „Theatralität" ist die gesamte Rolleninszenierung in der Partnerschaft gemeint: der Einsatz der Verbal- und der Körpersprache, der Einsatz strategischen Handelns – nach innen in der Interaktion zwischen Ego und Alter, nach außen in der Interaktion der Lebenspartner mit Eltern, Freunden, Arbeitskollegen, Nachbarn und anderen sozialen Teilsystemen (Kneipe, Verein, Religionsgemeinschaft usw.). Am Typus des Lebenspartners wird offensichtlich, daß die Interaktionen nicht vom Darstellen, sondern ganz entscheidend vom Sein, von der Beziehungsrealität bestimmt werden. Aufrichtigkeit, Offenheit, Ehrlichkeit, Zuneigung in der Kommunikation, Verläßlichkeit, Loyalität, Wertschätzung, Vertrauen im Handeln fungieren als unverzichtbare Regeln, ohne daß damit die prinzipielle Individualität der Lebenspartner in Frage gestellt wäre. „Theater spielen" heißt hier nicht „Eine Fassade aufbauen" oder „Sich verstellen". Ohne Wahrheit kommt eine dauerhafte, stabile Interaktion zwischen den Lebenspartnern nicht aus; darin besteht ihre ethische Komponente. Der Typus des Lebenspartners verdeutlicht dabei die grundsätzliche Unterschiedlichkeit von „Vertrauen" einmal als personale Kategorie in der Beziehung von Ego zum exklusiven

Lebenspartner, sodann als systemische Kategorie in den Beziehungen des Paars zur Umwelt, die gerade nicht von Ausschließlichkeit geprägt sind. Vertrauens*bruch* ist möglich innerhalb der Paarbeziehung, zwischen den Partnern, nur im übertragenen Sinn in Beziehungen zwischen dem Paar als Organisation und einem seiner Umweltsysteme.

Die Intimität der Paarbeziehung verweist wieder auf das Geheimnis als conditio sine qua non jener Öffentlichkeit, der sich die Partner nach außen darbieten. Dabei macht es im Prinzip keinen Unterschied, *wie* die Lebenspartner ihre „Gemeinsamkeit" gegenüber ihrer Umwelt gestalten – ob durch geschlossenes Auftreten, durch Übereinstimmung von Weltsicht, Denken und Verhalten, ob durch identifizierbare Selbstinszenierung etwa in Kleidung oder mindestens den Freundschafts-, Verlobungs-, Ehering. Entscheidend ist, *daß* sie es tun, entweder gewollt und reflektiert und gezielt oder unfreiwillig, bewußtlos und zufallsbestimmt. Als Kleingruppe wird ihre Identität maßgeblich auch von der Übereinstimmung oder Abweichung, von der Nähe oder Distanz zur gesellschaftlichen Umwelt bestimmt, das heißt speziell von der Einbindung in Szene oder Milieu, in das übergreifende kulturelle Orientierungssystem.

## 5.1.2. Der systemische Partner

Mit dem systemischen Partner werden die Interaktionen des Systems insbesondere nach innen angesprochen, genau wie im Falle des Lebenspartners, nur daß es sich um größere Gruppen handelt, also um ein komplexes soziales Interaktionsfeld. Das umschließt alle Arten formell oder informell organisierter Gruppen, vom Freundeskreis und dörflichen Skatklub über Sportvereine und andere Freizeitorganisationen bis hin zu weltweiten Industriekonglomeraten, hier allerdings wieder unterteilt in Organisationseinheiten, in denen Gruppen überschaubar sind und ihre Mitglieder miteinander face-to-face interagieren. „Die Gruppe als das häufigste soziale Gebilde zeigt alle ‚Abstufungen' von relativ informalen Handlungszusammenhängen bis zu hochformalisierten, organisations-ähnlichen sozialen Systemen; sie wiederholt auf der unmittelbaren Erfahrungs- und Handlungsebene der Individuen die Komplexität des Sozialen auf der gegebenen Stufe der gesellschaftlichen Entwicklung" (Schäfers 1994, 13). Zentrales Merkmal der sozialen Interaktion ist die Interdependenz, das heißt die wechselseitige Abhängigkeit der Gruppenmitglieder voneinander; es geht um Einfluß, um Austausch, um Steuerung. Naturgemäß sind die Interaktionsmuster und -regeln abhängig von der Funktion der Gruppe, von der Gruppenstruktur, vom Erfolg der Interaktionsprozesse aus Sicht des einzelnen Gruppenmitglieds, vom Organisationsgrad der Gruppe usw. Zum großen Feld der sozialen Interaktionen innerhalb von Gruppen und Organisationen hat die psychologische Forschung bislang offenbar nur wenig übergreifend gültige Befunde ermittelt. Unstrittig scheint aber die Bedeutung von Primärgruppen zu sein. Das sind Gruppen von relativer Dauer, mit einer geringen Zahl der beteiligten Personen, einer relativen Intimität unter den Beteiligten usw. Primärgruppen umfassen sowohl die Kernfamilie als auch die Clique oder Gang, die Wohngemeinschaft oder die Selbsthilfegruppe, die Schulklasse und vergleichbare Arten von Bezugsgruppen. Die Peergroup als Gruppe von Gleichaltrigen verweist dabei insbesondere auf Leitbilder, Vorbilder, Rollendifferenzierung und die wichtige Sozialisationsfunktion; „die peer-groups werden zum *zentralen Organ der Außenlenkung*" (Machwirth 1994, 261). Auch hier hat Öffentlichkeitsarbeit nach innen ihr komplementäres Pendant nach außen.

Bei größeren Gruppen werden horizontale Interaktionen in der Regel sehr viel prägender durch andere ergänzt als bei der Paarbeziehung. In der betriebspsychologischen Fachliteratur finden sich dazu Stichworte wie „Mitarbeiterinformation", „Kommunikation im Betrieb", „Informationsmanagement" oder „Organisationskommunikation". Neben *horizontalen*, das heißt hierarchisch gleichgestellten Interaktionspartnern unterscheidet man noch in vertikale und diagonale Informationswege bzw. Interaktionsrichtungen – *vertikal* heißt hierarchisch, *diagonal* heißt zwischen Partnern unterschiedlicher Ebenen verschiedener formeller Einheiten. Weitere Unterscheidungen sind die Trennung in formale oder informale Interaktion (organisationsstrukturell geregelt oder „nebenbei" und zusätzlich) und in verbale und nonverbale Interaktion. Nonverbale Interaktionsstrategien implizieren Blickkontakt, Mimik, Gestik,

Körperhaltung, Merkmale der Stimme (z. B. Lautstärke, Modulation, Sprechtempo) und das Setting der Interaktion (z. B. Abstand zwischen den Partnern, Raum, Situation, Ausschaltung von Störungen). Praktisch ausschließlich wird in der Fachliteratur *Interaktion* auf „innerbetriebliche *Kommunikation*" oder „interne Organisations*kommunikation*" reduziert – das wirkliche Handeln, das Sich-Verhalten in Tätigkeit, das Agieren wird ausgeklammert. Dieses aber gehört wie bei der Paarbeziehung auch bei der Gruppe ganz entscheidend und primär zu den nonverbalen Interaktionen: wie der eine den anderen real behandelt oder wie mit ihm selbst tatsächlich umgegangen wird. Mobbing oder faktische Ausbeutung einzelner Kollegen und Mitarbeiter oder auch strukturelle Konkurrenz von systeminternen Teilöffentlichkeiten untereinander, um nur einige Beispiele zu nennen, können die nonverbale Interaktion sehr viel stärker prägen als die genannten *Kommunikations*strategien.

Bei der verbalen Kommunikation wird numerisch meist skaliert in die Trias Einzelgespräch, Gruppengespräch und Vollversammlung/Betriebsversammlung. Maria Deibl unterscheidet für den kommerziellen Betrieb, abgesehen vom Sonderfall des Einstellungsgesprächs, nicht weniger als zehn Gesprächsarten beim Mitarbeitergespräch, die aber partiell auch auf die anderen Organisationstypen zutreffen dürften: das Instruktionsgespräch (bei der Einweisung), das Überzeugungsgespräch (zur Motivation), das Informationsgespräch (zur sachlichen Orientierung), das Entscheidungsgespräch (bei Beschlüssen), das Streitgespräch (mit dem Ziel, Konsens zu erreichen), das Klärungsgespräch (zur Beseitigung von Vorurteilen und Mißverständnissen), das „Heilungsgespräch" (zur Lösung von Problemen), das Interview (um Kenntnisse des Interviewpartners kennenzulernen), das Ideengewinnungsgespräch (zur Erarbeitung neuer Ziele und Problemlösungen) und das Führungsgespräch (Erteilung von Weisung, Kritik, Aufmunterung). Das bedeutet bereits eine Auffächerung von Zielen der Interaktion nach innen über systemische Partner. Nach Deibl (1995, 71) steht insgesamt die Betriebsversammlung als Informationsquelle an dritter Stelle (19 %) vor Werkszeitung (27 %) und Schwarzem Brett (40 %).

Speziell für kommerzielle Organisationen werden dabei im

einzelnen genannt: Führungskräfte verschiedener hierarchischer Stufen, der Leiter der Presseabteilung, der Leiter der Personalabteilung, der Redakteur der Mitarbeiter- oder Betriebszeitschrift, der Betriebsratsvorsitzende, der Redakteur der Betriebsratszeitschrift, möglicherweise auch ein spezieller organisationsinterner Kommunikationsbeauftragter. Kommunikation hat hier „von der Intention her überwiegend ‚Einbahnstraßen'-Charakter" (Winterstein 1996, 42), das heißt, Interaktion wird zumeist vom Charakter von Anweisung und Ausführung geprägt. Für Non-Profit-Organisationen müßte man ebenfalls die Führungskräfte (bei der Stadtverwaltung neben dem Bürgermeister vor allem die Dezernenten) und den Pressereferenten benennen, ansonsten aber auch weitere Funktionsträger, „Hierarchen", Vorstandsmitglieder, Peers, Opinion Leaders und dergleichen (z. B. bei Vereinen und anderen sozialen Gruppen). Je mehr Partner übrigens in den Interaktionsprozeß eingeschaltet sind, das heißt, je mehr Vermittlungsstellen oder Stufen tangiert sind, desto geringer ist die Chance, daß die Informationen unbeschädigt oder überhaupt ankommen, also die Interaktion störungsfrei verläuft. Bevorzugt wird entsprechend die sogenannte einstufige oder höchstens die zweistufig#e Kommunikation (Leitung – Führungskraft – Mitarbeiter). Solche Kommunikation ist in aller Regel nicht öffentlich, oft sogar explizit vertraulich, gestaltet aber systeminterne Öffentlichkeit maßgeblich – wieder der Hinweis auf den Zusammenhang zwischen Öffentlichkeit und Geheimnis. Umgekehrt aber gilt: Je größer und komplexer das soziale Interaktionsfeld, desto effizienter die Interaktion mit der Dezentralisierung von Kommunikations- und Handlungsprozessen, allerdings unter Einsatz anderer, insbesondere der Printmedien.

Die Bedeutung von Kommunikation zwischen systemischen Partnern darf nicht geringgeschätzt werden: Mindestens ein Drittel der Arbeitszeit von Managern in Groß-, Mittel- und Kleinbetrieben entfällt auf solche Kommunikationshandlungen, manche Zahlenangaben erreichen sogar 80 % (z. B. Deibl 1995, 72 f.; Winterstein 1996, 14). Die wichtigste formale arbeitsbezogene Kommunikationsbeziehung in einer kommerziellen und auch gemeinwohlorientierten Non-Profit-Organisation ist die zwischen Vorgesetztem und Untergebenem. Nach einer empirischen Studie von Hans Winterstein (1996) wirken sich Gespräche mit dem Vorgesetzten, persönlich oder in der Gruppe, auf alle Bereiche des Transparenzerlebens hochsignifkant positiv aus, wenn sie regelmäßig, z. B. einmal pro Woche, stattfinden.

Die Ziele bei Interaktionen über systemische Partner unterscheiden sich partiell nach Organisationstypus: Bei kommerziellen Unternehmen geht es primär um die Motivation untergebener Mitarbeiter, um deren Identifikation mit dem Betrieb, deren Arbeitszufriedenheit, um die Verbesserung des Betriebsklimas bzw. der Unternehmenskultur, schließlich auch um die „Außenwirkung" (z. B. Winterstein 1996). Dabei darf die Sekundärfunktionalisierung dieser Ziele aber nicht unterschlagen werden: Alles tendiert auf das „grundlegende Ziel der ökonomischen Effizienz" (Winterstein 1996, 27). Auch bei Non-Profit-Organisationen stehen häufig das Klima, die Mitarbeitermotivation, Konfliktbewältigung oder Organisationsprobleme im Mittelpunkt. Aber hier spielen gemäß bestimmten Organisationsformen die Mitglieder selbst und ihre vom eigenbestimmten Finalziel her vorgegebenen Interessen die wichtigste Rolle, z. B. bei Sportvereinen oder anderen sozialen Freizeitgruppierungen. Die sprichwörtlichen „Vereinsquerelen" verweisen dabei, ähnlich dem Streit in der Paarbeziehung, auf Konfliktmanagement als bevorzugtes Ziel.

Natürlich gehört die Lösung von Beziehungskonflikten, Rollenkonflikten, Zielkonflikten, Wertekonflikten oder Verteilungskonflikten in allen Organisationen zu den PR-relevanten Aufgaben. Aber Öffentlichkeitsarbeit als spezielle System-Umwelt-Interaktion erschöpft sich nicht darin; hier zeigt sich wieder die Tendenz zur Verkürzung, wie sie bereits im Falle der „Krisen-PR" erwähnt wurde. Häufig wird in der Fachliteratur auch darauf hingewiesen, daß die Ziele der internen Interaktionen bei kommerziellen und auch bei Non-Profit-Organisationen in „Durchschaubarkeit" oder „Transparenz" gipfelten, differenziert nach dem subjektiven und objektiven Informationsbedarf der verschiedenen internen Teilöffentlichkeiten. Aber es muß bewußt bleiben, daß Transparenz, begrenzt auf Kognition und Kommunikation oder gar nur Information, lediglich Teil von Strukturhomologie ist und sich keinesfalls darin bereits erschöpft. Die Mitarbeiterbefragung – standardisiert, anonym, von externen PR-Beratern durchgeführt (z. B. Schulz 1996) – ist ein wichtiges Instrument jeglicher Öffentlichkeitsarbeit nach innen, bietet jedoch einen vergleichsweise schmalen Einblick in komplexe dynamische gruppeninterne Interaktionsprozesse. Allgemeine Ratschläge und Rezepte zur Interaktionsverbesserung sind trivial und meist nutzlos, weil sie vom konkreten Kontext abstrahieren. Abstrakte Rollenmodelle sind nur begrenzt verwendungsfähig. Speziell das Führungsverhalten darf nicht einfach bestimmten Führereigenschaften zugeschrieben und daraus legitimiert werden, sondern ist abhängig ebenso von den Geführten, der Struktur der Aufgabe, der Positionsmacht des Führers in der Organisation und anderen Faktoren (z. B. Sader 1994).

### 5.1.3. Der Pressereferent

Der Pressereferent, als professioneller PR-Gestalter, ist in aller Regel spezialisiert und deckt nur einen schmalen Aufgabenbereich der Öffentlichkeitsarbeit einer Organisation ab – ganz im Gegensatz zur weitverbreiteten Gleichsetzung von Pressereferent und PR-Gestalter. Mit Recht nannte ihn Heinz Hartwig kurzerhand einen „Werbejournalisten" (1977). Der Pressereferent ist offizielles, subalternes Sprachrohr seiner Organisation, die ihn dafür in Angestelltenposition bezahlt; insofern wurde er ja als Teil der Organisation selbst charakterisiert (Kap. 3.4.3). Seine „Vermittlung" ist ganz und gar von den speziellen Organisationsinteressen bestimmt, also parteilich.

Dabei ist er allerdings häufig von einem Rollenkonflikt geprägt. Interessanterweise sehen sich viele Pressereferenten eher als „Mittler" zwischen Unternehmen oder Organisation und Öffentlichkeit, eher als Journalist und Aufklärer denn als Mitglied und Vertreter ihres Systems. Die größte Interessendivergenz wird bei kommunalen Non-Profit-Organisationen zwischen Verwaltung und Presse gesehen, das heißt in der Vermeidung von „Hofberichten". Das mag daran liegen, daß viele Pressereferenten selber Journalisten waren oder nach journalistischen Kriterien ausgebildet wurden, und in der Tat müssen sie ja professionell bestrebt sein, den Journalisten mundgerecht die Arbeit abzunehmen und damit die Chance der Penetration der Zeitung oder des Mediensystems zu vergrößern. Entsprechend wenig konfliktanfällig ist das Verhältnis zwischen Journalist und Pressereferent.

Pressereferent und Journalist sind in vielerlei Hinsicht, heute stärker als früher, aufeinander bezogene Handlungsrollen mit teils komplementären Interessen; sie sind häufig aufeinander angewiesen: Pressereferenten tragen in erheblichem Maße zu dem Nachrichten- und Materialfundus bei, aus dem die Journalisten schöpfen. Daß hier ein „gepflegter Dialog“ von beiderseitigem Nutzen ist, scheint auf der Hand zu liegen. Man darf die Interaktion zwischen Pressereferent und Journalist aber nicht als personale Interaktion mißverstehen, weil das jeweilige Individuum prinzipiell austauschbar ist und jeweils nur die systemische Anschlußstelle verkörpert; im Bedarfsfall lassen sich hier individuelle Personen problemlos auswechseln, ohne daß die Qualität der Öffentlichkeitsarbeit unbedingt davon tangiert sein muß (vgl. Kap. 3.4.3). Auf der Ebene der Printmedien wird dieser reziproke Charakter von Journalismus und professioneller Öffentlichkeitsarbeit des Pressereferenten noch einmal textbezogen anzusprechen sein (Kap. 5.2).

Spezialisiert ist der Pressereferent – von Ausnahmen abgesehen – gleich in mehrfacher Hinsicht: Erstens fungiert er als Sprachrohr überwiegend bis ausschließlich nach außen, das heißt, nach innen hat er nur wenige oder keine gestalterischen Funktionen. Zweitens bezieht er sich nicht auf Teilöffentlichkeiten, sondern praktisch exklusiv auf bestimmte Zielgruppen, speziell die Journalisten, und hier insbesondere der Presse. Und drittens ist seine Tätigkeit meist reduziert auf Information als eingleisigen und reglementierten Vorgang. In Krisenfällen wird er häufig auch als Puffer oder Prügelknabe eingesetzt. Man darf sich von den vielen hochtrabenden Bezeichnungen wie „Kommunikationsmanager“, „PR-Chef“, „Öffentlichkeitsanwalt“, „Pressedirektor“ oder „PR-Manager“ nicht täuschen lassen. Aber auch intern mitunter kursierende abwertende Bezeichnungen wie „Pressetante“ oder „PR-Fuzzi“ werden dem Aufgaben- und Kompetenzbereich des Pressereferenten nicht gerecht.

Frank Böckelmann (1991), der sich umfassend den Pressestellen in der Wirtschaft, bei Verbänden, Vereinen und anderen

Non-Profit-Organisationen sowie der öffentlichen Hand (Parlament, Regierung, Verwaltung, Gericht etc.) gewidmet hat, unterscheidet beim Pressereferenten neben der internen Arbeit im Prinzip aktive und reaktive Pressearbeit: „aktiv“ meint, daß die Initiative bei der Organisation liegt, „reaktiv“ meint die Beantwortung von Fragen von Journalisten. Klassische Instrumente des Pressereferenten sind die Pressekonferenz, das persönliche Gespräch mit Journalisten, mit diversen Opinion leaders und sonstigen Vertretern umweltrelevanter Organisationen sowie PR-Besuch und Gesprächsrunde (vgl. Kap. 6). Gelegentlich dominiert gegenüber der face-to-face-Kommunikation das Telefongespräch. Auch das Redenschreiben gehört in seinen Aufgabenkatalog. Pressemitteilung, Pressespiegel, PR-Briefe und Printmedien werden vom Pressereferenten selbstverständlich ebenfalls kontinuierlich eingesetzt (Kap. 5.2), aber im Kern fungiert der Pressereferent als Menschmedium für individuelle Multiplikatoren der Medienöffentlichkeit.

Bei *Wirtschaftsunternehmen* macht die aktive Pressearbeit etwa die Hälfte der aufgewandten Arbeitszeit aus. Eigene Produkte und Leistungen stehen dabei im Vordergrund. Nur ein kleiner Teil der Pressereferenten übernimmt hier – und nur gelegentlich – Aufgaben des Unternehmenssprechers. Pressearbeit und Öffentlichkeitsarbeit fallen überwiegend zusammen. Die Arbeit des Pressereferenten wird vor allem dann als erfolgreich eingeschätzt, wenn die Unternehmensposition objektiv in den Medien wiedergegeben wird; ferner wenn eigene Pressemitteilungen weitgehend unverändert abgedruckt werden; und schließlich wenn Pressekonferenzen das Interesse der Journalisten finden. Mehr als die Hälfte der Pressereferenten sieht sich zumindest gelegentlich im Konflikt zwischen journalistischen Aufgaben und den Aufgaben als Unternehmensvertreter.

Bei Pressereferenten von *Non-Profit-Organisationen* wie Vereinen, Gewerkschaften, Parteien, Kirchen etc. werden oft Werbung, Pressearbeit und PR aus einer Hand betrieben, aber viele Organisationen haben auch gar keine eigene Pressestelle, das heißt, PR-Funktionen werden „nebenamtlich“ von einem Mitarbeiter, etwa dem Geschäftsführer, oder von einem Vorstandsmitglied wahrgenommen. Bei großen Organisationen sind Pressestellen meist als Stabsstelle organisiert, das heißt der

Geschäftsführung als Unterabteilung eingegliedert und unmittelbar dem Vorstand unterstellt. Pressereferenten empfinden sich entsprechend häufig auch als Repräsentanten und Experten. Aktive und reaktive Pressearbeit halten sich etwa die Waage. Konkret geht es dabei vor allem um aktuelle Tätigkeiten, Vorhaben und Angebote, häufig auch um allgemeinpolitische Stellungnahmen. Das Konfliktpotential liegt hier höher als bei den kommerziellen Unternehmen, allerdings nicht hinsichtlich der Identifikation des Pressereferenten mit den eigenen Organisationszielen, sondern aufgrund des eigenen Engagements in gesellschaftspolitischer, sozialer, kultureller oder wissenschaftlicher Hinsicht. Viele Pressereferenten sind hier häufiger „Gegenstand einer Auseinandersetzung in den Medien" gewesen, das heißt, sie haben verstärkt mit Leserbriefen und Gegendarstellungen zu tun.

Die Pressereferenten der *öffentlichen Hand* schließlich, also von Behörden, Gerichten, Regierungen, Kommunalverbänden, Verwaltungen, Ämtern usw., die Böckelmann von anderen Non-Profit-Organisationen getrennt hat, akzentuieren in der Regel ebenfalls die aktive gegenüber der reaktiven oder gar internen Pressearbeit, aber man muß stärker unterscheiden: Stadtverwaltungen z. B. sind stärker aktiv als reaktiv, in Oberbehörden des Bundes dagegen wird deutlich mehr reagiert als agiert. Nach innen ist die Recherche wichtiger als die Information. Übergreifend gesehen, fallen Pressearbeit und Öffentlichkeitsarbeit auch hier häufig zusammen; überhaupt sind viele Pressestellen außerordentlich vielfältig angelegt – so kann das Aufgabenfeld des Pressereferenten einer Stadtverwaltung z. B. auch Stadtwerbung, Stadtmarketing oder kommunale Wirtschaftsförderung umfassen. Als erfolgreich wird die Pressearbeit hier eingeschätzt, wenn sich eine Verbesserung im Verhältnis von Bürger und Staat aufzeigen läßt. Es erscheint vielen Pressereferenten hier gleichwohl wichtiger, die Vertraulichkeit zu wahren, als zwischen Amt und Medien zu vermitteln. Pressereferenten übernehmen hier häufiger als anderswo „Sprecher"-funktion, das heißt, sie haben offiziösen Charakter und sehen sich entsprechend in repräsentativer Funktion, nicht als Journalist.

## 5.1.4. Der PR-Berater

Der PR-Berater ist noch stärker professionalisiert als der PR-Referent, stellt innerhalb einer Typologie des PR-Gestalters aber einen Sonderfall dar, insofern er dem System selbst nicht angehört, das heißt von außen kommt, in der Regel nur zeitlich begrenzt zur Verfügung steht, sich dabei aber übergreifend auf Öffentlichkeitsarbeit ausrichtet, nach innen wie nach außen (vgl. auch Luhmann/Fuchs 1989). Der PR-Berater wird in den vielen Fällen eingesetzt, in denen eine Organisation auf keinen eigenen professionellen PR-Gestalter zurückgreifen kann, und für größere PR-Kampagnen, die die Möglichkeiten, Kompetenzen oder Ressourcen einer Organisation übersteigen, also durchaus auch im Krisenfall. In solchen Fällen wird Öffentlichkeitsarbeit an den PR-Berater delegiert – als Auftrag für Beratung und Mithilfe bei der Gestaltung selbst.

Der PR-Berater ist Freiberufler oder Mitglied einer PR-Agentur bzw. Mitglied in einem vergleichbaren Dienstleistungsunternehmen. Häufig wird er immer noch auf den kommerziellen Bereich reduziert und dabei als Mischung aus Journalist, Graphiker, Werbekaufmann und Ghostwriter umschrieben, als „Alleskönner" oder als „Eierlegendewollmilchsau". Versachlicht wurde die Diskussion um diesen Typus von PR-Gestalter durch die Unterscheidung idealtypischer „Schlüsselqualifikationen", die allerdings nicht auf kommerzielle Unternehmen (wie bei den organisationsbezogenen PR-Theorien) oder auf Kommunikation (wie bei den gesellschaftsbezogenen PR-Theorien) eingeengt werden dürfen:

– *Ichkompetenz:* Selbstdisziplin; Neugier; Engagement; Urteilskraft und Entscheidungsfreudigkeit; Selbstsicherheit; Initiative; Weitsicht; ausgeprägte analytische Fähigkeiten; Selbstkritik; Kreativität; Innovationsfähigkeit; konzeptuelles Denken u. a.

– *Sozialkompetenz:* Offenheit; Verantwortungsbewußtsein; Toleranz und Kompromißbereitschaft; Fähigkeit zur Menschenführung; Begeisterungsfähigkeit; Teamfähigkeit; Kooperationswille; Konfliktfähigkeit; Organisationsfähigkeit u. a.

– *Kommunikationskompetenz:* Kontaktfreudigkeit, Artikulationsfähigkeit, verbale und textliche, auditive und visuelle Gestaltungsfertigkeiten; Vertrautheit mit verschiedenen Textformen, Kommunikationsformen und Medien; Einfühlungsvermögen; Verhandlungsgeschick, interkulturelle Kompetenzen u. a.

– *Sach- und Fachkompetenz:* fundierte Allgemeinbildung; wirtschaftliche, politische, juristische und gegebenenfalls andere fachliche Kenntnisse; vor allem auch Kenntnisse der Medienlandschaft und der PR-Wissenschaft; holistische Perspektive und Netzwerkdenken; Transferkompetenzen u. a.

Kein einzelner Mensch kann alle diese Anforderungen erfüllen. Die (unvollständige) Aufzählung macht aber deutlich, daß sich die Qualifikationen sowohl auf das System (Ichkompetenz) als auch auf die Umwelt (Sozialkompetenz) und die Interaktion (Kommunikations-, Sach-, Fachkompetenz) beziehen. Zugleich wird ersichtlich, daß der PR-Berater im Prinzip jeder Organisation in jedem Typus von Öffentlichkeit beratend zur Verfügung steht, auch wenn er dann oft nicht „PR-Berater" genannt wird, sondern „Therapeut" (z. B. bei der Paarbeziehung), „Krisenmanager" (z. B. bei einem Verein), „Betriebspsychologe" (z. B. im Unternehmen) „Chefideologe" (z. B. bei einer politischen Partei) oder wie auch immer. Die für PR-Berater genannten Qualifikationen gelten mehr oder weniger auch für alle anderen Typen des PR-Gestalters. Das macht wieder deutlich, daß es sich bei Öffentlichkeitsarbeit als spezieller System-Umwelt-Interaktion im Grunde um eine kulturelle Tätigkeit handelt, daß also die PR-Wissenschaft mit Recht zu den Domänen der fächerübergreifenden Kulturwissenschaft gezählt wird.

PR-Berater im engeren Sinn, insbesondere Mitglieder in der Deutschen Public-Relations-Gesellschaft (DPRG), des Deutschen Journalistenverbandes (djv), der Gesellschaft der Public-Relations-Agenturen (GPRA) und vergleichbarer Verbände, waren nach einer neueren Studie (Merten 1997) im Durchschnitt 41 Jahre alt, nur geringfügig häufiger Männer als Frauen, zu mehr als drei Vierteln Akademiker, zu zwei Dritteln in leitender Position und geprägt von relativ großer Zufriedenheit im Beruf. Sie betonten das systematische PR-Wissen und Kommunikationskompetenzen als besonders relevant, ferner die Fähigkeiten, sich schnell in eine Sache hineinzudenken sowie Texte zu schreiben. Intelligenz, Flexibilität und Belastbarkeit/

Streßresistenz galten als die wichtigsten persönlichen Eigenschaften des PR-Beraters. Nach zeitlichem Aufwand standen drei Bereiche im Vordergrund: „Texte formulieren", „persönliche Kontakte pflegen" und „Konzepte entwickeln".

Andere Studien zeichnen zum Teil ein ganz anderes Bild. Bettina Nöthe bezog bei ihrer umfassenden Arbeit zu PR-Agenturen in Deutschland (1994) auch interne PR-Abteilungen und externe Werbeagenturen und Unternehmensberatungen ein. Quantitative Angaben mußten vage bleiben; die Schätzungen schwankten zwischen einhundert und tausend PR-Beratern. Für Deutschland nahm sie jedoch mindestens zweihundert PR-Agenturen mit fünf und mehr Mitarbeitern an: eine „Wachstumsbranche". Die PR-Agentur als Dienstleistungsunternehmen arbeitet ähnlich wie die klassische Werbeagentur auf der Basis von Etats. An der Spitze der Dienstleistungsangebote stehen die klassische Presse- und Medienarbeit, Publikationen und Informationsmittel, Corporate Identity und Image-Beratung, in der langen Liste finden sich aber auch u. a. Krisen-PR, Ghostwriting, Sponsoring, Lobbying, Product Placement oder Markt- und Meinungsforschung. Deutlich wird hier die traditionelle Orientierung an kommerziellen Unternehmen und die fast exklusive Akzentuierung von Kommunikation; es geht um Käufer, Märkte und um die optimale Selbstdarstellung nach außen. Am Beispiel des Ost-Engagements vieler PR-Agenturen nach der Wende und im Kontext einer zumindest EU-weiten Internationalisierung der Geschäftstätigkeit kommt auch hier die interkulturelle Dimension von Öffentlichkeitsarbeit allmählich zum Tragen. PR-Berater von kleineren PR-Agenturen spezialisieren sich zunehmend, während sich große PR-Agenturen zu Generalisten weiterentwickeln, das heißt, der Trend zielt auf Polarisierung; die Ausdifferenzierung hat hier bereits größeren Umfang angenommen als bei allen anderen Typen des PR-Gestalters und bezieht dabei auch andere als die traditionellen Typen von Öffentlichkeit mit ein.

### 5.1.5. Der Lobbyist

Beim Lobbyisten handelt es sich um eine derart etablierte Variante des PR-Gestalters, daß man sich fragt, warum er im PR-Lexikon (Pflaum/Pieper 1989/1993) nicht einmal erwähnt wird und auch ansonsten in der deutschen Diskussion um Öffentlichkeitsarbeit kaum einer Behandlung bedürftig scheint. Das muß einen Grund haben, denn die politikwissenschaftliche Fachliteratur hat „Lobbying“ seit langem in vielen Monographien thematisiert (exemplarisch: in den USA z. B. Hayes 1981, Wittenberg/Wittenberg 1989; in Großbritannien z. B. Miller 1987, Dubs 1988; in der Schweiz z. B. Tschäni 1983; in Deutschland z. B. Strauch 1993, Fischer 1997). Der Grund liegt ohne Frage im spezifischen Charakter des Lobbying, der es mit sich bringt, daß der Lobbyist zwar Öffentlichkeitsarbeit betreibt und damit auf Öffentlichkeit zielt, gleichzeitig aber selbst die Öffentlichkeit weitgehend meidet. Das hat ihm und seiner Tätigkeit in besonderem Maße jenen Verdacht des Dubiosen, Anrüchigen eingebracht, der auch generell für Öffentlichkeitsarbeit als einer Art perfider Werbung erhoben wurde (Kap. 1.1).

Der Lobbyist ist ein Vertreter einer Interessengruppe, meist eines Verbands, dessen Interessen er direkt und im persönlichen Kontakt bei den politischen Mandatsträgern in den Willensbildungsprozeß und die Gesetzgebungsverfahren einbringt. Wohlgemerkt: Es geht nicht um einzelne Parlamentarier, also um eine Zielgruppe, sondern um die Teilöffentlichkeit der politischen Arbeitsgruppen, Kommissionen und Ausschüsse, der Ministerialbürokratie, der Parteien, der sonstigen parlamentarischen Gremien und diversen Verwaltungsformationen am Regierungssitz. Der Lobbyist lebt und arbeitet in den nationalen Hauptstädten wie Bonn bzw. Berlin oder auch in Brüssel, dem parlamentarischen Zentrum der Europäischen Union. Er muß sich in eine Lobbyliste des Bundestages eintragen und damit akkreditieren lassen. Unter dieser Voraussetzung kann er zu einer Anhörung im Bundestag zugelassen werden. Aber viele Lobbyisten sind hier gar nicht registriert, z. B. weil sie anders organisiert sind oder weniger auf den Bundestag als vielmehr auf die Ministerialverwaltung abzielen. Unter den Berliner Lobbyisten sind alle großen Industrieunternehmen wie DaimlerChrysler oder Krupp, aber auch der Mittelstand vertreten. Allein bei den Berufsorganisationen, Gewerkschaften und Verbänden nennen Schätzungen bis zu tausendsechshundert Lobbyisten, jeweils zuzüglich Sekretärin, Fahrer, Mitarbeiter. Sie reichen von der „Aktionsgemeinschaft Soziale Marktwirtschaft“ über den „Bundesverband deutscher Banken“, den „Deutschen Bauernverband“ und den „Deutschen Industrie- und Handelstag“ bis zu Umweltschutzverbänden, der „Vereinigung von Unternehmerinnen“ und dem „Zentralverband des Deutschen Handwerks“ (um nur einige zu nennen). In Brüssel sollen mittlerweile weit über dreitausend Lobbyisten arbeiten, Tendenz steigend, darunter auch viele unabhängige „Lobby-Consultants“, die jeder gegen Bezahlung anheuern kann.

Da es sich beim Lobbyisten fast ausnahmslos um ein Menschmedium für ökonomische Interessen handelt, kann man die System-Umwelt-Interaktion hier charakterisieren als Strategie, übergreifende Interessen primär kommerzieller Natur gegenüber politischer Macht durchzusetzen oder zu sichern. Im pr-magazin (3/1991, 13 f.) wurden dazu die wichtigsten fünf Aufgabengebiete benannt:

1. mit dem Bund direkt Geschäfte zu machen, das heißt an die lukrativen Bundesaufträge in einem Umfang von jährlich über 100 Milliarden Mark heranzukommen. Das reicht von den gewaltigen Aufträgen des Verteidigungsministeriums an die Waffenindustrie bis zur Versorgung der Bürokratie mit Verwaltungsmaterial.

2. Subventionen wollen ergattert werden. Dabei geht es vor allem um lukrative Forschungsaufträge bei der Entwicklung neuer industrieller Produkte und Verfahren, neuerdings aber immer stärker auch um Maßnahmen zur Arbeitsplatzsicherung.

3. Exportgeschäfte sollen abgesichert werden. Kontakte speziell mit dem Bundesministerium für wirtschaftliche Zusammenarbeit sollen Investitionen im Ausland ermöglichen, durch Mischfinanzierung oder durch Bundesgarantien, speziell bei Dritte-Welt-Ländern.

4. Bürokratische Dienstleistungen sollen übernommen werden. Speziell exportorientierte Unternehmen bedürfen für das Auslandsgeschäft zahlreicher Visa, Beglaubigungen, Genehmigungen und sonstiger Dokumente – eine zeitaufwendige und kostenträchtige Prozedur.

5. Die Politiker sollen im Sinne der Interessenverbände und Industrieunternehmen beraten und beeinflußt werden. Potenti-

ell „gefährliche" oder irgendwie „bedrohliche" politische Vorhaben sollen schon frühzeitig erkannt und möglichst unterbunden oder in ihren Auswirkungen begrenzt oder verzögert werden.

Intensiver persönlicher Kontakt, die personale Nähe zu Entscheidungsträgern, sachverständiges fundiertes Expertenwissen, möglichst frühzeitiges Erahnen von Trends, parteipolitische Neutralität, Diskretion – mit solchen und ähnlichen Momenten zielt der Lobbyist auf Einflußnahme im politischen Netzwerk quasi „hinter den Kulissen", in der Regel ohne daß viel Geld fließt oder sonstige Gefälligkeiten erwiesen werden. Der Lobbyist sucht aber auch ähnlich wie der Pressereferent das Zusammenspiel mit den Journalisten, um seine spezifischen Organisationsinteressen und verbandspolitischen Forderungen möglichst so gezielt in die Öffentlichkeit zu tragen, also auf die Agenda der Massenmedien zu setzen, daß ein positives Echo erreicht und Druck auf Regierung und Parlament ausgeübt wird.

Die Politiker und die Mitglieder der Ministerialbürokratie, sachlich und fachlich naturgemäß meist nicht kompetent, haben deshalb auch ihrerseits einen gewissen Bedarf an Lobbyisten: Im Vorfeld politischer Entscheidungen sind sie auf Sachverstand und Expertenwissen, selbst wenn einseitig und parteilich dargestellt, und nicht zuletzt auf Positionsbestimmungen der betroffenen Interessengruppen angewiesen, um Fehler und unerwünschte negative Auswirkungen zu vermeiden; um vorzeitig zu sehen, mit welchen Widerständen der Branche zu rechnen ist; um schon in frühem Stadium Fragen zu klären und Ängste und Vorurteile abzubauen; kurz: um ihr Hauptziel nicht zu gefährden, Konsens widerstreitender Interessen herbeizuführen, bei den Bürgern auf Akzeptanz und Zustimmung zu stoßen und letztlich wiedergewählt zu werden. Westliche Demokratien werden ganz offensichtlich nicht nur durch den Willen politischer Parteien bestimmt, sondern ganz erheblich auch durch organisierte wirtschaftliche Interessen, personalisiert im Lobbyisten. Die quasi institutionalisierte Verflechtung wirtschaftlicher und politischer Interessen, die der Lobbyist darstellt bzw. befördert (Stichwort „Filzokratie"), hat denn auch immer wieder Anlaß zur Frage gegeben, wer denn nun eigentlich noch die Interessen der Wähler und das Gesamtwohl im

Auge habe, weil die Kontrolle über diese spezielle Öffentlichkeitsarbeit fehlt. „Konsens“ erhält hier eine eher negative Schattierung, wenn man bedenkt, wer alles keine Lobby aufweisen kann. Ob sich Exekutive und Legislative tatsächlich in eine mehr oder weniger ausgeprägte Abhängigkeit vom Lobbyisten begeben müssen, ließe sich nur für kapitalistische Gesellschaften zwingend begründen. Der Gemeinwohlcharakter vieler Verbände jedenfalls ist fragwürdiger, als manche Beiträge (vgl. etwa Weber 1977; Alemann 1987; Maynth 1992; Streeck 1994) einräumen. Der Lobbyist als menschmedialer Typus des PR-Gestalters hat mit seiner größtmöglichen Nähe zur politischen Macht immerhin auch die größte gesellschaftliche Prägekraft und Reichweite gegenüber allen anderen Varianten.

### 5.1.6. Der Sprecher

Der Typus des Pressesprechers überlappt sich gelegentlich mit dem Typus des Pressereferenten, erstreckt sich aber nicht nur oder vorrangig auf den Kontakt zur Presse, sondern bezieht auch die Interaktion mit anderen Teilöffentlichkeiten ein – mit den Bürgern der Stadt im Fall einer als Dienstleistungsunternehmen verstandenen Stadtverwaltung; mit den Anwohnern eines kommerziellen Unternehmens etwa der Chemiebranche; mit einer Bürgerinitiative wie im Falle der Atomindustrie usw. Pressereferenten sehen das allerdings gerne anders: Demnach müsse der Sprecher nur verlautbaren, was andernorts entschieden worden ist, während der Pressereferent ein „Mittler“ zwischen Unternehmen und Öffentlichkeit sei.

Der entscheidende Unterschied zwischen dem Sprecher und dem Referenten ist hierarchischer Natur. Der Sprecher ist nicht eigentlich ein weisungsabhängiges Sprachrohr, sondern interagiert mehr oder weniger eigenständig im Sinne der Organisationsleitung oder gesamten Gruppe. Insofern ist der klassische „Pressesprecher“ oder Pressereferent idealtypisch vom Sprecher einer Organisation dann abzugrenzen, wenn er seine Organisation gleichsam „personifiziert“. Das reicht vom männlichen Partner, der in der Paarbeziehung häufig nach außen „den Ton angibt“, oder dem Vorstandsvorsitzenden des lokalen Tennisvereins über die Opinion Leaders in den diversen Gruppen oder das für Öffentlichkeitsarbeit zuständige Vorstandsmitglied eines Verbands bis hin zum Sprecher z. B. der Deutschen Bischofskonferenz, einer politischen Partei, der Bundesregierung oder einer multinationalen Organisation wie der Nato oder UNO. Der „Sprecher" ist hier Teil der Organisationsleitung, häufig ein „primus inter pares". Der Sprecher charakterisiert sich gegenüber dem Pressereferenten also vor allem durch einen höheren Freiheitsgrad, erhöhte Entscheidungskompetenz, größere Verantwortlichkeit und einen entsprechend höheren Autoritätsanspruch.

Klassisches Instrument der Öffentlichkeitsarbeit des Sprechers ist das Statement bzw. das Interview. Während das Statement im wesentlichen knapp Stellung zu einem Ereignis bezieht und der Sprecher Nachfragen dazu im Sinne der Grundposition eigenständig beantwortet, sind Interviews anspruchsvoller bzw. riskanter, weil zwar die Richtung des Gesprächs vorab festgelegt werden kann, nicht aber die Fragen im einzelnen und deren Verlauf. Beim Interview sind vielmehr Überraschungen seitens des Fragenden beliebt, so daß gewisse Unwägbarkeiten unvermeidlich sind, andererseits aber auch die Chance zu spontaner Klärung von Problemen eröffnet wird, die vorher überhaupt oder in dieser Form gar nicht bekannt waren.

### 5.1.7. Der Repräsentant

Eine weitere Variante des PR-Gestalters ist der Repräsentant. Bettina Upmeier schrieb, jeder Mitarbeiter sei ein Repräsentant seines Unternehmens (1995). Das ist hier nicht gemeint. Zu den Repräsentanten gehört vielmehr nur der auf bestimmte Weise und auf bestimmte Zeit oder zu einem bestimmten Anlaß als solcher offiziell ausgewiesene Vertreter einer Organisation.

Repräsentanten gibt es in einer großen Bandbreite an Formen und Funktionen. Bei Non-Profit-Organisationen ist die Repräsentation durch ein Vorstandsmitglied häufig eine der wichtigsten Funktionen der Organisation, wobei der Pressereferent vorbereitet und zuarbeitet. Bei Organisationen der öffentlichen Hand dominiert klar das Selbstverständnis der Pressereferenten als Repräsentanten ihres Amtes, ihrer Behörde, ihres Systems. Auch Lobbyisten haben Repräsentationsfunktionen, sind aber heutzutage weniger „Frühstücksdirektoren" und „Partylöwen" als früher. In vielen Fällen erfüllt der Repräsentant eine werbende Ehrenaufgabe – z. B. die „Weinkönigin" für Badischen Wein, die „Heidekönigin" für die Lüneburger Heide als Urlaubsgebiet, ein Sportlerstar für ein drogenfreies Leben oder ein Filmstar als UNESCO-Vertreter für die Belange von Kindern. In anderen Fällen ist der Repräsentant Statthalter für bestimmte Interessengruppen oder Perspektiven bzw. hat offiziellen Beobachterstatus. Die „Gremienfrau" ist geradezu sprichwörtlich geworden, aber das gilt auch z. B. für die Vertretung der sogenannten „gesellschaftlich relevanten Gruppen" in bestimmten Aufsichtsorganen oder themenabhängig für bestimmte „Parteien" etwa in Talkshows oder bei Podiumsdiskussionen, auf die nicht verzichtet werden kann, wenn sich der Veranstalter nicht von vornherein dem Vorwurf der manipulativen Verzerrung aussetzen will.

Während der Lebenspartner den PR-Gestalter der kleinsten sozialen Organisation darstellt, der Paarbeziehung, steht der Repräsentant häufig am anderen Ende der Skala: Er ist PR-Gestalter eines ganzen Landes, eines Staatenverbundes, einer globalen Organisation. Exemplarisch sei hier für Deutschland der Bundespräsident genannt. Vergleichbare Bedeutung haben jedoch auch die Diplomaten, Botschafter und Gesandten, mit denen jedes Land im Ausland vertreten ist. Die politische Öffentlichkeitsarbeit etwa der Bundesrepublik, organisiert vom Presse- und Informationsamt der Bundesregierung, zielt auf „die deutsche Selbstdarstellung im Ausland, um deutsche Politik und ihre Ziele begreifbar zu machen, ein umfassendes und wirklichkeitsgetreues Deutschlandbild zu vermitteln, verzerrenden Perzeptionen auch vorbeugend entgegenzutreten und in den Zielländern freundliche Beziehungen und Zusammenarbeit zu suchen" (Mahle 1995, 35). Dazu werden international operierende Werbe- und PR-Agenturen eingesetzt. Das Konzept – Benno Signitzer spricht von „public diplomacy", andere nennen es „diplomatische Öffentlichkeitsarbeit" oder „auswärtige Kulturpolitik" (Signitzer 1993) – geht neuerdings von der traditionellen Breiten- und Massenorientierung und den bisher bevorzugten Printmedien sowie dem Film ab und stellt statt dessen verstärkt die personale Interaktion mit herausgehobenen Einzelpersonen als Multiplikatoren ins Zentrum (Besucherprogramm, VIP-Ansprechpartner, Auslandskorrespondenten, Kontaktpflege). Entsprechend bedient man sich instrumentell insbesondere auch der Kultur- und Presseattachés der Botschaften in anderen Ländern.

Die Geschichte generell der Diplomatie muß als Teil einer allgemeinen Geschichte der Öffentlichkeitsarbeit (von Staaten) verstanden werden. „Imagepflege“ auf der Ebene der „Weltöffentlichkeit“ bedeutet „auch die Kunst des Tarnens und Täuschens“ (Kunczik 1990, 1). Staatlich initiierte und gestaltete internationale Interaktionen bedienen sich ähnlicher Strategien wie bei wirtschaftlich motivierten Interaktionen auf globaler Ebene. Der Diplomat als politischer Repräsentant und Interessenvertreter seines Landes ist dem primär kommerziellen Lobbyisten im Prinzip durchaus vergleichbar – ganz abgesehen davon, daß beide oft miteinander verwoben sind. Michael Kunczik (1990) hat dazu bereits eine Fülle von Material zusammengetragen. Diplomatie war seit jeher ein „Instrumentarium außenpolitischer Öffentlichkeitsarbeit“ (Hoffmann 1991, vgl. auch Hartmann 1988, Pitterle 1995; Faulstich 1998 u. v. a.), auch wenn man es früher nicht so genannt hat. Politisches Handeln hat schon seit jeher vielfach Show-Charakter innegehabt, nur daß die Unterschiede zwischen dem Politiker und dem Diplomaten hinsichtlich ihrer Funktion als Repräsenten des Staates offenbar zunehmend schwinden.

## Literatur

Alemann, Ulrich von: Organisierte Interessen in der Bundesrepublik. Opladen 1987.

Bentele, Günter und Peter Szyszka (Hrsg.): PR-Ausbildung in Deutschland. Entwicklung, Bestandsaufnahme und Perspektiven. Opladen 1995.

Berne, Eric: Spiele der Erwachsenen. Psychologie der menschlichen Beziehungen. (orig. 1964) Reinbek 1984.

Böckelmann, Frank: Pressestellen in der Wirtschaft (Pressestellen I). 2. Auflage München 1991.

Böckelmann, Frank: Die Pressearbeit der Organisationen (Pressestellen II). München 1991.
Böckelmann, Frank: Pressestellen der öffentlichen Hand (Pressestellen III). München 1991.
Burkart, Gunter: Lebensphasen – Liebesphasen. Vom Paar zur Ehe, zum Single und zurück? Opladen 1997.
Deibl, Maria: Kommunikation im Betrieb. Wien 1995.
Deters, Jürgen und Carsten Winter (Hrsg.): Karriere in der Medienbranche. Anforderungen, Schlüsselqualifikationen, Ausbildungssituation. Frankfurt 1997.
Dubs, Alf: Lobbying. An insider's guide to the parliamentary process. London 1988.
Faulstich, Werner: Die Geschichte der Medien, Bd. 1: Das Medium als Kult. Göttingen 1997; Bd. 2: Medien und Öffentlichkeiten im Mittelalter. Göttingen 1996; Bd. 3: Medien zwischen Herrschaft und Revolte. Göttingen 1998.
Faulstich, Werner: Grundwissen Medien. 4. Aufl. München 2000.
Fischer, Clemens: Lobbying und Kommunikation in der Europäischen Union. Berlin 1997.
Goldbrunner, Hans: Masken der Partnerschaft. Wie Paare ihre Wirklichkeit konstruieren. Mainz 1994.
Hackenbroch, Rolf: Verbände und Massenmedien. Öffentlichkeitsarbeit und ihre Resonanz in den Medien. Wiesbaden 1998.
Hartmann, Ulrike: Öffentliche Diplomatie. Diss. Univ. Salzburg 1988.
Hartwig, Heinz: Die Kunst zu informieren. Werbe- und PR-Journalistik. München 1977.
Hayes, Michael T.: Lobbyists and legislators. A theory of political markets. New Brunswick 1981.
Hoffmann, Johannes J.: Public Relations in internationalen Beziehungen. In: Publizistik, 36. Jg. (1991), S. 454–480.
Koschwitz, Hansjürgen: Massenmedien im Zeitalter der „öffentlichen Diplomatie". In: Stimme der Zeit 203 (1985), S. 50–61.
Kunczik, Michael: Die manipulierte Meinung. Nationale Image-Politik und internationale Public Relations. Köln, Wien 1990.
Lobbying: Der Bonner Markt. In: pr-magazin, 22. Jg. (1991), Nr. 3, S. 10–17.
Luhmann, Niklas und Peter Fuchs: Kommunikationssperren in der Unternehmensberatung. In: Diess., Reden und Schweigen. Frankfurt/Main 1989, S. 209–227.

Machwirth, Eckart: Die Gleichaltrigengruppe (peer-group) der Kinder und Jugendlichen. In: Bernhard Schäfers (Hrsg.), Einführung in die Gruppensoziologie. 2. Aufl. Heidelberg, Wiesbaden 1994, S. 248–268.

Mahle, Walter A. (Hrsg.): Deutschland in der internationalen Kommunikation. Konstanz 1995.

Maynth, Renate (Hrsg.): Verbände zwischen Mitgliederinteressen und Gemeinwohl. Gütersloh 1992.

Merten, Klaus: Das Berufsbild von PR – Anforderungsprofile und Trends. Ergebnisse einer Studie. In: Bernd-Jürgen Martini (Hrsg.), Handbuch PR. Neuwied 1994, Loseblattsammlung (Lieferung März 1997), S. 1–23.

Miller, Charles: Lobbying government. Understanding and influencing the corridors of power. Oxford 1987.

Nickel, Ulrike: Lobbying – der Einfluß der Interessen. In: Handbuch PR, hrsg. von Bernd-Jürgen Martini. Neuwied 1994, Loseblattsammlung (Juli 1998), S. 1–9.

Nöthe, Bettina: PR-Agenturen in der Bundesrepublik Deutschland. Bestandsaufnahme und Perspektiven. Münster 1994.

Noll, Nathalie: Gestaltungsperspektiven interner Kommunikation. Wiesbaden 1996.

Pitterle, Elisabeth: Außenpolitische Öffentlichkeitsarbeit. Diss. Univ. Salzburg 1995.

Sader, Manfred: Psychologie der Gruppe. 4. Aufl. Weinheim, München 1994.

Schäfers, Bernhard (Hrsg.): Einführung in die Gruppensoziologie. Geschichte, Theorien, Analysen. 2. Aufl. Heidelberg, Wiesbaden 1994.

Schulz, Rüdiger: Mitarbeiterbefragungen. In: Bernd-Jürgen Martini (Hrsg.), Handbuch PR, Loseblattsammlung, 2. Auflage Neuwied 1994 (hier: Nov. 1996), S. 1–26.

Signitzer, Benno: Anmerkungen zur Begriffs- und Funktionswelt von Public Diplomacy. In: Wolfgang Armbrecht, Horst Avenarius und Ulf Zabel (Hrsg.), Image und PR. Kann Image Gegenstand einer Public Relations-Wissenschaft sein? Opladen 1993, S. 199–211.

Strauch, Manfred (Hrsg.): Lobbying. Wirtschaft und Politik im Wechselspiel. Frankfurt 1993.

Streeck, Wolfgang (Hrsg.): Staat und Verbände. Politische Vierteljahrsschrift, 35. Jg. (1994), Sonderheft 25.

Tschäni, Hans: Wer regiert die Schweiz? Der Einfluß von Lobby und Verbänden. Zürich 1983.

Upmeier, Bettina: Öffentlichkeitsarbeit und vernetztes Unternehmenskommunikationskonzept. In: Michael Sänger (Hrsg.), Kommunikation als Erfolgsfaktor. Managen heißt Kommunizieren. Bonn 1995, S. 45–54.

Weber, Jürgen: Die Interessengruppen im politischen System der Bundesrepublik Deutschland. Stuttgart 1977.

Westerbarkey, Joachim: Streit – Zur Theorie sozialverträglicher Konfliktaustragung. Eine Alltagstheorie. In: Günter Bentele und Manfred Rühl (Hrsg.), Theorien öffentlicher Kommunikation. München 1993, S. 228–237.

Winterstein, Hans: Mitarbeiterinformation. Informationsmaßnahmen und erlebte Transparenz in Organisationen. München, Mering 1996.

Wittenberg, Ernest und Elisbath Wittenberg: How to win in Washington. Very practical advice about lobbying, the grassroots, and the media. Cambridge, MA 1989.

## 5.2. Die Druckmedien

Für Öffentlichkeitsarbeit insgesamt scheint die Rolle des PR-Gestalters in ihren menschmedialen Versionen immer noch das vergleichsweise wichtigste Instrument zu sein, obwohl die Druckmedien von der kommunikations-, der publizistikwissenschaftlichen und der PR-Fachliteratur fast ausnahmslos in den Mittelpunkt gestellt werden. Das hat verschiedene Ursachen, insbesondere die nach wie vor bestehende Dominanz der „Macher"- oder Kommunikator-Perspektive, die Konzentration auf kommerzielle Unternehmen, die häufige Einengung von Interaktion auf Kommunikation, die Auffassung von Öffentlichkeit als primär politische Öffentlichkeit und als Medienforum, schließlich die immer noch überwiegende Gleichsetzung des PR-Gestalters mit dem Beruf des Journalisten.

In den neunziger Jahren wurde deshalb verstärkt auch das Verhältnis von Journalismus und Public Relations thematisiert. Dabei haben sich zwei verschiedene Hypothesen herausgebildet, die man schlagwortartig als die Determinationshypothese und die Intereffikationshypothese bezeichnet hat. Die *Determinationshypothese* bezieht sich auf die Einsicht, daß Journalisten von Presse, Hörfunk und Fernsehen sich nach ihrem eigenen Rollen-Selbstverständnis zwar als mehr oder weniger freie Urheber von Medieninhalten begreifen, sich bei ihrer Arbeit aber bestimmter Quellen bedienen; das gilt insbesondere auch für die wichtigen Nachrichtenagenturen. Untersuchungen von Barbara Baerns und vielen anderen (vgl. den Überblick etwa bei Schweda/Opherden 1995) haben nachgewiesen, daß diese Quellennutzung in einem quantifizierbaren Ausmaß die Nachrichtenberichterstattung beeinflußt. Die virtuos und sorgfältig aufbereitete PR-Information speziell kommerzieller Unternehmen und mächtiger Interessenverbände wird an die Medien bzw. Journalisten weitergeleitet, so daß diese Öffentlichkeitsarbeit die Leistungen tagesaktueller Medien extrem stark determiniert. Je besser das PR-Material journalistisch, das heißt gemäß dem Bedarf der Medien, aufbereitet ist, desto häufiger wird es „gecovert", das heißt übernommen. Das bedeutet, „daß Themen, welche die Öffentlichkeitsarbeit schwergewichtig behandelt, auch von den Medien schwergewichtig behandelt werden und daß Themen, welche die PR-Leute am Rande behandeln, auch von den Medien am Rande behandelt werden. Mit anderen Worten: Das Mediensystem übernimmt das von den PR vorgegebene Themenangebot – auch in seiner Gewichtung – praktisch unverändert." (Grossenbacher 1986) In einer immer noch anschwellenden Informationsflut ziehen sich die Journalisten in der Praxis offenbar immer mehr darauf zurück, aus den eingehenden PR-Nachrichten auszuwählen (Selektion), allzu positive Wertungen herauszustreichen (Neutralisierung) und die Texte zu kürzen (Verdichtung), um sie dann in Auflage und Reichweite umzusetzen. Eigene Recherche, aber auch Kommentierung und Kritik scheinen hier zunehmend die Ausnahme zu sein. Die journalistische Leistung in den Medien ist also oft nichts weiter als die Leistung der PR-Gestalter. Barbara Baerns hat am Beispiel lokaler Zeitungen den Grad der Abhängigkeit auf rund zwei Drittel bemessen: „In der Tagespresse stellten Pressemitteilungen und Pressekonferenzen insgesamt 64 %, in Fernsehsendungen 63 %, in Hörfunksendungen 61 % der themenleitenden Primärquellen." (Baerns 1985, 87) Eine Kontrolluntersuchung, anhand von überregionalen Tageszeitungen, ergab demgegenüber den Wert 26 %, wobei die Quellen von den Journalisten durchweg nachrecherchiert worden waren (Zaszcynski 1994). Andere Ergebnisse liegen noch niedriger, teils aber auch noch höher bis zu 80 % (Baerns 1982). Die „Determination" hängt offenbar ganz entscheidend ab vom jeweiligen Untersuchungsthema, von der Art der Meinungsträger und von der Methode der Untersuchung.

Deshalb ist man inzwischen „von der unilinearen Kausalisierung zur strukturellen Kopplung" übergangen (Löffelholz 1997). Strukturelle Kopplung heißt im Kern, daß Journalisten regelmäßig PR-Mitteilungen erhalten und sie je nach Medientyp, Ressort und vertikaler Rollendifferenzierung unterschiedlich bewerten und nutzen. Nach Martin Löffelholz (1995) stehen über die Hälfte aller deutschen Journalisten der Öffentlichkeitsarbeit positiv-aufgeschlossen gegenüber, finden Pressemitteilungen meist zuverlässig, gut aufbereitet, notwendig, anregend für neue Themen, zeitsparend, und viele davon nehmen PR ausdrücklich in Schutz gegenüber Skeptikern (19,4 %) und Kritikern (25,5 %), die es ebenfalls gibt, das heißt, „daß Öffentlichkeitsarbeit keineswegs pauschal mit *dem* Journalismus gekoppelt ist". Die Medien sind also nicht komplett einseitig abhängig von PR: „Die Medien sind auf den Input der Öffentlichkeitsarbeit ebenso angewiesen wie diese auf die Publikationsleistung der Medien angewiesen ist. PR-Schaffende müssen, um ihr Ziel zu erreichen, sich den Nachrichtenwerten und der Produktionsroutine der Journalisten anpassen und diese antizipieren. Journalisten honorieren solches Wohlverhalten mit zurückhaltender Transformation der PR-vermittelten Informationen" (Grossenbacher 1986, 730). Journalismus und PR sind demnach aufeinander angewiesen – das behauptet die *Intereffikationshypothese* (Bentele et al. 1995): einen gegenseitigen Einfluß, eine gegenseitige Orientierung, eine gegenseitige Abhängigkeit voneinander (efficare: etwas ermöglichen). Zwischen den beiden autonomen Teilsystemen Journalismus und Öffentlichkeitsarbeit gibt es demnach komplexe Adaptions- und Induktionsprozesse. Allerdings darf man Öffentlichkeitsarbeit im kulturwissenschaftlichen Sinn, als eine spezielle System-Umwelt-Interaktion, nicht wie hier als „autonomes Teilsystem" analog zu Journalismus oder Werbung mißverstehen. Selbstverständlich ist Journalismus möglich ohne PR, und PR gab es schon lange vor der Entstehung der Berufsrolle des Journalisten. Die heutige Verquickung von einer Mehrzahl der Journalisten mit vielen professionellen PR-Gestaltern, also auf der Ebene der Berufsrollen, ist unbestreitbar, aber sie indiziert einen Zwang, eine strukturelle Abhängigkeit nur unter kapitalistischer Provenienz. Ansonsten besagt sie lediglich, daß die Öffentlichkeitsarbeit ökonomisch oder politisch mächtiger Systeme ein Mediensystem erfolgreich penetrieren konnte bzw. daß der Journalismus hier die eigenständige Recherche mit interessenspezifischem Input ersetzt hat. Ob also Determination oder Intereffikation: Beide Hypothesen reduzieren – irreführenderweise – „System" implizit auf kommerzielle Unternehmung, „Umwelt" auf Medienöffentlichkeit und „Interaktion" auf *professionelle* PR-Gestaltung. Weder kann es jedoch darum gehen, Öffentlichkeitsarbeit zu diffamieren oder zu legitimieren, noch darum, den Journalismus zu retten oder anzuklagen. Medien haben für Öffentlichkeitsarbeit *umfassend* Bedeutung vor allem als *Instrumental*medien und nur begrenzt als *Ziel*medien im

Sinne eines „Medien-Marketing“ (Horst Avenarius), auch wenn in der Regel der genau gegenteilige Eindruck erweckt wird.

Dieser funktionale Charakter der Druckmedien für Öffentlichkeitsarbeit bemißt sich naturgemäß nach der konkreten Organisation, der jeweils anzusprechenden Teilöffentlichkeit und der jeweils dominanten Funktion. Eine Bürgerinitiative, die eine lokale Marktplatzöffentlichkeit erreichen will, bedient sich ganz anderer Druckmedien als eine Universität, die ihre ehemaligen Studierenden ansprechen will; ein kommerzielles Unternehmen, das sich auf seine Zulieferer bezieht, setzt andere Medien ein als der Sportverein, der seine Mitglieder informiert; das Museum, das sich um Sponsoren bemüht, wiederum andere als der Motorradclub, dem es um den internen Gruppenzusammenhalt geht, als die überregionale Bank, die ihre Leistungen für Großanleger attraktiv machen will, der Buchverlag mit Blick auf Literaturkritiker oder die katholische Kirche, die junge Leute anzusprechen sucht.

Ein knapper Überblick über neun verschiedene Schreib-, Gestaltungs- und Druckmedien kann hier nur die Bandbreite des Instrumentariums andeuten, das für Öffentlichkeitsarbeit prinzipiell zur Verfügung steht: 1. die Zeitung, 2. das Schwarze Brett, 3. die Zeitschrift, 4. das Plakat, 5. das Blatt/Flugblatt, 6. der Prospekt bzw. die Broschüre oder das Heft, 7. der Brief, 8. das Buch und schließlich 9. der Aufkleber, der Button und verwandte Medien.

## 5.2.1. Die Zeitung

Die Zeitung oder „Presse“ wird in den Debatten um Öffentlichkeitsarbeit fast ausschließlich als Zielmedium thematisiert. Das gilt nicht zuletzt auch für spezielle Image-Anzeigen, die eher der Werbung zuzurechnen sind als der Öffentlichkeitsarbeit (z. B. Sportler gegen Drogen, das Gesundheitsministerium für Kondome und gegen Aids, ein kommerzielles Unternehmen im Falle einer Krise oder Einzelpersonen für bestimmte politische oder moralische Werte). Dazu gehört übrigens auch die Pressebeobachtung und Dokumentation, in der Regel mit Hilfe eines Ausschnittdienstes; jede Organisation sollte daran interessiert sein zu erfahren und zu verfolgen, welches Image sie in der

Medienöffentlichkeit hat. Insbesondere wer umfassend die Medienöffentlichkeit anspricht und auf eine nüchterne Erfolgskontrolle Wert legt, kann dabei auf ein hauseigenes Archiv mit kontinuierlich und systematisch gesammelten Zeitungsausschnitten, quantitativ wie qualitativ ausgewertet, nicht verzichten.

Aber als Instrumentalmedium spielt die Zeitung in der Öffentlichkeitsarbeit nur eine sehr geringe Rolle. Wenn überhaupt von der Zeitung als Werkzeug der Öffentlichkeitsarbeit gesprochen wird, meint man meist die Zeitschrift (auch wenn sie z. B. „Werkszeitung" heißt), die dann etwa wöchentlich erscheint (Kap. 5.2.3). Die katholische Kirche hat viele Jahre lang versucht, mit der Sonntagszeitung „Bild-Post"/„Neue Bild-Post" der „Bild-Zeitung" ein interessespezifisches PR-Publikationsorgan entgegenzusetzen. Überwiegend ist die Zeitung aber ein PR-Instrument nur zu besonderen, meist einmaligen Anlässen. Dabei kann es sich um eine Sonderveröffentlichung oder Sonderbeilage in der lokalen oder regionalen Tageszeitung handeln, etwa zu einem Jubiläum eines Sportvereins, zu einer besonderen Stiftung eines Unternehmens, zu einem „runden" Geburtstag einer Stadt, zu einem nationalen Gedächtnistag, usw. Es kann aber auch eine eigens und einmalig produzierte „Festival"- oder „Kongreß-Zeitung" sein, etwa anläßlich von Veranstaltungen wie dem Deutschen Katholikentag, der Buchmesse oder einem internationalen viertägigen Symposium zum Thema „Hunger in der Dritten Welt". In kleineren Teilöffentlichkeiten hat diese Nutzung der Zeitung eine lange Tradition – man denke nur an die Dorfzeitung zum jährlichen Schützenfest oder an die Hochzeitszeitung anläßlich der Vermählung eines jungen Paares. Über Formen, Funktionen, Stellenwert und Resonanz dieses Medieneinsatzes für die Öffentlichkeitsarbeit der jeweiligen Organisation ist in der bisherigen Fachliteratur praktisch nichts zu lesen. Auch hier liegt offenbar ein großes Forschungsdefizit vor.

Ansonsten lassen neuere Entwicklungen lediglich erahnen, welches Potential der Zeitung als PR-Instrumentalmedium zukommen könnte oder in absehbarer Zeit zukommen wird. Erinnert sei nur an Versuche wie den der Deutschen Bahn, die ICE-Fahrgäste der 1. Klasse spätnachmittags mit eigens in den Zügen gedruckten hochaktuellen Zeitungen zu versorgen und damit ein entsprechendes Image des Unternehmens bei dieser speziellen Teilöffentlichkeit zu generieren; oder auch an die „elektronische Zeitung“ oder „Bildschirmzeitung“, die das Medium Zeitung nicht mehr als Massenmedium, sondern als „persönliche Zeitung“ in den Dienst der jeweiligen Organisation stellt. Es ist längst noch nicht ausgemacht, ob die Zeitung tatsächlich – etwa aus Kostengründen – für Öffentlichkeitsarbeit in aller Regel nur indirekt nutzbar ist, nämlich über die Redakteure. Bei den digitalen Medien bieten sich in der Tat ganz andere Möglichkeiten als bei der Zeitung als Druckmedium (vgl. Kap. 5.4).

## 5.2.2. Das Schwarze Brett

Die „Zeitung“ für die Öffentlichkeitsarbeit nach innen ist zunächst einmal das Schwarze Brett – gleichsam die Wandzeitung (Anschlag, Bekanntmachungstafel, Informationswand etc.). Große Unternehmen nutzen das Medium auch in Form einer hauseigenen oder Betriebszeitung, die allerdings in der Regel wöchentlich statt täglich erscheint (Kap. 5.2.3). Das Schwarze Brett als eine andere Form des Mediums Zeitung findet sich heutzutage zwar in fast allen Firmen, Institutionen, Verbänden, Organisationen kommerzieller wie nichtkommerzieller Art, aber es gehört immer noch zu den am stärksten unterschätzten PR-Medien überhaupt, zu dem bislang offenbar kaum eine wissenschaftliche Untersuchung durchgeführt worden ist. Maria Deibl setzt es, wie erwähnt, in seiner Eigenschaft als Informationsquelle auf den ersten Platz (40 %), vor Werkszeitung und Betriebsversammlung (1995, 71). Die Bandbreite der Formen und Gestaltungsweisen des Schwarzen Bretts ist enorm: Es reicht vom Verlautbarungsorgan der Geschäftsführung eines kommerziellen Unternehmens über den Zustand als Grab vergilbter und überholter, unwichtiger Zettel bei einem Kulturverein oder als Kampffront eines lokalen Parteiverbands bis zum lebhaften Kommunikationsaustausch für alle Mitarbeiter einer Stadtverwaltung im Hause. Vielleicht drückt sich in der defizitären Nutzung des Schwarzen Bretts als PR-Medium für die Öffentlichkeitsarbeit nach innen am deutlichsten die häufig mangelhafte Zielkonzeption vieler mittelgroßer Organisationen sowie der Verzicht darauf aus, die Mitarbeiter umfassender zu informieren und die Strukturhomologie nach innen zu verbessern. Häufig wird den Mitarbeitern bzw. internen Teilöffentlichkeiten immer noch bestenfalls als Ausnahme PR-Funktion zugeordnet.

Das Schwarze Brett ist ein Medium zeitlicher und räumlicher Direktheit für kurze, prägnante und relevante Mitteilungen. Es dient idealerweise zunächst einmal der rechtzeitigen und umfassenden Information der Mitarbeiter oder Mitglieder mit einer klaren Zielsetzung: Transparenz des Betriebs-, Vereins-, Organisationsgeschehens, Verhinderung oder Abbau von Vorurteilen und Ängsten, Abbau von Unzufriedenheit, Darstellung von Unternehmens- oder Organisationszielen und damit zumindest indirekt auch Motivierung. Insbesondere in seiner motivierenden Funktion kann das Schwarze Brett auch in dem Maße zum PR-relevanten Handlungsinstrument werden, in dem sich die Mitarbeiter, die Mitglieder (in einer eigenen Spalte) auch ihrerseits seiner aktiv bedienen. Kommunikation verläuft hier nicht einseitig „von oben nach unten", sondern auch umgekehrt und vor allem horizontal, intern von Teilöffentlichkeit zu Teilöffentlichkeit. Zielkonflikte, Rollenkonflikte und andere Konflikte der Mitarbeiter oder Mitglieder intern haben mit dem Schwarzen Brett ein Forum, um offengelegt und weitgehend ausgetragen zu werden (sofern sie nicht persönlicher Natur sind und entsprechend menschmedial gelöst werden müssen). Insofern signalisiert die Gestaltung und Bedeutung des Schwarzen Bretts in einer Organisation nicht nur die Art des Führungsstils – eher autokratisch, eher demokratisch, eher laissez-faire –, sondern auch den Entwicklungsstand der innerbetrieblichen Öffentlichkeit. Wolfgang Friedrich (1979) machte in einer empirischen Studie indirekt den Zusammenhang von PR nach innen und dem Schwarzen Brett sichtbar, als er ermittelte, daß nur die Hälfte aller untersuchten mittelständischen Unternehmen ihr Schwarzes Brett tatsächlich auch als PR-Medium gezielt einsetzen, obwohl nach früheren Untersuchungen Mitarbeiter, die sich für ausreichend unterrichtet halten, ihre Informationen mit großem Abstand (40 %) vom Schwarzen Brett und erst an zweiter Stelle von der Werkszeitschrift (27 %)

erhalten. Friedrich konnte gemäß seiner übergeordneten Fragestellung grundsätzlich zwei Hypothesen bestätigen: Je eindeutiger die Ziele der Unternehmung formuliert werden, desto eher werden sie von den Mitarbeitern akzeptiert. Und: Je mehr Artikulationsmöglichkeiten für die Mitarbeiter bestehen, desto eher werden diese die Ziele der Unternehmung akzeptieren. Hans Winterstein ermittelte unter Nutzung der gesamten Fachliteratur der letzten drei Jahrzehnte in einer neueren Studie (1996) allerdings, daß das Schwarze Brett fast in allen untersuchten Unternehmen vorhanden war, aber sehr unterschiedlich frequentiert wurde. Insgesamt wird es im Durchschnitt mindestens einmal wöchentlich von jedem genutzt. Wichtig ist neben der Aufmachung auch der Standort, die Aktualität und Relevanz der Aushänge und die Häufigkeit von Neuaushängen. Das Schwarze Brett verlangt eine bestimmte Eigenaktivität des Organisationsmitglieds und fällt in der Wichtigkeit für das Gefühl von Transparenz und Informiertheit in vielen Organisationstypen ab gegenüber der Kombination anderer Medien: dem persönlichen Gespräch mit dem Vorgesetzten oder in der Gruppe, der Abteilungs- oder Betriebsversammlung und der Betriebszeitschrift.

## 5.2.3. Die Zeitschrift

Während das Schwarze Brett vor allem in kleineren und mittleren Organisationen PR-relevant ist, hat in größeren Organisationen insbesondere die Zeitschrift Bedeutung als PR-Medium. Allerdings ist zu beobachten, daß wie bei der Zeitung auch hier die Aufmerksamkeit der professionellen PR, speziell kommerzieller Unternehmen, primär darauf ausgerichtet ist, über Redakteure in Fachzeitschriften und Publikumszeitschriften als Zielmedien einzudringen. Im Unterschied zur Zeitung ist das Medium Zeitschrift bereits vielfältig und umfassend etabliert auch als Instrumentalmedium der Öffentlichkeitsarbeit. Man kann dabei grob drei Gruppen unterscheiden: die Zeitschrift erstens als Verbandsorgan für die Mitglieder, zweitens als Haus- oder Kundenzeitschrift (bzw. Händlerzeitschrift, Aktionärszeitschrift, Nachbarschaftszeitschrift usw.), das heißt nach außen, und drittens als Werk-, Personal- oder Betriebszeitschrift für die Mitarbeiter, Pensionäre, Rentner und deren Familienangehörigen, also nach innen. Sie erscheint meist monatlich, im zwei- bis dreimonatigen Turnus oder halbjährlich.

– Die *Mitgliederzeitschrift* ist in aller Regel durch den Mitgliedsbeitrag bereits abgedeckt und deshalb ebenso kostenlos wie die Kundenzeitschrift und die Werkzeitschrift. Gezielte Information als image-bildende Maßnahme steht hier zumeist im Vordergrund. Klassisches Beispiel dafür ist die ADAC-Motorwelt mit gigantischen 7,8 Mio. Exemplaren Auflage, die regelmäßig allen ADAC-Mitgliedern zugeschickt wird.

– Es gibt aber auch die Haus- und die Kundenzeitschriften und andere funktionalisierte Zeitschriften dieser Art, entweder informativen oder aber auch rein unterhaltenden Charakters. Gutes Beispiel für letzteres wären die allseits bekannten Salamander-Comic-Hefte für Kinder. Kunden- und Händlerzeitschriften befinden sich freilich oft im grauen Übergangsfeld hin zu Werbungs-, Verkaufs-, Marketingzielen, und ihre PR-Funktion im allgemeinen Sinn muß gelegentlich bezweifelt werden. *Hauszeitschriften* zielen eher auf Imagegestaltung, speziell bei Multiplikatoren und entscheidungsrelevanten Instanzen, *Kundenzeitschriften* eher auf Produktinformationen. Jeweils sind sie eher auf Zielgruppen als auf Teilöffentlichkeiten hin orientiert. Winfried Neun unterscheidet drei Arten von Kundenzeitschrift: die Kundenzeitschrift des Einzelhändlers oder einer Einzelhandelsorganisation, die Kundenzeitschrift des Werbeverlags (eher branchen- als einzelhändlerspezifisch) und die Kundenzeitschrift des Herstellers. Derzeit soll es rund 170 Kundenzeitschriften geben, die einem starken Trend zum Lifestyle-Magazin folgen und vor allem auf anspruchsvolle Kundenbindung ausgerichtet sind, „edel im Design, mit Nachrichten, Reportagen und Service“: „Nur wer seriös statt marktschreierisch, informativ statt anbiedernd auftritt, findet Gehör“ (Misik et al. 1994). Das Mercedes-Heft beispielsweise erscheint sechsmal jährlich mit einer Auflage von rund 600 000 Exemplaren; es kostet pro Heft 400 000 bis 600 000 Mark. Es wird überwiegend verschenkt, aber rund 50 000 Exemplare werden nach Angaben des Herstellers zum Preis von je 8 Mark auch verkauft. Auch Hotels und Banken bedienen sich dieser High-Class-Titel als Imageträger. Sie werden nicht mehr hausintern produziert, sondern von spezialisierten Verlagen und Agenturen. Andere Branchen wie Apotheken, Krankenkassen, Baumärkte setzen derzeit noch stärker auf Produktinformation und Ratgeber als auf Journalismus und Design.

– Die *Werkzeitschrift* – derzeit soll es rund 600 Werkzeitschriften (einschließlich „Werkzeitungen") geben – hat demgegenüber klare Aufgaben in der Öffentlichkeitsarbeit kommerzieller Unternehmen nach innen. Sie ist insoweit dem Schwarzen Brett vergleichbar und tritt dann an seine Stelle, wenn die Organisation eine bestimmte Größe überschritten hat oder nicht auf engstem Raum lokal konzentriert ist. Werkzeitschriften eignen sich auch besser als das Schwarze Brett zu ausführlicherer, differenzierterer Information der Mitarbeiter und bieten zugleich mehr Raum für Diskussions- und Mitarbeiterbeiträge. Horst Rückle sieht es hier als die vordringliche Aufgabe an, die Unternehmensstrategie und die Unternehmensphilosophie bereichs- und ebenenspezifisch zu transportieren. Wertorientiert sollen die Mitarbeiter ins Unternehmen eingebunden werden (1995). Winfried Neun nennt als die wichtigste Funktion: das Arbeitgeberimage positiv darzustellen. Mit der Werkzeitschrift in jeglicher Form werden oft nicht nur die Mitarbeiter, sondern auch die Pensionäre des Unternehmens sowie die jeweiligen Familienangehörigen angesprochen (z. B. Schreiber 1973; Haller 1982).

## 5.2.4. Das Plakat

Nicht nur für das Schwarze Brett gilt, daß es zu seinen PR-Funktionen bislang kaum wissenschaftlich gesicherte Erkenntnisse zu geben scheint. Das trifft auch auf zahlreiche andere, verwandte Medien zu: auf das Plakat (vgl. etwa Kamps 1999), nicht als Werbemedium, sondern als Medium der Öffentlichkeitsarbeit, nach außen wie nach innen, auf das Blatt bzw. Flugblatt, auf den Image-Prospekt, auf die Image-Broschüre und auch die anderen Druckmedien.

Das Plakat hat bestimmte Grundelemente, in denen seine Funktion gleichbleibend zum Ausdruck kommt: Einfachheit, Übersichtlichkeit, Verständlichkeit, Überraschungseffekt, Originalität, optische Nah- und Fernwirkung (Dorn 2000). Das

Plakat zielt bei der kommerziellen Produktwerbung wie auch bei der Öffentlichkeitsarbeit auf einen hohen Aufmerksamkeits- und Wiedererkennungswert. Das gilt für die PR großer Organisationen wie das Bundesgesundheitsamt (z. B. Aidsaufklärung bzw. Kondomakzeptanz) ebenso wie für die Öffentlichkeitsarbeit eines Verbands oder Vereins wie der Verkehrsverein (z. B. Gurtpflicht oder langsames Fahren bei Nässe auf den Autobahnen).

Man unterscheidet dabei Allgemeine Anschlagstellen, Ganzsäulen, Großflächen und CityLightPosters (Poster in Vitrinen oder hinter Glas); auch die sogenannten Sandwichleute, mit Plakaten am Körper, gehören dazu. Neuere Formen umfassen auch Großbildschirme in Straßen, die Gestaltung von Kanaldeckeln, akustische Plakatwände oder verschiedene High-Tech-Systeme. Für die nähere Zukunft scheint die Solartechnik neue Möglichkeiten anzubieten.

### 5.2.5. Das Blatt/Flugblatt

Das Flugblatt oder „Info“ ist ein mobiles Medium: kleinformatig, meistens Din A4, handlich, billig, tagesaktuell und schnell, dafür aber auch im Informationsgehalt eingeschränkt und flüchtig, das heißt zum raschen Wegwerfen verurteilt. In der Öffentlichkeitsarbeit wird es vor allem für PR nach innen angewandt. Rundschreiben, Umläufe und ähnliche Informationsblätter in Organisationen sind meist derart selbstverständlich, daß sie in ihrem Mediencharakter gar nicht mehr wahrgenommen werden. Auch das Blatt ist ein potentielles PR-Medium. Je mehr Rundschreiben es beispielsweise in einer Organisation gibt, desto mehr steigt das Gefühl der Mitglieder, informiert zu sein; das Transparenzerleben also steht in Abhängigkeit von der Häufigkeit des Erscheinens von Rundschreiben (Winterstein 1996).

### 5.2.6. Der Prospekt/die Broschüre/das Heft

Der Prospekt, die Broschüre, das Heft dagegen (die hier gebündelt als im Prinzip ein Medium behandelt werden) richtet sich primär nach außen und kann maßgeblich zur Imagebildung beitragen. Im kommerziellen Bereich ohnehin, aber auch für Non-Profit-Unternehmungen gehört dieses Medium zunehmend zur Selbstverständlichkeit. Um so erstaunlicher ist das übliche erschreckende Bild, das *Prospekte* und *Broschüren* unfreiwillig so oft vom Unternehmen, von der Gruppe, von der Organisation zeichnen. Zwei Grundfehler sind dabei zu beobachten: Entweder wird maßlos überzogen bzw. schlicht gelogen und sonstwie verfälscht; das fixierte Bild entspricht nicht der tatsächlichen Struktur einer Organisation oder Unternehmung, und der Prospekt oder die Broschüre ruft desto größeres Mißtrauen wach, je mehr finanzieller Aufwand dafür getrieben wurde. Oder aber, gerade bei gemeinwohlorientierten Non-Profit-Organisationen, sind Prospekte und Broschüren derart schlecht, unprofessionell, „billig" gemacht – in Wort und Bild, in Layout und Aufmachung und im ganzen Erscheinungsbild –, daß sie eher abstoßen, also Strukturhomologie verhindern, als imagebildend zu wirken. Das Bemühen um Imageverbesserung und Optimierung der Interaktion kehrt sich in beiden Fällen ins glatte Gegenteil.

Das *Heft* meint vor allem Geschäftsberichte (Kütter 1993), Jahresberichte, Sozialberichte u. ä., aber auch Einführungsschriften etwa für neue Mitarbeiter oder neue Mitglieder. Insbesondere Einführungsschriften und Geschäftsberichte gibt es in fast allen Organisationen und sind dort auch den meisten Mitgliedern bekannt. Allerdings signalisieren sie eher Zugänglichkeit als Informationsoptimierung, weil sie meistens gar nicht gelesen werden. Verläßliche Informationen zu Nutzungsformen und Funktionen des Prospekts, der Broschüre, des Hefts als PR-Medium liegen bislang nicht einmal ansatzweise vor.

## 5.2.7. Der Brief

Ein weiteres Medium der Öffentlichkeitsarbeit ist der Brief: als Leserbrief, als Gegendarstellung, als Rundbrief, Mitgliederbrief, Mitarbeiterbrief oder auch Kundenbrief. Auch dieses Medium, wenngleich von geringerer Bedeutung, ist auf seine PR-Tauglichkeit bislang nur unzureichend untersucht worden.
– Beim *Leserbrief*, den auch Firmen, Verbände, Institutionen

nutzen können, stehen eher Sachlichkeit und Knappheit im Zentrum als Parteilichkeit und Interpretation. Dieses Instrument empfiehlt sich nur in Ausnahmefällen als Mittel der Öffentlichkeitsarbeit, weil der Leserbrief traditionell bevorzugt persönliche Stellungnahmen individueller Absender enthält und Redaktionen mit Kürzungen bzw. dem Nichtabdruck gerade bei Unternehmungen, speziell bei kommerziellen, reagieren. Interessanterweise bieten sich neuerdings verstärkt Anzeigenblätter für kritische Leserbriefe zu brisanten Themen aus dem kommunalpolitischen Bereich an; ob sie sich hier als Mittel von Öffentlichkeitsarbeit bewähren, scheint allerdings eher fraglich. Hanns Anders schätzt, daß etwa jeder sechste bis zehnte Leserbrief „klar erkennen läßt, daß er von einer Person oder Stelle stammt, die damit Öffentlichkeitsarbeit verbindet" (1987 ff.). Als Medium lassen Leserbriefe gerade in kritischen Situationen, etwa im Falle von Angriffen oder Negativschlagzeilen über eine Behörde, Firma oder einen Verband, erkennen, wie weit sich die entsprechenden Mitarbeiter privat und freiwillig und als Eigeninitiative, in Leserbriefform, dazu äußern – das heißt: wie erfolgreich die geleistete Öffentlichkeitsarbeit nach innen war bzw. wie weit sich Mitarbeiter oder Mitglieder mit ihrer Organisation identifizieren. Leserbriefe sind zugleich als Spiegel allgemein gesellschaftlicher Themen und somit als Hinweise daraufhin auswertbar, was in verschiedenen Teilöffentlichkeiten und Umweltsystemen gerade relevant ist und wo eine effiziente Öffentlichkeitsarbeit anknüpfen könnte.

– *Gegendarstellungen* dienen dem Schutz von Unternehmen, Institutionen, Organisationen vor falscher Berichterstattung durch die Presse (bzw. Hörfunk und Fernsehen) und der entsprechenden Beeinflussung der öffentlichen Meinung. Auf Gegendarstellungen besteht ein Rechtsanspruch sowohl von Einzelpersonen als auch von Organisationen – in der nächstmöglichen Ausgabe des Publikationsorgans und an gleicher Stelle. Auch Gegendarstellungen werden im Rahmen der Öffentlichkeitsarbeit nur bei wirklich gravierenden falschen Tatsachenbehauptungen erwirkt. Oft nutzt ein Gespräch mit dem Redakteur sehr viel mehr. In jedem Fall verweisen Gegendarstellungen, wenn sie sich häufen, auf ein grundsätzlich gestörtes Ver-

hältnis zwischen Unternehmen und Redaktion, das zu weiteren Maßnahmen Veranlassung geben sollte. Die Gegendarstellung hat bestimmte formale Bedingungen zu erfüllen und muß im größeren Rahmen der juristischen Voraussetzungen und Regeln für die Öffentlichkeitsarbeit gesehen werden. Sie ergeben sich aus den unterschiedlichen Landespresse- und -rundfunkgesetzen.
– Der Brief kann als *Kunden-* oder *Lieferanten-* oder *Interessentenbrief* nach außen ebenfalls noch vielfach ungenutzte Möglichkeiten der Öffentlichkeitsarbeit eröffnen, ebenso wie als *Mitglieder-* oder *Mitarbeiterrundbrief* nach innen. Im Prinzip reicht die Bandbreite des PR-Briefs, gemessen an der Skalierung unterschiedlicher Öffentlichkeiten (Kap. 2.5), vom Brief eines jungen Paares an die zukünftigen Schwiegereltern über den Hirtenbrief der deutschen Bischöfe an die Gläubigen bis zum Brief des Bundeskanzlers an den Präsidenten der Vereinigten Staaten.

### 5.2.8. Das Buch

Das Buch als Eigenpublikation einer Unternehmung kann sowohl die Geschichte beispielsweise eines großen Unternehmens darstellen als auch eine Festschrift anläßlich des hundertjährigen Bestehens eines Sportvereins sein oder die Biographie eines großen Politikers der eigenen Partei beschreiben. Das Buch als PR-Medium kann aber auch durchaus produktbezogen gestaltet werden, etwa als Kulturgeschichte der Seife (bei einer Seifenfirma), oder es kann die Entwicklungsgeschichte der heutigen Polizei seit ihren Anfängen im 19. Jahrhundert beschreiben. Auch dieses Medium wird im Rahmen der externen Öffentlichkeitsarbeit bislang noch viel zu selten genutzt.

Das Buch als Medium im Rahmen interner Öffentlichkeitsarbeit meint die vielfach vorhandenen innerbetrieblichen Werkbüchereien, die den Mitgliedern oder Mitarbeitern eine mehr oder weniger breite Auswahl der verschiedensten Lesestoffe zur unentgeltlichen Nutzung anbietet – ein Service, der stärker genutzt wird, als viele sich das denken (z. B. Hefele 1980). 1990 sollen immerhin 116 Werksbibliotheken mit einem Medienbestand von ca. 1,7 Mio. Einheiten zur Verfügung gestanden haben.

### 5.2.9. Der Aufkleber/der Button

Aufkleber, Button, Ansteckknöpfe, Fähnchen, Schautafeln, Transparente, bedruckte Luftballons u. ä. bis hin zu Filzdekkeln und anderen graphischen Literaturmedien sind weitere Medien, die vor allem veranstaltungs- und ereignisorientiert für Public Relations eingesetzt werden und oft im Hinblick auf sogenannte Gegenöffentlichkeiten Bedeutung haben (z. B. Maderspacher/Winzen 1978). Die Erforschung der PR-Funktion dieses Druck-/Gestaltungsmediums steht ebenfalls noch aus.

## Literatur

Anders, Hanns: Der Leserbrief. In: Günther Schulze-Fürstenow (Hrsg.), Handbuch der Öffentlichkeitsarbeit. Neuwied 1987 ff. (Loseblattsammlung, III), S. 251–264.

Baerns, Barbara: Öffentlichkeitsarbeit und Journalismus. In: Günther Haedrich u. a. (Hrsg.), Öffentlichkeitsarbeit. Dialog zwischen Institutionen und Gesellschaft. Ein Handbuch. Berlin 1982, S. 161–173.

Baerns, Barbara: Öffentlichkeitsarbeit oder Journalismus? Zum Einfluß im Mediensystem. Köln 1985.

Bentele, Günter, Tobias Liebert und Stefan Seeling: Von der Determination zur Intereffikation. Ein integriertes Modell zum Verhältnis von Public Relations und Journalismus. In: Günter Bentele und Michael Haller (Hrsg.), Aktuelle Entstehung von Öffentlichkeit. Akteure – Strukturen – Veränderungen. Konstanz 1997, S. 225–250.

Deibl, Maria: Kommunikation im Betrieb. Wien 1995.

Dorn, Margit: Plakat. In: W. Faulstich, Grundwissen Medien. 4. Aufl. München 2000.

Friedrich, Wolfgang: Erkenntnisse und Methoden interner Public Relations. Praktische Ansätze in mittelständischen Unternehmen. Diss. Nürnberg 1979.

Grossenbacher, René: Hat die „Vierte Gewalt" ausgedient? Zur Beziehung zwischen Public Relations und Medien. In: Media Perspektiven 11/1986, S. 725–731.

Haller, Klaus: Werkzeitschriften in der Bundesrepublik Deutschland. Berlin 1982.

Hefele, Gabriele: Die Werkbibliothek und ihre Benutzer. In: Börsenblatt für den Deutschen Buchhandel, Fr. Ausg., Nr. 85, vom 10. 10. 1980, S. W1179–W1256 (Archiv).

Kamps, Johannes: Plakat. Tübingen 1999.

Kütter, Ulrich: Geschäftsbericht. In: DieterPflaum und Wolfgang Pieper (Hrsg.), Lexikon der Public Relations. 2. Aufl. Landsberg/Lech 1993, S. 221–223.

Löffelholz, Martin: Dimensionen struktureller Kopplung von Öffentlichkeitsarbeit und Journalismus. Überlegungen zur Theorie selbstreferentieller Systeme und Ergebnisse einer repräsentativen Studie. In: Günter Bentele und Michael Haller (Hrsg.), Aktuelle Entstehung von Öffentlichkeit. Akteure – Strukturen – Veränderungen. Konstanz 1997, S. 187–208.

Maderspacher, Florian und Harald Winzen: Gegen-Öffentlichkeit. Hamburg 1978.

Misik, Angelika et al.: Kundenzeitschriften. In: Bernd-Jürgen Martini (Hrsg.), Handbuch PR. Neuwied 1994 ff. (Lieferung 1994), S. 1–8.

Neun, Winfried: Kundenzeitschrift + Werkzeitschrift In: Dieter Pflaum und Wolfgang Pieper (Hrsg.), Lexikon der Public Relations. 2. Aufl. Landsberg/Lech 1993, S. 293–295 und 534–537.

Rückle, Horst: Unternehmens- und Mitarbeiterzeitschriften. In: Michael Sänger (Hrsg.), Kommunikation als Erfolgsfaktor. Managen heißt Kommunizieren. Bonn 1995, S. 55–62.

Schreiber, Hans: Werkzeitschrift – Öffentlichkeitsarbeit nach innen. Frankfurt/Main 1973.

Schweda, Claudia und Rainer Opherden: Journalismus und Public Relations. Grenzbeziehungen im System lokaler politischer Kommunikation. Wiesbaden 1995.

Winterstein, Hans: Mitarbeiterinformation. Informationsmaßnahmen und erlebte Transparenz in Organisationen. München, Mering 1996.

Zaszczynski, Andrea: Einflüsse auf die Konstituierung medialer Öffentlichkeit im Vergleich von Journalismus und Public Relations. Eine Inhaltsanalyse zur politischen Berichterstattung anhand ausgewählter Tageszeitungen. Unveröff. Magisterarbeit Universität Lüneburg 1994.

## 5.3. Die elektronischen Medien

In der Regel kostenaufwendiger als bei den Druckmedien ist der Einsatz elektronischer Medien. Deshalb bedienen sich fast ausschließlich große Organisationen wie z. B. multinationale Industrieunternehmen oder nationale Non-Profit-Organisationen dieser Medien. Auch hier macht die Unterscheidung in Instrumentalmedien (Foto/Dia bzw. Tonbildschau, Telefon, Schallplatte, Film/Video) und Zielmedien (Radio, Fernsehen, zum Teil Kinofilm) Sinn. Letztere sind wieder, analog zur Zeitung, zugänglich nur auf dem Weg über Journalisten bzw. Redakteure, Filmemacher, Kinobesitzer – speziell auch in Gestalt von Image-Spots. Sie haben räumlich-quantitativ große Reichweiten und sind teilweise gezielt streubar, z. B. Image-Spots im Kino.

Beim Hörfunk haben Besonderheiten wie etwa Mantelprogramme im Lokalfunk eine gewisse Bedeutung für überregionale Öffentlichkeitsarbeit. Tom Buschardt (1998) hat an Beispielen deutlich gemacht, daß die Produktion fertiger Hörfunkbeiträge für einzelne Sender zu Zwecken der Öffentlichkeitsarbeit im Prinzip denselben Kriterien folgt wie die Produktion von Pressemitteilungen zum Zweck der Penetrierung des Mediums Zeitung, und auch hier gibt es die große Nähe von PR zu sei es wirtschaftlicher, sei es politischer Werbung.

Beim Fernsehen bedient sich PR neben der redaktionellen Erwähnung und dem Image-Spot noch verschiedener Werbeformen wie z. B. Bandenwerbung in Sportstadien, Sponsorsendungen (etwa Game Shows) oder Product Placement, die aber aus dem genuinen Bereich von Öffentlichkeitsarbeit auszugliedern sind. In welchem Ausmaß kommerzielles Fernsehen, etwa in Ballungsräumen, für PR nach außen und organisationsbegrenztes Betriebsfernsehen für PR nach innen eine nennenswerte Rolle spielen oder spielen könnten, kann bisher nur spekuliert werden (z. B. Grabicki/Huh 1998; Will 1998). Als Besonderheit bleibt hier festzuhalten, daß auch die etablierten Sender selbst, als Organisationen, PR-Arbeit betreiben, sei es zur Positionierung ihres speziellen Image und Profils gegenüber anderen Sendern, sei es zur Legitimation ihres Programmauftrags, oder sei es nur zur Erhöhung des Bekanntheitsgrades von Programmangebot und Selbstbild des jeweiligen Senders. Beim SWR beispielsweise wird eine Vielzahl von Medien zu PR-Zwecken eingesetzt: tausende von Pressemeldungen und Informationen auf Anfrage, per Brief, Telex oder Fax; Programmfahnen; Bildmaterial; Pressekonferenzen; Vorträge und Diskussionen mit Besuchergruppen; eine Haus- und eine Publikumszeitschrift; ein eigener PR-Shop; diverse Broschüren, Plakate, Aufkleber, öffentliche Familienfeste, interne Betriebsfeste usw. Nicht zuletzt spielt ja auch die Präsenz und Darbietung der Programme in den Programmzeitschriften eine Rolle, die auf Materialien der Sender beruhen (Conzatti 1987; Braun 1993).

Im folgenden werden die vier Einzelmedien Foto, Telefon, Schallplatte und Film/Video als die wichtigsten elektronischen Instrumentalmedien für PR benannt. Andere elektronische Medien wie z. B. Bildschirmtext scheinen von abnehmender Bedeutung zu sein, speziell mit Blick auf die neuen digitalen Medien (Kap. 5.4).

## 5.3.1. Das Foto

Eines der wichtigsten und vielfach unterschätzten PR-Medien überhaupt ist das Bild bzw. Foto oder Dia (man könnte sich darüber streiten, ob das Foto zu den Druck-, den elektronischen oder den digitalen Medien gerechnet werden muß). Das liegt vor allem an den fast unbegrenzten Verwendungsmöglichkeiten dieses Mediums. „Öffentlichkeitsarbeit [...] kann auf die Aussagekraft des Bildes nicht verzichten“ (Siebert 1993). Es gibt heute kaum noch einen PR-Text ohne Foto-Beigabe. Medien wie die Zeitung und vor allem die Zeitschrift/Illustrierte, aber auch das Plakat und das Flugblatt eignen sich vorzüglich für die Integration von Fotos, mindestens zur optischen Auflokkerung und Abwechslung. Über diesen Tribut an die Vorherrschaft des visuellen Zeitalters hinaus kann das Foto auch mehr sein als nur Illustration und optische Wiederholung des im Text Gesagten. Vielmehr läßt es sich gezielt zur Verstärkung, Ergänzung, als Beleg und Ausdruck für Authentizität und Dramatik einsetzen. Das Foto in diesem Sinn transportiert durchaus seine eigenen Informationen. Besonders deutlich werden kann das bei Image-Broschüren, in denen die Fotos als eigenständiger Informationsträger oft sehr viel wichtiger sind als die Textanteile. Entsprechend dominieren hier Fotos mit Spezialeffekten, und das Technisch-Handwerkliche am Medium Foto spielt eine herausragende Rolle.

Die Verwendungszusammenhänge sind außerordentlich breit gestreut: Neben Pressefotos und Fotos innerhalb von Image-Anzeigen gibt es Werkfotos, Porträtaufnahmen, Luftaufnahmen, Fotos als Wandschmuck und Dias bis hin zur Tonbildschau, die sich vor allem bei Ausstellungen und Messen, Einweihungen, Firmenjubiläen, dem Tag der offenen Tür usf. effizient einsetzen lassen. Auch Fotowettbewerbe und Fotoausstellungen gehören zum medienspezifischen Instrumentarium der Öffentlichkeitsarbeit. Wichtige Aspekte dabei, schon erwähnt, sollen hier nur noch einmal in Erinnerung gerufen werden: juristische Fragen wie das Persönlichkeitsrecht, das Privatpersonen das persönliche Recht am eigenen Bild zubilligt; das Urheberrecht, das beim Abdruck von Bildmaterial die Interessen des Fotografen schützt; schließlich die Aufgabe, ähnlich dem Pressearchiv auch ein Foto-Archiv einzurichten.

## 5.3.2. Das Telefon

Eine Bedeutung des Telefons für PR ist schon bekannt, seit es Telefonnetze gibt: Die Dame oder der Herr in der Telefonzentrale des Unternehmens oder der Organisation, die angerufen wird, ist ein wichtiges „Aushängeschild", das den ersten Eindruck maßgeblich prägen kann – ob man höflich oder schnoddrig behandelt wird, hilfsbereit oder abweisend, freundlich oder distanziert, engagiert oder desinteressiert usw. Es ist erstaunlich, wie oft man immer noch das Gefühl hat, man würde die Telefonistin nur stören, sei es bei einem privaten Gespräch mit einer Kollegin, beim Essen, Rauchen oder beim Musikhören. Viel zu selten rufen Vorstandsmitglieder und andere leitende Führungskräfte einmal selbst ihre eigene Telefonzentrale an, um sich einen Eindruck vom „Telefon-Image" ihres Hauses zu machen.

Ansonsten ist das Telefon aber erst in jüngster Zeit als Medium entdeckt worden, und zwar fast ausschließlich als Marketing-Instrument: Potentielle Kunden werden angerufen und mit

Angeboten konfrontiert. „Telefonverkäufer" heißt dieser „Beruf" (z. B. Weber 1984). Genaue Zahlen sind hierzu offenbar noch nicht zu erhalten. Angeblich gibt es in der Bundesrepublik (1991, alte Bundesländer) rund 150 000 professionelle Tele-Marketing-Firmen sowie rund 500 Agenturen, die 1990 knapp zwei Milliarden Mark umgesetzt haben sollen. Nach deutschem Recht darf man nur angerufen werden, wenn man vorher sein Einverständnis ausgedrückt hat bzw. wenn bereits eine Geschäftsbeziehung besteht; unaufgeforderte Anrufe sind, speziell bei Privatpersonen, verboten. Was aber „Einverständnis" oder „Geschäftsbeziehung" genau heißt, ist umstritten. Oft gilt in der Praxis schon die Bestellung eines Katalogs vor zwei Jahren als Ausdruck für das Einverständnis mit einem Werbeanruf.

Bernd Ambiel beschreibt die Entwicklung des Telefons speziell zum PR-Medium als „konsequente und logische Weiterentwicklung der personalisierten bzw. zielgerichteten Ansprache", „die in die schriftliche PR in den letzten Jahren Einzug gehalten hat" (1993, 488). Er unterscheidet dabei in passive und in aktive Telefon-PR. Passive Telefon-PR heißt, daß man den angesprochenen Menschen die Möglichkeit bietet, das Informationsangebot durch kostenfreie Anrufe abzurufen. Vorläufer war das Angebot: „Melden Sie sich telefonisch bei uns, wir rufen dann zurück", doch analog zu den USA ist es inzwischen auch in Deutschland möglich, durch Vorwählen einer Nummer (0130) die Kosten des eigenen Anrufs – im Prinzip wie bei der telefonischen Fernsprechauskunft – auf den Anschluß der angerufenen Firma umlegen zu lassen (allerdings sind immer noch nur erst wenige Organisationen diesem System beigetreten). In dieser Hinsicht gehört das Telefon zu denjenigen PR-Medien, die bislang noch viel zu wenig genutzt werden. Bei der aktiven Telefon-PR dagegen liegt die Initiative des Anrufs nicht beim Angesprochenen, sondern bei der Organisation selbst, die sich gezielt an potentielle Interessenten wendet, um Informationen zu bekommen oder zu vermitteln. Ambiel betont die wichtige Grundvoraussetzung auch für erfolgreiche aktive Telefon-PR: „Es muß eine [besondere, W. F.] Beziehung zwischen dem Anrufer und dem Angerufenen bestehen." Die Wirksamkeit dieser eher delikaten Telefon-PR beruhe auf der größeren Aufnahmebereitschaft beim Telefonläuten (man unterbricht z. B. seine Arbeit für das Telefon, nicht aber für die Lektüre eines PR-Briefes) – eine Bereitschaft, die man nicht ungestraft ausnutzen könne. Umgekehrt kann man dem Angerufenen durch den Anruf zeigen, daß man ihn persönlich für wichtig genug hält, daß man auch ein Ferngespräch mit ihm führt, um ihm eine Information zu vermitteln.

### 5.3.3. Die Schallplatte/CD

Aufwendiger ist das PR-Medium Schallplatte bzw. CD, auf der beispielsweise Originalreden ausgewählter Persönlichkeiten der Unternehmung, Institution oder Organisation festgehalten werden (z. B. die Rede des Bundeskanzlers anläßlich eines besonderen Ereignisses).

### 5.3.4. Der Film/das Video

Aufwendiger sind auch Filme und Videos, wie sie im Rahmen von Image-Kampagnen oder sonstigen Methoden der Öffentlichkeitsarbeit eingesetzt werden (z. B. im Rahmen der Öffentlichkeitsarbeit für eine Stadt). Beim PR-Film spielt die eng begrenzte Teilöffentlichkeit eine herausragende Rolle. So unterscheidet man nicht nur in PR-Filme nach innen und nach außen, sondern weiter z. B. in PR-Filme für Lehrlinge, für Neueingestellte, für Außendienstmitarbeiter usf. (sogenannte Lehrfilme) bzw. für Werksbesucher, Kunden, Messebesucher, Verbände etc. (sogenannte Informations- und Sachfilme).

Hermann Utermann (1993) skizzierte u. a. ein weiteres großes, bislang kaum erst genutztes Einsatzfeld für den PR-Film im weitesten Sinn. Dabei wären die Sinn-Konzepte gemäß den entsprechenden Teilöffentlichkeiten noch viel stärker zu differenzieren: z. B. bei einer Zugabe auf Video-Leihkassetten, als Schleifenprogramme in Kaufhäusern, als Teil von Unterhaltungsprogrammen in Zügen und Flugzeugen, aber auch in Diskotheken, als Teil von redaktionellen Programmen der Fernsehprivatsender usf. Hier bilden sich derzeit neue ästhetische Formen aus, die ähnlich den Videoclips der siebziger und vor allem achtziger Jahre auch den Kinospielfilm oder bestimmte Fernsehgenres sowie unsere Rezeptionsweisen und Erwartungen weiter prägen werden, z. B. die „Informercials“: halbstündige Sendungen, die unterhaltsam ein Unternehmen oder eine Institution oder einen Tätigkeitsbereich darstellen, oder die „Intermezzi-Filme“: kapitelweise gegliederte Unternehmensdarstellung unter Verwendung narrativer Formen im Rahmen eines dramaturgischen Bogens. Wie beim Foto und bei allen Bildmedien geht es hier um primär optische Information und emotionale Bindung im Sinne der Strukturhomologie.

Als dominierende Sparte des PR-Films wird der „Auftragsfilm“ genannt, meist etwa zwanzig Minuten lang: über ein kommerzielles Unternehmen, über eine öffentlich-rechtliche Institution, über einen Interessenverband, eine Nation bzw. ein Land, eine Bürgerinitiative usw. Utermann betont, daß der PR-Film weniger auf Sachinformation zielt, schon gar nicht problemorientiert gehalten sein darf, sondern vielmehr – unterhaltend – emotionale Bindung erreichen will. Er hat meist eine „Intermezzi“-Struktur.

## Literatur

Ambiel, Bernd: Telefon-PR. In: Dieter Pflaum und Wolfgang Pieper (Hrsg.), Lexikon der Public Relations. 2. Aufl. Landsberg/Lech 1993, S. 488–491.

Baerns, Barbara: Öffentlichkeitsarbeit und Medien. In: G. Haedrich et al. (Hrsg.), Öffentlichkeitsarbeit. Dialog zwischen Institution und Gesellschaft. Berlin 1982.

Braun, Peter: Rundfunk-PR. In: Dieter Pflaum und Wolfgang Pieper (Hrsg.), Lexikon der Public Relations. 2. Aufl. Landsberg/Lech 1993, S. 436–442.

Buschardt, Tom: Öffentlichkeitsarbeit: Hörfunk. Handbuch über den Umgang mit dem Medium Hörfunk. Berlin 1998.

Conzatti, P. S.: Gesellschaftsorientierte Öffentlichkeitsarbeit? Eine Fallstudie am Beispiel der Anteilung für Öffentlichkeitsarbeit des Süddeutschen Rundfunks Stuttgart und des Südwestfunks Baden-Baden . Magisterarbeit Universität Konstanz 1987.

Grabicki, Michael und Michael Huh: Unternehmensfernsehen im Kabelnetz: BASF tv. In: Michael Krzeminski und Ansgar Zerfaß (Hrsg.), Interaktive Unternehmenskommunikation. Frankfurt/Main 1998, S. 261–271.

Maurer, Axel: Richtiges und effizientes Telefonieren. In: Michael Sänger (Hrsg.), Kommunikation als Erfolgsfaktor. Managen heißt Kommunizieren. Bonn 1995, S. 125–140.

Siebert, Horst: Bilddienst. In: Dieter Pflaum und Wolfgang Pieper (Hrsg.), Lexikon der Public Relations. 2. Aufl. Landsberg/Lech 1993, S. 79–81.

Weber, M. R.: Telefonmarketing. Das Telefon im Dienst des Unternehmens und seiner Kunden. Landsberg/Lech 1984.

Will, Michael: Business TV: Die digitale Zukunft der Unternehmenskommunikation. In: Michael Krzeminski und Ansgar Zerfaß (Hrsg.), Interaktive Unternehmenskommunikation. Frankfurt/Main 1998, S. 273–285.

## 5.4. Die digitalen Medien

Erstaunlicherweise zeigt sich im systematischen Überblick über den Zusammenhang von PR und Medien, verstanden als Instrumentalmedien, eine klare Dominanz der Menschmedien. Die Druck- und die elektronischen Medien sind für Belange der Öffentlichkeitsarbeit vergleichsweise weniger wichtig. Das gilt auch für die neuen digitalen Medien, die im letzten Jahrzehnt einen Boom zu verzeichnen hatten und auch für PR zunehmend ins Blickfeld gerieten. Hier gilt es nicht nur wieder deutlich zu unterscheiden zwischen Öffentlichkeitsarbeit und Werbung, sondern vor allem auch zwischen Vision und Wirklichkeit. Wollte man den Status quo auf den Punkt bringen, müßte man zweifach bilanzieren: erstens daß die digitalen Medien derzeit, bezogen auf die gesamtkulturelle Bandbreite der PR-spezifischen System-Umwelt-Interaktionen, nur punktuell und äußerst eingeschränkt Bedeutung haben, zweitens daß sie aber vom Potential her enorm zukunftsträchtig sind.

Trotz zahlreicher gegenteiliger Behauptungen und begeisterungsbestimmter Szenarien – jüngst wurde gar eine angebliche „Theorie der interaktiven PR“ vorgestellt (Zerfaß 1998, 29) – werden die digitalen Medien als Instrumente von Öffentlichkeitsarbeit noch immer nur in sehr bescheidenem Umfang eingesetzt. Das liegt vor allem an drei Faktoren:

– Zunächst einmal sind die allermeisten Organisationen gar nicht ans Netz angeschlossen. Selbst kommerzielle Unternehmen engagieren sich hier erst ab einer gewissen Größe – von Non-Profit-Organisationen ganz zu schweigen. Angeblich haben in Deutschland 74 % der Unternehmen das Internet als wichtiges Medium für sich entdeckt – Holger Ulrich spricht von 14 000 Firmen (in: Dierks et al. 1999, XIII + 393), aber das heißt nicht viel. Nach neueren Zahlen sind hierzulande lediglich 1,14 Millionen Rechner (Januar 1998), weltweit mehr als 100 Millionen ans Netz angeschlossen, wobei angeblich rund 7 % der bundesdeutschen Erwachsenen schon einmal „online“ kommuniziert haben. Andere Zahlenangaben nennen 3 bis 4 Millionen Bundesbürger, jüngste Beiträge bereits mehr als 10 Millionen. Die Zahl der Menschen, die sich tatsächlich regelmäßig und in nennenswertem Umfang der digitalen Medien überhaupt bedienen, dürfte in Deutschland derzeit wohl 5 Millionen immer noch nicht überschreiten. Hinzu kommt, daß es sich dabei um eine nichtrepräsentative Gruppe von Menschen handelt: bevorzugt männlich, bevorzugt Angestellte und Studierende, bevorzugt im Alter zwischen 18 und 35 Jahren, bevorzugt hoher Status, überdurchschnittliches Einkommen und Technikaufgeschlossenheit.

– Bei diesen vergleichsweise wenigen Systemen, die ans Netz angeschlossen sind, steht (zweitens) die Werbung im Vordergrund; diese Organisationen verzichten noch überwiegend auf die PR-spezifische Nutzung dieser Medien. Die „Online-Marktkommunikation", die „Online-Werbung" als eine neue Komponente im „Medien-Mix", bietet quasi nur eine neue Werbefläche oder auch einen neuen Vertriebsweg wie beim „Homebanking" oder „Online-Shopping" (Oenicke 1996; Beck/Vowe 1997; Pradel 1997; Silberer 1997; Werner/Stephan 1997; Alpar 1998). Es ist völlig ungeklärt, wie die „Umwelt" hier aussieht, das heißt, welche Art von „Öffentlichkeit" mit den digitalen Medien tatsächlich erreicht wird. Man kann damit mutmaßlich eher den „Online-Worker" ansprechen als den „Public Surfer", also eher spezielle Teilöffentlichkeiten als eine allgemeine Online-Öffentlichkeit (Fuchs et al. 1998; vgl. auch Roesler 1997).

– Wer überhaupt am Netz angeschlossen ist, wer die digitalen Medien tatsächlich auch für Öffentlichkeitsarbeit (in welcher Öffentlichkeit auch immer) einsetzt, tut dies drittens in aller Regel analog zur PR-spezifischen Verwendung von Druck- und elektronischen Medien, also ohne Berücksichtigung des medieninhärenten Innovationspotentials. So werden die digitalen Medien teils wie üblich – PR nach außen – zur Informationsbeschaffung (Datenbankrecherche, Frühwarnsystem, E-Mail-Ausnutzung etc.), teils traditionell zur Informationspräsentation genutzt (für interessierte Außenstehende, zur Ansprache ausgewählter Journalisten, für relevante Teilöffentlichkeiten, zur Imageprofilierung etc.). „Die Pressearbeit macht definitiv weniger Arbeit und kostet weniger", lautet die Bilanz; Journalisten erwarten hier vor allem bessere und zusätzliche Recherchemöglichkeiten (Kohlen 1997; vgl. auch Zerfaß 1997; Engelkamp 1997; Fuchs et al. 1998; Einholz 1998). Über Intranet können aber auch – PR nach innen – Mitarbeiter aktuell informiert, koordiniert, motiviert werden. All das verweist im wesentlichen auf eine bloße Optimierung der traditionellen Öffentlichkeitsarbeit, vormals mit den „alten" Medien, nun mit den „neuen" digitalen Medien.

Dagegen gilt: „Online-PR bedeutet die Nutzung eines komplett neuen Mediums. Es geht nicht einfach nur um ein zusätzliches PR-Instrument, um einen animierten Pressedienst etwa. Es geht um eine kommunikative Plattform mit eigenen Gesetzmäßigkeiten, um eine, zumindest in Teilen, neue Art der Kommunikation" (Fuchs et al. 1998, 101). Für diese Zukunftsträchtigkeit der digitalen Medien können mindestens drei Gründe angeführt werden:

– Erstens kombinieren sie ohne Schaden verschiedene Vorteile der anderen Mediengruppen. Zum Beispiel: So wie die Menschmedien erlauben sie größtmögliche Autonomie in der Verfügbarkeit, das heißt, sie vermeiden die inhaltliche Abhängigkeit eines Systems von seiner Umwelt, von Zeitungs-, Fernsehredaktionen und anderen Gatekeepern von Mediensystemen. Zugleich erreichen sie aber, anders als die Menschmedien, große Öffentlichkeiten „draußen", so wie die Druckmedien, und bieten einen Live- und Erlebnischarakter, wie er bislang den elektronischen Medien vorbehalten war. Die digitalen Medien sind sehr viel kostengünstiger als die Druck- und vor allem die elektronischen Medien, erlauben aber gleichwohl eine personal direkte, individuelle Kommunikation ähnlich den Menschmedien, wie sie bei den technisch fundierten Druck- und elektronischen Medien kaum möglich ist.

– Zweitens bieten die digitalen Medien neue, genuin andere Gestaltungsmöglichkeiten, die sich mit vier Begriffen umreißen lassen: Medienformenintegration, Netz, Interaktivität und Globalität (Vesper 1998).

*Medienformenintegration* meint, daß bestimmte Darstellungsformen wie Text, Bild oder Ton – ursprünglich im Kontext anderer Medien (Buch, Foto, Schallplatte) geprägt – in einer Oberfläche integriert und so modifiziert werden, daß diese Darstellungsformen qualitativ neue Nutzungsmöglichkeiten offerieren. Entscheidend dabei ist die neue erzählerisch-integrative Organisation oder Inszenierung der Elemente.

*Netz* bedeutet die nichtlineare Nutzungsoption von Informationen über „Links", die innerhalb des Mediums entweder eine Navigation vorgeben oder auch eine willkürliche Selektion ermöglichen und auch außerhalb des „Produkts" führen („surfen"). Dem supramedialen Organisationsprinzip wird hier das nutzerbestimmte Organisationsprinzip zur Seite gestellt. Zusammenhang wird damit destruiert, Information atomisiert, „Sinn" wird erst je Nutzung interessegeleitet, das heißt willkürlich, konstruiert.

*Interaktivität* soll nicht im Sinne der bloßen Auswahlmöglichkeit oder Selektion verstanden werden, sondern als Beeinflussung und Mitgestaltung des Medienprodukts selbst, etwa durch Beteiligung des Nutzers in einem Chat-Forum oder durch interpersonale Kommunikation, wo er jeweils Informationen selbst einspeist. Das bedeutet einen Grad an Eigenaktivität, der sich von allen Druck- und elektronischen Medien unterscheidet.

*Globalität* schließlich wird hier nüchtern, fern aller Euphorien, unter dem Gesichtspunkt einer prinzipiell grenzenlosen Distribution und einer zeitungebundenen Verfügbarkeit gefaßt.

– Drittens tendieren die digitalen Medien mehr oder weniger umfassend zu einer virtuellen Realität, das heißt zur Simulation von Wirklichkeit. Damit sind die Chancen ebenso wie die Gefahren für Öffentlichkeitsarbeit besonders groß: entweder immer mehr „Sinn"-Bilder immer adäquater für immer differenziertere Teilöffentlichkeiten bereitzustellen und damit Strukturhomologie enorm zu optimieren – oder der Versuchung zu immer mehr und immer bunteren Zerrbildern, zu einer immer elaborierteren Pseudo-Identität zu erliegen. Vieles spricht dafür, daß die digitalen Medien in der Tat bevorzugt zu künstlichen Images, zur verlogenen Fassadenkleisterei, zur Schein-Identität eingesetzt werden – das reicht von fiktiven Rollenimages individueller Chatroom-Teilnehmer (vgl. Bahl 1997) bis zu tendenziösen, einseitigen, verzerrenden Selbstdarstellungen großer Organisationen im Netz.

Digitale Medien unterscheiden sich in Offline- und Online-Medien. Ein für Öffentlichkeitsarbeit relevantes Offline-Medium ist die CD-ROM. Online-Medien sind netzgebunden. Umgangssprachlich spricht man meist vom Internet, das aber selbst kein Medium ist. Ebenso wie die Post die Zustellung organisiert, das Medium aber der Brief ist (bei der früheren Bundespost gehört auch das Medium Telefon dazu), fungiert das Internet nur als „Träger“ und Verknüpfungsinstanz von Online-Medien (vgl. Winter 2000). Heute muß man fünf PR-relevante Online-Medien unterscheiden, zusammen mit der CD-ROM also insgesamt sechs verschiedene digitale Medien, die für Öffentlichkeitsarbeit unterschiedlich bedeutsam sind bzw. bedeutsam gemacht werden könnten: 1. CD-ROM, 2. E-Mail, 3. Usenet, 4. World Wide Web (WWW), 5. Inter Relay Chat (IRC) und 6. Intranet. Sie sollen im folgenden kurz skizziert werden, obwohl sie de facto für Öffentlichkeitsarbeit erst ansatzweise genutzt werden.

### 5.4.1. CD-ROM

Die CD-ROM als Offline-Medium ist aufgrund ihrer enormen Speicherfähigkeit anderen Medien wie z. B. dem Buch und der Schallplatte überlegen und eignet sich sowohl für PR nach außen wie für PR nach innen. Ersteres wird häufig analog zum Geschäftsbericht oder auch zur klassischen Image-Broschüre genutzt. Die Vorteile gegenüber „alten“ Medien, abgesehen vom Umfang, wären insbesondere: Die CD-ROM-Version kostet weniger; sie ist multimedial angelegt, das heißt, sie kann auch Bewegtbilder und Sound enthalten; man kann beliebige Informationen herunterladen, selbst ausdrucken oder sonstwie weiterbearbeiten; und die CD-ROM hat, schnell zu versenden, den Touch des Modernen, Zukunftsträchtigen. Der Hauptnachteil: Ohne CD-ROM-Laufwerk im Computer, der dazu auch noch eigens eingeschaltet werden muß, können die Informationen nicht abgerufen oder genutzt werden.

Für PR nach innen kann die CD-ROM als Quelle betrieblicher Informationen eingesetzt werden, sozusagen als überdimensionales Blatt, als multimedialer Rundbrief oder als digitale Mitarbeiterzeitschrift – also analog zu den „alten“ Medien.

### 5.4.2. E-Mail

E-Mail meint den elektronischen Brief zur Versendung von Nachrichten praktisch ohne Zeitverlust und zu sehr viel geringeren Kosten. Man kann dem elektronischen Brief beliebige Dateien anfügen („attachment“), die damit ebenso schnell transportiert werden. Zu den Besonderheiten des Mediums E-Mail gehört auch ein herausragender Bedienungskomfort, der über den „head“ die rasche Beantwortung nahelegt und so Kommunikation intensiviert. Der Kommunikationsteilnehmer kann sich überdies informieren lassen, ob und wann der Adressat die Nachricht aufgerufen hat. Und das Medium erlaubt einen ganz neuen informellen Briefstil, der Elemente der Telefonsprache und gesprochener Umgangssprache enthält (z. B. Schweiger/Brosius 1997). Innovativ z. B. ist dabei auch die Nutzung sogenannter Smilies: Zeichen, mit denen man standardisierte emotionale Befindlichkeiten kommuniziert (Aussage nicht ernst gemeint, Unzufriedenheit, Augenzwinkern usw.).

Man kann sich bei E-Mail in Listserver eintragen lassen, das heißt, man wird bei fach- oder themenbezogenen Gruppen von Internet-Nutzern registriert, und subskribiert damit alle E-Mails, die in dieser Gruppe untereinander gewechselt werden.

E-Mail bietet ähnliche Anwendungsmöglichkeiten für Public Relations wie auch das klassische Schreib- und Druckmedium Brief, nur daß hier die Digitalisierung der „Postwurfsendung“ enorme Vorteile mit sich bringt: Schnelligkeit, Spezifikation einer begrenzten Zahl von Adressaten, Zeitunabhängigkeit der Rezeption, Antwortappell. Als PR-Medium wird E-Mail derzeit im Sinne eines statuserhöhenden Informationskanals eingesetzt: Bestimmte („wichtige“) Journalisten werden rund um die Uhr von manchen Organisationen mit besonderen („exklusiven“) PR-Informationen und -Materialien versorgt.

### 5.4.3. Usenet

Das Usenet ist gleichsam ein riesiges Schwarzes Brett zum Wissens- und Meinungsaustausch in öffentlichen Newsgroups. „Öffentlich“ heißt hier allgemeine Zugänglichkeit, das heißt, daß sich jeder daran beteiligen und eine Nachricht „anheften“ kann. Verschiedene Server bieten dabei unterschiedliche Themenbereiche mit zahlreichen Untergruppen an, die von News-Administrators verwaltet werden. Häufig finden sich dabei Listen mit oft gestellten Fragen und Antworten. Die News-Administrators entscheiden auch über die Anzahl der Newsgroups und die Dauer der angebotenen einzelnen News, die dann irgendwann wieder „vom Brett“ genommen werden. 1998 gab es rund achttausend verschiedene Gruppen, zu politischen, kulturellen, allgemeingesellschaftlichen Themen ebenso wie zu Fanclubs, Biersorten oder sonstigen speziellen Präferenzen bis hin zu PR-Stellenangeboten und PR-Stellennachfragen (Fuchs et al. 1998). Aber: „Die Qualität der Beiträge in den Newsgroups ist häufig von sehr niedrigem Niveau“ (Dierks et al. 1999, 52). Von kommerziellen Unternehmen wird das Usenet bislang fast gar nicht genutzt. Inwieweit politische, religiöse oder sonstwie ideologische Organisationen auf dieses Medium zurückgreifen, wurde bislang noch nicht erforscht. Dem Anschein nach dominieren hier Informationen von Einzelpersonen. In der Diskussion um die PR-Relevanz von digitalen Medien wird das Usenet bevorzugt in zweierlei Hinsicht thematisiert: einmal als Quelle zum Aufspüren von allgemeinen Trends und potentiellen Krisen speziell kommerzieller Unternehmen, sodann auch als Testgelände zum Erproben von Reaktionen auf geplante eigene Maßnahmen wirtschaftlicher, politischer oder publizistischer Art.

## 5.4.4. World Wide Web (WWW)

Das WWW, häufig fälschlicherweise gleichgesetzt mit dem Internet, ist das populärste digitale Medium. Technisch handelt es sich um einen Browser, der es erlaubt, weltweit eine Vielzahl der verschiedensten Texte, Bilder, Töne, Videos, die „online“ von jedermann nach bestimmten Regeln als Produkte eingegeben werden können, anzusteuern, abzufragen, auszudrucken oder zum Teil auch auf den eigenen Rechner zu überspielen. Mit dem World Wide Web werden Tausende von Netzwerken bzw. Millionen von Domains miteinander verknüpft. Die kommerziellen Online-Dienste (z. B. T-Online, CompuServe oder

America Online) unter diesen Netzen sind dabei geschlossen, gebührenpflichtig und haben eine vorgegebene Struktur; sie bieten spezielle Dienstleistungspakete an und unterscheiden sich so vom offenen, gebührenfreien und unstrukturierten WWW. Die Unüberschaubarkeit der WWW-Informationen insgesamt hat spezielle Suchdienste auf den Plan gerufen, die über Suchmaschinen und Kataloge Informationen im Daten-Dschungel besser greifbar machen. Manche Suchadressen sollen immerhin bis zu 30 Millionen Anfragen täglich erhalten.

Mitte der neunziger Jahre gehörte es für die meisten großen Organisationen auch in Deutschland zum guten Ton, zum wichtigen Imagebestandteil, im Internet zumindest mit einer Homepage präsent zu sein. Damit wurde Aufgeschlossenheit, Modernität, Attraktivität, Dynamik signalisiert. Man konnte es sich gewissermaßen nicht leisten, nicht „dabei zu sein" – auch wenn kaum jemand ansonsten einen konkreten Nutzen darin sah. Das ist heute nur zum Teil anders. Der „Internet-Auftritt", die „Web-Site", die „Online-Präsenz" werden funktional genutzt speziell für traditionelle PR, wie sie ansonsten auch mit den anderen Medien organisiert wird. Oneline-PR ist mit wenigen Ausnahmen bislang nur Zusatz oder Verdoppelung traditioneller PR. Als Ziele werden dabei genannt: „1. strategische Positionierung im Internet", „2. Steigerung des Bekanntheitsgrades", „3. Imagegewinn und Profilierung des eigenen Unternehmens", „4. Förderung des Dialogs mit den Zielgruppen und relevanten Teilöffentlichkeiten", „5. Beschleunigung von Kommunikationsprozessen" (Sabine Zehetner, in: Dierks et al. 1999, 378 ff.). Beispiele für Inhalte von WWW-Auftritten wären: aktuelle Selbstdarstellung der Organisation, geschichtliche Entwicklung, Geschäfts- oder Jahresbericht, Standortinformation, Mitarbeiter-/Mitgliederinformation, Journalistenservice, Nutzerservice, Reports und Bulletins, Projektberichte und Themenfeatures, Dossiers und Datenbanken usw. Nach einer begrenzten Inhaltsanalyse dominieren derzeit bei kommerziellen Unternehmen Selbstdarstellung (45 %), Presseservice (28 %) und Sponsoring (12 %) (vgl. auch Dierks et al. 1999, 393 ff.).

Das WWW hat allerdings auch gewisse Nachteile, die es zu kompensieren gilt. Abgesehen von der Überfülle der nicht mehr überschaubaren Informationsangebote und dem ungeheuren

Datenschrott, der kontinuierlich gesichtet und selektiert werden muß, ist das WWW ein Pull-Medium. Im Unterschied zu einem Push-Medium wie z. B. E-Mail, das Informationen offensiv einbringt, hat das WWW eine Hol-Struktur, das heißt, mit ihm kann nur passiv angeboten werden – der Nutzer muß selbst aktiv werden und das Angebot aufgreifen. Es bedarf deshalb besonderer Attraktionen, um sich durchzusetzen (z. B. ein ausgefeiltes Design, spezielle Inhalte, Give-aways, Unterhaltungscharakter). Von anderen werden alltagsnützlicher Informationswert, Unterhaltungswert (z. B. Gewinnspiele), Aktualität und Service als die wichtigsten Kriterien für die Attraktivität von Web-Sites genannt (vgl. Fuchs et al. 1998). Der Pull-Charakter des WWW signalisiert, daß es andere Medien sehr gut ergänzen, nicht aber ersetzen kann. Generell geht man bei den digitalen Medien davon aus, daß sie in einen „Medien-Mix" moderner Öffentlichkeitsarbeit eingebracht werden müssen und die alten PR-Medien nicht verdrängen.

Wie deutlich sich die bekannte PR-Praxis auch in den digitalen Medien wiederfindet, mag ein Beispiel für PR über www zeigen: „Das britische Landwirtschaftsministerium bietet einen sehr konsequent aufbereiteten Informationspool zum Thema BSE. Neben Einzelheiten zu diversen Regierungsprogrammen und einem Blick auf die wissenschaftliche BSE-Forschung sind hier Gutachten und Statements aus der parlamentarischen Aufarbeitung in London und Brüssel zu finden. Ein historischer Ablauf der Krise und ein Glossar zu dem kaum noch überschaubaren Thema runden das Angebot ab. Journalisten, Fachleute oder interessierte Bürger müssen nicht unbedingt Freunde regierungsamtlicher Meinungen sein, um hier eine ergiebige Ressource finden zu können (www.maff.gov.uk)" (Fuchs et al. 1998, 69). Selbstverständlich unterliegt die Ausrichtung hier den parteilichen Interessen Großbritanniens und nicht etwa denen der Europäischen Union, die seinerzeit den Einfuhrstopp für verseuchtes britisches Rindfleisch aufrechterhalten hat. Strukturhomologie wird durch die neuen Medien nicht automatisch befördert.

Das gilt auch für ein zweites Beispiel: das Informationsangebot der CDU/CSU-Bundestagsfraktion im WWW mit über tausend Seiten (Michael Maiworm in: Fuchs et al. 1998, 152 ff.).

Hier werden Grundinformationen über Aufbau und Arbeitsweise der Fraktion angeboten, alle Abgeordneten mit Bild und Biographie vorgestellt, Koalitionsvereinbarungen, Arbeitsordnungen, Parteiprogramme usw. zur Nutzung zur Verfügung gestellt. Ergänzt wird dieses Material durch eine Vielzahl aktueller Beiträge (Pressedienst, Audiodienst, Redetexte, Zeitthemen, Interviews, Einzelartikel usw.). Lehrer und Schulklassen können sich alle gewünschten Informationen kostenfrei herunterladen und weiter bearbeiten. 1998 lagen die Zugriffszahlen hier „stabil im sechsstelligen Bereich", bis zu 250 000 Zugriffe im Monat, mit steigendem Anteil der Anfragen aus dem Ausland. Noch viel erfolgreicher freilich war die Internet-Präsenz von Bertelsmann mit immerhin 670 000 Zugriffen bereits im September 1997. Allerdings sind hierzu nur sehr wenige Vergleichszahlen bekannt, und auch die Art des Zugriffs (nur Anklicken der Homepage, die Nutzung einzelner Seiten oder intensive und längere Recherche) dürfte eine wichtige Rolle bei der Bewertung solcher Zahlen spielen.

Die „Online-Präsenz" kann übrigens rückwirkend auch wieder die Struktur der Organisation selbst tangieren, wie am Beispiel von Hoechst (vgl. unten Kap. 5.4.6) oder auch der PR des Deutschen Bundestages aufgezeigt werden kann (Marshall 1998). Eine Veränderung der klassischen PR-Arbeit ergibt sich nicht zuletzt dadurch, daß immer mehr Presseorgane im Netz präsent sind, so daß Online-Pressemitteilungen entweder direkt „online" an die Zeitungs- und Zeitschriftenverlage gehen oder an Online-Plattformen für Pressemitteilungen, gewissermaßen digitale Nachrichtenagenturen. Online-Redaktionen gelten dabei als neue Zielmedien.

## 5.4.5. Inter Relay Chat (IRC)

Dieses fünfte digitale Medium ermöglicht die raumzeitliche Ko-Präsenz von Kommunikationsteilnehmern in thematisch spezifizierten Chat-Foren. Das sind virtuelle Räume, in denen man sich entweder unter Namenskürzeln austauscht oder in denen man mit- oder gegeneinander die verschiedenartigsten Rollenspiele spielen kann. Hier kann ein Mann als Frau auftreten, eine Frau als Mann, man kann sich die diversesten Charaktereigenschaften und ein beliebiges Aussehen zuordnen, man kann sich verkleiden – man kann eine ganz und gar fiktionale Identität annehmen. Kommunikationssprache ist meist Englisch. Jeder Kommunikationsteilnehmer schreibt seinen Redebeitrag am eigenen Computer, und der Text erscheint in Echtzeit gleichzeitig auf allen eingeloggten Terminals des jeweiligen Forums.

Man kann hier auch einen temporären Kanal für eine interne Konferenz oder eine virtuelle Pressekonferenz einrichten. Man könnte eigene Diskussionsforen gründen, eine Hotline, eine Krisenplattform usw. Aber bisher gilt noch, „daß der Internet Relay Chat in der Regel eher privat genutzt wird" (Dierks et al. 1999, 55). IRC muß als PR-Medium erst noch entdeckt werden.

### 5.4.6. Intranet

Das gilt deutlich nicht mehr für das vielfach bereits als PR-Medium genutzte Intranet – primär für PR nach innen und nur zum Teil für PR nach außen. Das Intranet ist ein Medium zur geschlossenen Vernetzung ausgewählter Kommunikationsteilnehmer innerhalb des Internet. Externe Nutzer haben hier keinen Zugang. Es verbindet die Mitglieder einer Organisation miteinander und weist vielfältige Einsatzmöglichkeiten auf: Top-Management-Kommunikation, Mitarbeiter-Information, abteilungsübergreifende Projektkommunikation, Round Table-Gespräche, Aus- und Weiterbildung, Krisenkommunikation, Adressenlisten, Arbeitshilfen, Archive und Dokumentation, Schulungsunterlagen, Nachfrageseiten u. a. (Fuchs et al. 1998).

So gibt es beispielsweise beim Chemiekonzern Hoechst AG u. a. das Hoechst Wide Web (HWW) als Intranet – ein „Quantensprung in der Mitarbeiterkommunikation" (L. N. Guntrum in: Fuchs et al. 1998, 141 ff.; Nusch/Guntrum 1998). Hier sind 50 % aller firmeninternen Veröffentlichungen verfügbar. Eine eigene Suchmaschine erleichtert den Mitarbeitern den Zugriff. Außerdem gibt es Newsgroups und Kommunikationsforen unterschiedlichster Art. Das betrifft nicht nur den fachinternen Austausch von Mitarbeitern untereinander, sondern tangiert die allgemeine Unternehmenskultur, denn jeder kann selbst Anbieter sein; es gibt keine hierarchische Struktur des dezentralen HWW. Auch „die Ausrede ‚Etwas nicht gewußt zu haben‘ verliert an Bedeutung, dafür kehrt sich die Informationsbringschuld eines Unternehmens in eine Holschuld der Mitarbeiter um.“ Alle Informationen (Wortbeiträge, Charts, Bilder, Graphiken, Filme usw.) können überspielt und am jeweiligen Arbeitsplatz für eigene Zwecke weiterbearbeitet werden. Das hat enorme integrative Auswirkungen. Das Netz bietet nicht zuletzt auch Produkt- und Marktinformationen in riesigem Umfang, internationale Adressendateien und (mit Zugangsbeschränkung) auch vertrauliche Forschungsdatenbanken bis hin zum Medienspiegel, einer internen Stellenbörse und einem Intranet-Café. Um das Jahr 2000 sollen weltweit alle 60 000 Rechner des Konzerns vernetzt sein.

Ergänzend dazu wurde als Variation das Extranet entwikkelt, mit dem eine Organisation sich mit Teilen des Intranet in einem geschlossenen Kreis mit Außenstehenden vernetzen kann, z. B. mit bestimmten Kunden, Lieferanten, Aktionären, Kooperationspartnern. Damit ist es möglich, spezielle Teilöffentlichkeiten optimal zu erfassen und kontinuierliche effiziente Öffentlichkeitsarbeit zu leisten: „Ein Aspekt, der für die PR zunehmend an Bedeutung gewinnt“ (Fuchs et al. 1998, 37). Prinzipiell denkbar wäre ein analoger Service auch bei Ämtern und Kommunen, wodurch mancher Behördengang überflüssig bzw. die öffentliche Meinungsbildung über kommunale Angelegenheiten befördert werden könnte, wie generell bei Non-Profit-Organisationen und Gruppen jeglicher Art für ihre Mitglieder nach innen und bestimmte Teilöffentlichkeiten nach außen.

Auch andere Möglichkeiten bieten sich an: „Die Mitarbeiterzeitschrift im Internet? Kein Problem. Zeitnahe, aktuelle Mitarbeiter-News-Services? Ohne großen Aufwand machbar. Die Organisation von Diskussionsforen und elektronischen Pinboards? Nur eine Frage der intelligenten Konzeption. Dialog mit Geschäftsleitung und Betriebsrat? Wer hier zu lange wartet, den bestraft das Leben“ (Fuchs et al. 1998, 112). Derzeit ist aber kein einziger Fall einer Online-Mitarbeiterzeitschrift bekannt. Das Medium Intranet also bietet noch zahlreiche Optionen für eine bessere Öffentlichkeitsarbeit zumindest nach innen.

# Literatur

Alpar, Paul: Kommerzielle Nutzung des Internet. Berlin, Heidelberg 1998.

Bachem, Christian: Online Marktkommunikation. In: Klaus Beck und Gerhard Vowe (Hrsg.), Computernetze – ein Medium öffentlicher Kommunikation? Berlin 1997, S. 21–30.

Bahl, Anke: Zwischen On- und Offline. Identität und Selbstdarstellung im Internet. München 1997.

Beck, Klaus und Gerhard Vowe (Hrsg.): Computernetze – ein Medium öffentlicher Kommunikation? Berlin 1997.

Dierks, Carsten et al.: Internet für Public Relations. Neuwied 1999.

Einholz, Martin: PR im Internet – Der Status quo in Deutschland: Ergebnisse einer empirischen Studie. In: Michael Krzeminski und Ansgar Zerfaß (Hrsg.), Interaktive Unternehmenskommunikation. Frankfurt/Main 1998, S. 53–71.

Engelkamp, Jan: Möglichkeiten der Internet-Nutzung in der Öffentlichkeitsarbeit. In: Bernd-Jürgen Martini (Hrsg.), Handbuch PR. Neuwied, Berlin 2. Aufl. 1994 ff. (Loseblattsammlung April 1997), S. 1–8.

Fuchs, Peter, Hartwin Möhrle und Ulrich Schmidt/Marwede: PR im Netz. Online-Relations für Kommunikations-Profis. Ein Handbuch für die Praxis. Frankfurt/Main 1998.

Kohlen, Manfred: PR Online – Öffentlichkeits- und Pressearbeit in den neuen Medien. In: Bernd-Jürgen Martini, Handbuch PR. Neuwied, Berlin 2. Aufl. 1994 ff. (Loseblattsammlung März 1997), S. 1–15.

Krzeminski, Michael und Ansgar Zerfaß (Hrsg.): Interaktive Unternehmenskommunikation. Internet, Intranet, Datenbanken, Online-Dienste und Business-TV als Bausteine erfolgreicher Öffentlichkeitsarbeit. Frankfurt/Main 1998.

Marlow, E.: Electronic Public Relations. Belmont/Calif. 1996.

Marshall, Stefan: Wirkungen von Online-Kommunikation auf das Kommunikationsmanagement von Organisationen – am Beispiel der PR des Bundestages. In: Patrick Rössler (Hrsg.), Online-Kommunikation. Beiträge zu Nutzung und Wirkung. Opladen 1998, S. 189–205.

Nusch, Friedmar und L. Nikolaus Guntrum: Hoechst Online Relations – Digitalisierung der Konzernkommunikation und veränderte interne Kommunikation. In: Michael Krzeminski und Ansgar Zerfaß (Hrsg.), Interaktive Unternehmenskommunikation. Frankfurt/Main 1998, S. 193–208.

Oenicke, Jens: Online-Marketing. Stuttgart 1996.

Pradel, Marcus: Marketingkommunikation mit neuen Medien. Zukunftsfähige Konzepte für den Mittelstand. München 1997.
Roesler, Alexander: Bequeme Einmischung. Internet und Öffentlichkeit. In: Stefan Münker und Alexander Roesler (Hrsg.), Mythos Internet. Frankfurt/Main 1997, S. 171–192.
Rössler, Patrick (Hrsg.): Online-Kommunikation. Beiträge zu Nutzung und Wirkung. Opladen 1998.
Schweiger, Wolfgang und Hans-Bernd Brosius: Internet und Sprache – Zusammenhänge zwischen Online-Nutzung und dem individuellen Schreibstil. In: Klaus Beck und Gerhard Vowe (Hrsg.), Computernetze – ein Medium öffentlicher Kommunikation? Berlin 1997, S. 159–183.
Silberer, Günter (Hrsg.): Interaktive Werbung. Marketingkommunikation auf dem Weg ins digitale Zeitalter. Stuttgart 1997.
Vesper, Sebastian: Das Internet als Medium. Auftrittsanalysen und neue Nutzungsoptionen. Bardowick 1998.
Werner, Andreas und Roland Stephan: Marketing-Instrument Internet. Heidelberg 1997.
Winter, Carsten: Internet/Online-Medien. In: Werner Faulstich (Hrsg.), Grundwissen Medien. 4. Aufl. München 2000, S. 274–295.
Zerfaß, Ansgar: Interaktive PR – Öffentlichkeitsarbeit im Internet und Online-Dienste. In: Bernd-Jürgen Martini, Handbuch PR. Neuwied, Berlin 2. Aufl. 1994 ff. (Loseblattsammlung Mai 1997), S. 1–21.
Zerfaß, Ansgar und K. Fietkau: Interaktive Öffentlichkeitsarbeit. Diskussionsbeitrag Nr. 89 des Lehrstuhls für Unternehmensführung der Universität Erlangen-Nürnberg. Nürnberg 1997.
Zerfaß, Ansgar: Öffentlichkeitsarbeit mit interaktiven Medien: Grundlagen und Anwendungen. In: Michael Krzeminski und Ansgar Zerfaß (Hrsg.), Interaktive Unternehmenskommunikation. Frankfurt/Main 1998, S. 29–52.

# 6. Methoden und Strategien

„Medien" meint die Instrumente der Öffentlichkeitsarbeit als solche, gewissermaßen isoliert; aber natürlich muß bewußt bleiben, daß sie im Rahmen von Public Relations stets im Verbund eingesetzt werden. Damit zeigt sich die systemspezifische Mediaselektion als ein übergeordnetes, wichtiges Problem in diesem Bereich. Mediaselektion beschreibt den Prozeß, in dem einzelne Medien – mit Blick auf die jeweilige Teilöffentlichkeit – als Instrumente ausgewählt, aufeinander abgestimmt und dann im Verbund eingesetzt werden (z. B. Freter 1974). „Methoden" dagegen meint Verfahren, die zusätzlich eine wichtige Rolle für die Öffentlichkeitsarbeit spielen bzw. den Medieneinsatz regulieren.

Es gibt Methoden oder Strategien der Öffentlichkeitsarbeit speziell kommerzieller Unternehmen, die bei den Medien noch nicht genannt wurden – sei es, daß sie verschiedene Medien bündeln, sei es, daß sie das beschriebene Instrumentarium von Medien schlicht erweitern. Teils handelt es sich hierbei um normale, immer wieder einsetzbare Verfahren, teils gelten sie nur für besondere Ereignisse. Die wichtigsten fünf sollen einleitend kurz nachgetragen werden:

– die Pressekonferenz, die sich an ausgewählte Journalisten wendet (einfaches Pressegespräch, Jour fixe, große Pressekonferenz);

– der Infostand, speziell für kritische Teilpublika im Sinne der Herstellung sogenannter Gegenöffentlichkeit bewährt, etwa auf dem Marktplatz (z. B. Marchal/Spura 1981);

– der Tag der offenen Tür (z. B. Schaller 1982), das Jubiläum, das Betriebs- oder Vereinsfest, der Verbandstag, für spezifische Publika unterschiedlicher Art;

– der Ideenwettbewerb und die Mitarbeiter- oder Mitgliederbefragung, speziell für Öffentlichkeitsarbeit nach innen (z. B.

Pawlowsky-Flodell 1993; Drabant-Schwalbach 1995; Borg 1995; Freimuth/Kiefer 1995; Schulz 1996);
– die Messe, die Ausstellung, das Großereignis, häufig markt-, branchen-, spartenspezifisch (z. B. von Wedel 1977; Weishäupl 1980; Kustenaar 1983; Dierkes 1985; Mathes et al. 1995).

In zweierlei Hinsicht sollen im folgenden Methoden und Strategien von Öffentlichkeitsarbeit als einer umfassenden kulturwissenschaftlichen Domäne herausgestellt werden: Erstens kann Öffentlichkeitsarbeit, als kontinuierlicher Prozeß begriffen, methodologisch aufgefächert werden in unterschiedliche Schritte oder Phasen. Eine solche Differenzierung konkretisiert die spezielle System-Umwelt-Interaktion, macht verschiedene Stadien der Strukturhomologie sichtbar und erlaubt damit operational die Optimierung (Kap. 6.1). Zweitens muß auf einen Spezialfall von Öffentlichkeitsarbeit abgehoben werden, der in Deutschland schon in den achtziger Jahren und vollends in der zweiten Hälfte der neunziger Jahre immer mehr Aufmerksamkeit beansprucht hat und in der Tat auch sachlich ins Zentrum von Öffentlichkeitsarbeit einer bestimmten Art von Organisation gehört: Sponsoring (Kap. 6.2). Im Zusammenhang mit dem Wertebezug von Öffentlichkeitsarbeit wurde bereits auf die besondere Problematik kommerzieller Unternehmen bzw. ihrer Institutionenethik hingewiesen (vgl. Kap. 3.4.1). In mehrfacher Hinsicht hat Sponsoring den Rang einer Schlüsselstrategie für Strukturhomologie eingenommen. Berücksichtigt man hier ergänzend die vergleichbaren Methoden und Strategien auch von Non-Profit-Organisationen, so muß man Öffentlichkeitsarbeit übergreifend letztlich als kulturstiftende Praxis begreifen.

## 6.1. Von der Ist-Analyse zur Evaluation

Öffentlichkeitsarbeit als Prozeß ist eine kontinuierliche Abfolge bestimmter Handlungsschritte. Diese können sich auch überlappen, es kann Auslassungen geben, und sie lassen sich unterschiedlich detailliert in bis zu zehn Abschnitte einteilen. Strukturell können sie freilich auf vier Grundschritte reduziert werden; diese sollen hier im einzelnen vorgestellt und erläutert werden.

Natürlich hängt die Planung von Projekten konkret davon ab, welcher Art das Projekt ist, welche Ziele bei welchen Umweltsystemen bzw. in welchen Teilöffentlichkeiten erreicht werden sollen, welche Medien eingesetzt werden, welche finanziellen Mittel zur Verfügung stehen usw. Man kann dabei davon ausgehen, daß ein PR-Projekt in aller Regel anhand eines konkreten Anlasses initiiert wird. Da kann es um die Erhöhung von Marktanteilen oder die Erschließung neuer Teilöffentlichkeiten gehen, da kann ein schlechtes Image nach außen oder auch ein Problem innerhalb des Systems, im Sinne der Organisationskultur, den Ausschlag geben, und vieles andere mehr. Ausgangspunkt ist fast immer der kritische Befund, daß irgend etwas nicht in Ordnung ist, das heißt systemspezifisch optimiert werden muß (Dörrbecker/Fissenewert-Goßmann 1997 u.v.a.). Nur erst vereinzelt wird mit allen Konsequenzen damit ernst gemacht, daß Öffentlichkeitsarbeit kontinuierlich und gerade auch in „guten Zeiten“ von großer Bedeutung ist; in der Regel tendiert Öffentlichkeitsarbeit bei kommerziellen Unternehmen ebenso wie im Non-Profit-Bereich – und zwar auf der gesamten Skala von Öffentlichkeiten, von der Paarbeziehung bis zur globalen Weltöffentlichkeit – zur „Krisen-PR“, das heißt der bloßen Schadensbeschränkung, wenn das Kind schon in den Brunnen gefallen ist, zur Imagegestaltung nur für eine beschränkte Zeit.

*Schritt Nr. 1 ist die Ist-Analyse.*
Es geht hier um eine kritische Bestandsaufnahme und Bewertung der gegebenen Situation und Umstände, sowohl intern als auch extern, das heißt auf die eigene Organisation bezogen und mit Blick auf verschiedene Umwelt-Systeme. Welche Stärken lassen sich festhalten? (Hier wird einem meistens etwas einfallen.) Welche Schwächen sind zu notieren? (Hier fällt einem oft nur wenig ein.) Öffentlichkeitsarbeit zielt im Kern auf Strukturhomologie. In der Praxis lautet entsprechend die Frage: Was ist in verschiedenen Teilöffentlichkeiten über das System bekannt, und was müßte bekannt gemacht werden? Wo liegen Probleme? Wie verhalten sich die Eigeninteressen, Sinnkonzepte und Strukturelemente zu den Interessen, Sinnkonzepten, Strukturelementen von Teilöffentlichkeiten oder „der“ Medienöffent-

lichkeit? Wo gibt es Widersprüche, Gegensätze, Überlappungen etwa in den Werthierarchien?

Die Ist-Analyse ist schonungslos offen und färbt nicht schön. Deshalb hat es große Vorzüge, wenn eine externe Instanz (PR-Wissenschaftler, PR-Berater, PR-Agentur etc.), die nicht „betriebsblind“ ist und den Finger leichter in die Wunde legen kann, beteiligt ist. Absolute Vertraulichkeit ist dabei eine Selbstverständlichkeit – das meint die Paarbeziehung ebenso wie die Stadtverwaltung, die Bankenkette ebenso wie den Staatenbund. Eines der größten Probleme bei der Ist-Analyse nämlich ist die kritische Unterscheidung von objektivem Zustandsbild, Selbstbild und Fremdbild. Das objektive Zustandsbild muß keineswegs mit dem Selbstbild oder dem Fremdbild übereinstimmen. Auch wenn es einer Organisation objektiv gut geht, kann es das Image einer angeschlagenen Organisation haben (und natürlich umgekehrt). Was bei der Ist-Analyse zählt, ist primär das, was „die anderen“ über das System wissen und denken, das heißt das Bild des Systems innerhalb der systemeigenen Teilöffentlichkeiten sowie bei den Umweltsystemen und den entsprechenden externen Teilöffentlichkeiten. Das bedeutet, daß eine Ist-Analyse nicht allein „im stillen Kämmerlein“ durchgeführt werden kann, obwohl dem selbstkritischen Brainstorming, der vorbehaltlos selbstkritischen Beschreibung, Bewertung und Interpretation des Ist-Zustandes eine entscheidende Bedeutung zukommt. Das Fremdbild muß nämlich zunächst einmal erhoben werden, und natürlich möglichst von parteilosen bzw. überparteilichen Dritten.

Die Ist-Analyse impliziert also den Einsatz demographischer Mittel und spezieller (sozial-)psychologischer Methoden. Teilöffentlichkeiten können sein: z. B. die Gesamtbevölkerung einer Region, bestimmte Kundenkreise, bestimmte Milieus oder Szenen, auch die Medienmacher und Journalisten oder bestimmte andere Opinion Leaders, nicht zuletzt die Mitarbeiter oder Mitglieder insgesamt oder bestimmter Abteilungen. Mitarbeiter- bzw. Mitgliederbefragungen sind entsprechend eine geeignete Strategie. Demographische Mittel können sein: z. B. Fragebogen, persönliche Tiefeninterviews, Telefoninterviews, Straßeninterviews. Methoden können sein: z. B. einfache Fragen, etwa zum Bekanntheitsgrad und zu Urteilen und Wertungen, Fragenbatterien zu unterschwelligen Assoziationen, komplexere Verfahren wie das Polaritätenprofil oder andere Assoziationstests. Entsprechend sind die statistischen Auswertungen aufwendig, von der simplen Skalierung nach Ratings bis zur Chi-Quadrat-Zerlegung und anderen Signifikanztests.

Einer der Grundfehler bei der Ist-Analyse ist weniger, daß man geneigt ist, sich etwas vorzumachen und bereits im Ansatzpunkt den Selbstbetrug zu praktizieren, sondern: daß auf diesen ersten Schritt der umfassenden selbstkritischen Informationsgewinnung nicht genügend Zeit, Geld, Gewicht gelegt wird. Von der Qualität der Ist-Analyse aber, gewissermaßen von der Diagnose, hängt die vernünftige Planung und alles Weitere entscheidend ab. Fällt die Phase der Ist-Analyse zu kurz aus oder werden zentrale Merkmale (die geschichtliche Entwicklung der Organisation, die Machtverhältnisse, die finanzielle Situation, das Betriebsklima, die Marktsituation, Konkurrenzen, bisherige Ziele und Zukunftsaussichten, bisherige Öffentlichkeitsarbeit etc.) ausgespart, wird sich das spätestens bei der Effizienz der auf dieser Grundlage eingesetzten PR-Maßnahmen rächen. Ziel der Ist-Analyse ist es, die Mängel, Probleme, Lücken, die Diskrepanzen zu ermitteln, um sie gezielt im Sinne von Strukturhomologie zu beseitigen.

*Schritt Nr. 2 ist die Soll-Bestimmung.*
Die bei der Bestandsaufnahme gesammelten Daten, Informationen, Meinungen, Fakten müssen gegliedert, analysiert und im Hinblick auf die Aufgabenstellung interpretiert werden. Welche Subziele oder Zwischenziele für die Öffentlichkeitsarbeit lassen sich intern und extern benennen? Welche Umweltsysteme spielen dabei eine Rolle? Welche Teilöffentlichkeiten müssen entsprechend angesprochen werden? Was kann und soll realistischerweise erreicht werden? Was läßt sich an meßbaren Zielen spezifizieren? Die Soll-Bestimmung darf sich nicht allein auf die Darstellung oder Präsentation (nach innen oder außen) hin orientieren, sondern muß auch die Wirklichkeit einbeziehen – Öffentlichkeitsarbeit impliziert gerade auch die realen Veränderungsmöglichkeiten. Die Soll-Bestimmung meint also strategische Entscheidungen auch im Sinne eventuell notwendiger Selbstkorrekturen. Beide Fragerichtungen sind demnach

tangiert: Im Hinblick auf welche Ziele muß welche Teilöffentlichkeit umgestimmt werden? Im Hinblick auf welche Ziele sind Veränderungen der Organisation selbst notwendig?

Hauptfehler hier dürfte sein, daß die Bestimmung der organisationspolitischen Ziele oft nur mangelhaft oder allzu unverbindlich gehalten ist. Selbst bei kommerziellen Unternehmen wird auf die explizite Bestimmung etwa von primären, sekundären, tertiären Zielen in der Regel viel zu wenig Sorgfalt verwendet, und vor allem ihre gesellschaftsorientierte Zielbestimmung läßt zumeist zu wünschen übrig oder fehlt gänzlich. Von Non-Profit-Organisationen ganz zu schweigen. Der Hauptfehler hier besteht darin, daß die Ziele in aller Regel schlicht als selbstverständlich unterstellt werden. Man verkennt, daß auch die Polizei, die Gewerkschaften, die Landesregierung, die Umweltschutzorganisation usf. jeweils einer kontinuierlichen Zielfortschreibung bedürfen.

Ziele müssen differenziert und hierarchisch aufgegliedert sein, um verschiedenen Teilöffentlichkeiten oder Umweltsystemen je spezifisch entsprechen zu können. Ausgehend von einem Hauptziel oder einem Zielkomplex an der Spitze müssen – bäumchenähnlich – die diversen Subziele oder Teilziele integrativ und damit widerspruchsfrei bestimmt werden. Die häufig unterschlagenen Ziele für die Öffentlichkeitsarbeit „nach innen“ müssen dabei an exponierter Stelle stehen. Naturgemäß lassen sich Ziele nur für konkrete einzelne Organisationen spezifizieren. Wer sich aber die Mühe macht, einzelne PR-Strategien von Organisationen einmal fallbezogen im Detail zu betrachten, insbesondere wenn sie als „PR-Kampagnen“ firmieren und anstelle von Strukturhomologie die Inszenierung von Öffentlichkeit anstreben (vgl. Röttger 1997), wird feststellen müssen, daß sowohl bei der Ist-Analyse als auch bei der Soll-Bestimmung katastrophale Defizite vorherrschen.

*Schritt Nr. 3 ist die Umsetzung.*

Nach der Bestandsaufnahme und der Zielbestimmung folgt logisch die Umsetzung: zunächst die Planung in Strategie und Taktik, dann die Realisierung. Die Planung beschreibt den Weg zum Erreichen der festgelegten Ziele, angefangen von den zu vermittelnden Informationen bzw. den durchzuführenden Korrekturen über den jeweiligen Einsatz von Medien gemäß den anzusprechenden Teilöffentlichkeiten oder Umweltsystemen bis hin zum Finanzbedarf und einem exakten Zeitplan. Ein solcher strategischer Generalstabsplan umfaßt bei kommerziellen Unternehmen und großen Non-Profit-Organisationen häufig drei bis sechs Jahre, manchmal auch einen noch längeren Zeitraum. Daraus werden wiederum kurz- und mittelfristige Aktions- und Zeitpläne abgeleitet, die entsprechend konkreter und detaillierter sein müssen und zugleich die Flexibilität im eigenen Handeln möglich machen sollen, das heißt die Anpassung an sich möglicherweise verändernde Umstände und Rahmenbedingungen.

Ausgehend von der sachlichen Programmplanung erfolgen Terminplanung und Finanzplanung. Die Programmplanung orientiert sich an verschiedenen Bereichen oder Teilöffentlichkeiten, Opinion Leaders oder Institutionen, Teilzielen oder Medien; sie bedarf einer ausgefeilten Organisation und Kompetenzverteilung. Die Terminplanung muß gesellschaftliche Eckdaten (z. B. Ferien/Urlaubstermine) und andere zeitabhängige Faktoren berücksichtigen (z. B. „Sommerloch“ bei der Presseberichterstattung). Die Finanzplanung sollte für das gesamte Projekt mehrjährig gesichert sein, um unnötigen Kräfteverschleiß beim internen „Kampf um Mittel“ zu vermeiden. Andererseits empfiehlt es sich aber auch nicht, unabhängig von den konkret vorgesehenen Maßnahmen einen Pauschalbetrag als Etat zu bestimmen, der etwa auf Prozentanteilen vom Umsatz oder Gewinn basiert, weil das zur Verschwendung verleiten kann.

Der Planung als theoretischer Umsetzung folgt die Realisierung als praktische Durchführung; beides läßt sich logisch eigentlich nicht voneinander trennen. Die aufgestellten Pläne und projektierten Maßnahmen werden umgesetzt: Es wird gehandelt.

*Schritt Nr. 4 schließlich ist die Wirkungskontrolle.*
Dieses Problemfeld hat unter der Chiffre „Evaluation“ in den neunziger Jahren besondere Aufmerksamkeit erfahren, nicht zuletzt deshalb, weil es bislang sträflich vernachlässigt worden war. In der Praxis von Öffentlichkeitsarbeit gab es aus den

vielfältigsten Gründen kaum eine Wirkungskontrolle: weil keine Ziele formuliert worden waren; weil die finanziellen Mittel nicht ausreichten; weil keine Zeit mehr dafür war; weil kein Personal zur Verfügung stand; weil ihre Nützlichkeit für Öffentlichkeitsarbeit generell bestritten wurde; weil das methodische Instrumentarium nicht bekannt war; weil ein negatives Ergebnis Nachteile für den „Evaluierten“ mit sich bringen könnte; oder weil schon der Tatbestand einer Kontrolle zu Verunsicherung und Verlust von Glaubwürdigkeit führen kann (Baerns 1995, 15 f.; Wottowa 1995, 40 f.). Als sich jedoch PR-Agenturen zunehmend genötigt sahen, ihre Leistungen meßbar zu gestalten, ihre Preisvorstellungen zu begründen und sich verstärkt von den Werbeagenturen abzugrenzen, haben sich die wissenschaftlichen Bemühungen (Baerns 1995) um eine Standardisierung der PR-Evaluation verstärkt (Arbeitskreis Evaluation 1997). Sie zielen insbesondere auf den Gegenstand der Evaluation und ihre Arten, auf ihre Funktion und auf ihr methodisches Instrumentarium. Diese vier Aspekte sollen kurz erläutert werden.

Unterschiedlich kann definiert werden, was überhaupt bei der Wirkungs- oder Erfolgskontrolle kontrolliert, bei der Evaluation bewertet wird: Wirkung? Erfolg? Akzeptanz? Output? Verfahren? Effizienz? Outcome? Und was genau verbirgt sich hinter solchen Begriffen? (Fuhrberg 1995) Solche Fragen indizieren die Notwendigkeit, den *Gegenstand* der Evaluation möglichst exakt zu bezeichnen. PR-Wirkung kann einmal Publikumswirkung heißen, einmal Medienwirkung, einmal Veränderungen von Strukturhomologie oder Identitätsentwicklung usw. – je nach der Auffassung von Öffentlichkeitsarbeit. Aus kulturwissenschaftlicher Sicht ist bislang eine angemessene Methode der Evaluation von Öffentlichkeitsarbeit noch nicht in Sicht. Allgemein gilt das Verständnis von Erfolg als „Zielerreichung“, wobei das genaue Ziel jeweils erst noch spezifiziert werden muß. Ein zweiter Ansatz definiert Erfolg unter Kosten-Nutzen-Relation, das heißt, wenn der Nutzen höher ist als die Kosten (Hagen/Oberle 1994). Aber auch Grundprobleme der Wirkungsforschung sind hier mit angesprochen – etwa die multifaktorielle und nur schwer zu spezifizierende Ursache von komplexen Wirkungen, zumal von gar nicht gewollten; die Bedeutung des Zeitfaktors im Sinne der Kumulation von Information und Verhalten; oder auch der unterschiedliche Grad der Publikumsinvolviertheit (um nur einige willkürlich herauszugreifen). Eine Fülle weiterer Probleme ist mit der Praxis der Evaluation verbunden: So spielt bei der Wirkungskontrolle eine große Rolle, ob sie parteilich oder überparteilich durchgeführt wird; ob sie nur zur Bestätigung einer Theorie herhalten muß oder theorielos auf Affirmation des Status quo ausgerichtet ist; ob sie sich auf PR nach außen oder auf PR nach innen (z. B. Zorn 1995) bezieht, ob sie Fremd- oder Eigenevaluation ist (das heißt von außen, das heißt kostenträchtig, durchgeführt wird), usw.

Man unterscheidet zwei *Arten* von Evaluation: die summative und die formative Evaluation. Für die summative Evaluation oder Endkontrolle – gelegentlich auch „PR-Audit" genannt (Hilger 1997) – spricht, daß dadurch die Tendenz zur Selbstüberschätzung, zum Selbstbetrug deutlich reduziert und die Lernfähigkeit des Systems gefördert wird. Diese zusammenfassende Bewertung am Schluß, im nachhinein, meist unter Verwendung quantitativer Methoden und in einem begrenzten Zeitraum durchgeführt, ist am stärksten verbreitet und am besten anerkannt. Allerdings wird sie auch als Selektionsstrategie eingesetzt, nach der z. B. Personen oder Handlungsalternativen ausgesondert werden – womit das Ziel einer Verbesserung von Öffentlichkeitsarbeit als Prozeß aufgekündigt wäre.

Für die formative Evaluation oder Verfahrenskontrolle spricht, daß dabei schon während der PR-Aktivitäten falsche Zielvorstellungen modifiziert, Probleme bei der Durchführung gelöst und damit das Ergebnis zum Positiven hin verschoben werden kann. Entsprechend lassen sich damit enorme Kosten einsparen. Insbesondere die Effizienz der Bemühungen wird durch diese fortlaufende Überwachung, bevorzugt mit qualitativen Methoden, gesteigert. Allerdings verführt die formative Evaluation dazu, sich am eigenen Aktionismus zu erfreuen und durch die permanenten Korrekturen das Hauptziel aus den Augen zu verlieren oder derart zu verschieben, daß eine selbstkritische Schlußbilanz gar nicht mehr möglich ist – womit im Prinzip das Ziel einer Verbesserung von Öffentlichkeitsarbeit ebenfalls aufgekündigt wäre.

Es bieten sich somit Mischformen aus beiden Ansätzen an. Entscheidend bleibt in jedem Fall die Frage: Für wen hat eine Wirkungskontrolle zu welchem Zeitpunkt welchen Nutzen oder Wert? (Wottowa 1995) Auch hier hat die Wertfrage also wieder Schlüsselfunktion. Nicht nur der Gegenstand der Evaluation muß präzise beschrieben werden, sondern auch Wert, Ziel oder *Funktion* der Evaluation. Erfolgskontrolle hat mit Steuerung zu tun, aber nicht nur mit der Steuerung von Kommunikationsprozessen, sondern mit der Steuerung von Interaktion, die sich bekanntlich zuallererst im realen Handeln ausdrückt. Aus kulturwissenschaftlicher Perspektive ist die Funktion einer PR-Evaluation nichts weiter als die Optimierung von Strukturhomologie.

Neben dem genauen Gegenstand der Evaluation und ihren Arten sowie ihrer Funktion muß schließlich auch das Instrumentarium reflektiert werden. Man unterscheidet dabei publikumsbezogene und medienbezogene Instrumente. Publikumsbezogene Instrumente der Wirkungskontrolle sind die explorative Befragung, die Gruppendiskussion, die repräsentative Umfrage und die Imageanalyse.

Die *explorative Befragung* ist eine persönliche mündliche Befragung, im Sinne eines qualitativen Interviews, nur grob strukturiert, nicht repräsentativ. Sie wird vor allem als Pilotstudie eingesetzt, um aufwendigere Wirkungskontrollen vorzubereiten und die Erfolgsaussichten prognostizieren zu können. Befragt werden hier oft Schlüsseldialoggruppen, etwa Opinion leaders.

Die *Gruppendiskussion* erfolgt in einer numerisch begrenzten Gruppe von maximal etwa zehn Teilnehmern zu einem festgelegten Thema. Ein Diskussionsleiter lenkt, greift aber inhaltlich nicht ein. Es geht hier nicht um Wirkungen bei einzelnen, sondern um die Effekte von Gruppenprozessen auf Wirkungen bei einzelnen, um kollektive Meinungsbildungsprozesse, speziell bei kritischen Teilöffentlichkeiten. Man kann solche Gruppen sowohl homogen (z. B. Umweltschützer) als auch heterogen (Umweltschützer versus Industrievertreter) zusammensetzen.

Die *repräsentative Umfrage* ist standardisiert und kann schriftlich, face-to-face mündlich oder als Telefonumfrage durchgeführt werden. Auf die große Bandbreite der erprobten demoskopischen Verfahren im einzelnen kann hier ebensowenig eingegangen werden wie etwa auf die Vor- und Nachteile der verschiedenen Umfragestrategien und -formen (vgl. z. B. Friedrich 1973 passim; Noelle-Neumann/Petersen 1996). Naturgemäß gilt diese Methode nicht nur für die Evaluation von PR nach außen, bei bestimmten Zielpersonen, Teilöffentlichkeiten oder der Medienöffentlichkeit, sondern auch nach innen, bei Mitgliedern oder spezifischen internen Teilöffentlichkeiten.

Die *Imageanalyse* schließlich als aufwendiger und bekanntester Sonderfall kommt den Ansprüchen einer Evaluation von Öffentlichkeitsarbeit, verstanden als kulturkonstituierende System-Umwelt-Interaktion, am nächsten. Bevorzugtes Instrument sind hier mehrstufige, multidimensionale Skalierungsverfahren wie das Semantische Differential bzw. das Polaritätenprofil (vgl. ausführlicher z. B. Faulstich 1992).

Neben den publikumsbezogenen Instrumenten der Wirkungskontrolle gibt es medienbezogene Instrumente, die (skaliert) vom naiven Sammeln etwa von Clippings und der Äquivalenzanalyse über die Medienresonanzanalyse als PR-bezogene Anwendung der klassischen Inhaltsanalyse und die Input-Output-Analyse bis schließlich zur hochkomplexen Zeitreihenanalyse reichen.

Das bloße *Sammeln* und das mehr oder weniger intuitive Bewerten von Presse-Clippings quasi „aus dem Bauch", obwohl immer noch häufig angewendet, dient wenig mehr als bestenfalls der eigenen Eitelkeit und Selbstzufriedenheit. Solche und ähnliche suboptimale Verfahren können nicht eigentlich als Evaluation bezeichnet werden.

Die *Äquivalenzanalyse* erklärt sich aus der falschen Zuordnung der Öffentlichkeitsarbeit zum betriebswirtschaftlichen Instrumentarium. Gemessen wird der Wert der Öffentlichkeitsarbeit, indem die Größe eines abgedruckten Artikels über eine Organisation gleichgesetzt wird mit den Kosten, die eine Anzeige in gleicher Größe gekostet hätte. Gelegentlich hat dieses Verfahren nur die unternehmensinterne Funktion, das Budget für Öffentlichkeitsarbeit gegenüber dem Werbebudget zu erhöhen. Die Äquivalenzanalyse kann nicht ernsthaft als Evaluationsstrategie herangezogen werden, weil sie de facto Öffentlichkeitsarbeit mit Werbung gleichsetzt. Für Non-Profit-Organisationen, die nicht werben, wäre sie völlig unbrauchbar. Selbst im kommerziellen Bereich kann im übrigen ein besonderer Erfolg von PR gerade darin bestehen, daß etwa ein (kritischer) Artikel über ein Unternehmen überhaupt nicht erscheint – der Null-Werbewert wäre im Gegenteil Ausdruck gerade erfolgreicher Public Relations.

Die *Medienresonanzanalyse* bezieht sich auf die Widerspiegelung des Systems und seiner Öffentlichkeitsarbeit in den Medien, insbesondere in den Druckmedien, ist empirisch, meist computergestützt, anhand von Zeitungsausschnitten, sogenannten „clippings" (z. B. GPRA 1994; Femers/Klewes 1995; Rolke 1995; Arbeitskreis Evaluation 1997). Sie sucht das breite Instrumentarium der sozialwissenschaftlichen Inhalts- oder Aussagenanalyse (auf die hier nur pauschal hingewiesen werden kann) für PR anzuwenden. Im optimalen Fall nutzt sie quantitative ebenso wie qualitative Verfahren. Man kann dabei mit der GPRA vielleicht noch verschiedene Typen unterscheiden: die „Langzeit-Clip-Tracking"-Analyse (für strategisch langfristige Öffentlichkeitsarbeit), die „Ad hoc-Evaluationsanalyse" (für einen konkreten Einzelfall) die „Taktik-orientierte Analyse" (als operative Strategie für eine bessere Journalistenansprache) oder die „Umfeld-Analyse" (Einbeziehung von Kunden und Konkurrenten). Gelegentlich spricht man hier auch vom „Medien-Monitoring" (Mathes et al. 1995).

Die *Input-Output-Analyse* berücksichtigt umfassender alle Steuerungsmaßnahmen der System-Umwelt-Gestaltung eines Systems gegenüber seiner Umwelt – in der Praxis allerdings meist beschränkt auf *kommunikative* Gestaltung wie z. B. Pressemitteilungen, ohne Einbeziehung auch der *handlungsbezogenen* Gestaltung, also des realen Verhaltens. Parallel dazu wird erfaßt und vergleichend bewertet, was davon in den Medien auf welche Weise widergespiegelt wurde. Die Kriterien dieses Vergleichs werden meist nicht expliziert, weshalb über kausale Zusammenhänge von Input und Output oft nur spekuliert werden kann. Hier liegt noch ein großes Verbesserungspotential für eine zukünftige Wissenschaft der Öffentlichkeitsarbeit. Zu bedenken ist auch, daß es weniger um den „Output" als vielmehr um das „Outcome“ gehen müßte, das heißt letztlich nicht um Resonanz in den Medien, sondern um Resonanz im Verhalten der jeweiligen Teilöffentlichkeit (vgl. Lindenmann 1997).

Die *Zeitreihenanalyse* schließlich (Hilger 1997) meint die mehrfache Messung vor einer PR-Maßnahme, während des Projekts, nach Abschluß der Kampagne und auch noch als Nachmessung, um die Langzeitwirkung zu erfassen. Gemessen werden nicht nur Input und Medienresonanz, sondern auch – in Kombination – die Reaktionen beim Publikum, etwa in Form von Omnibus-Umfragen. Damit verselbständigt sich die Wirkungskontrolle von PR zur publizistik- und medienwissenschaftlichen Aufarbeitung der Biographie eines Themas bzw. der Repräsentanz eines Systems in der Öffentlichkeit. Dieses ohne Zweifel leistungsfähige Verfahren ist freilich derart verfeinert, arbeitsaufwendig und kostenintensiv, daß es praktisch nicht eingesetzt wird, zumal damit auch die Frage nicht beantwortet werden kann, welche Wirkungsvariable denn nun in welchem Zeitverzug für welche Wirkung tatsächlich ursächlich war.

Das Grundproblem aller medienorientierten Ansätze liegt darin, daß hier nur veröffentlichte Meinung abgefragt wird, nicht tatsächliche öffentliche Meinung, nicht tatsächliches Image. Mitunter denken die Menschen auch anders, als es ihnen die Medien vorkauen, und aus der Art der medialen Resonanz kann in keiner Weise auf die tatsächliche Verarbeitung und „Wirkung“ geschlossen werden.

## 6.2. Der Spezialfall Sponsoring

6.2.0. Sponsoring ist heute ein klassisches und hochaktuelles Beispiel für Strukturhomologie. Insofern gehört es zum Herzstück von Öffentlichkeitsarbeit (kommerzieller Unternehmen). Die „Sponsoring-Bibliographie“ von Alfred H. Sokoll (München 1997) hat nicht weniger als 365 Seiten. Aus der Fülle der Sekundärliteratur seien einige Publikationsjahre und Monographien exemplarisch hervorgehoben. Übergreifende Standardtitel zum Sponsoring datieren bereits aus den achtziger Jahren:

1986: „Unternehmen als Mäzene“ von Marion Hüchtermann und Rudolf Spiegel (Köln);
„Sponsoring“ von Dieter H. Dahlhoff (Bonn);
„Die Mission des Mäzens“ von Klaus Daweke und Michael Schneider (Opladen).
1987: „Sponsoring“ von Manfred Bruhn (Frankfurt/Main);
„Kunstförderung in der Industrie“ von Erwin K. Scheuch, Heinz H. Fischer und Franz Bauske (Köln) sowie, von denselben Autoren,
„Die Wirtschaft als Kunstförderer“ (Köln);
„Kunst und Wirtschaft“, hrsg. von Helmut H. Haschek et al. (Wien).
1988: „Die volkswirtschaftliche Bedeutung von Kunst und Kultur“ von Marlies Hummel und Manfred Berger (Berlin);
„Sponsoring in der Bundesrepublik“ von Manfred Bruhn und Thomas Wieland (Oestrich-Winkel);
„Musikmäzenatentum und Sponsoring“, hrsg. von Hermann Rauhe (Regensburg);
„Kunst Sponsoring“ von Martin Schwarz (Wien);
„Kunstsponsoring“ von Friedrich Loock (Wiesbaden);
„Vom Mäzen zum Sponsor“ von Christoph Behnke (Hamburg);
„Kultursponsoring“ von Peter Roth (Landsberg).
1989: „Kulturförderung durch Unternehmen in der Bundesrepublik Deutschland“ von Heinz H. Fischer (Köln);
„Renaissance der Mäzene?“ von Karla Fohrbeck (Köln);
„Sport- und Kultursponsoring“, hrsg. von Arnold Hermanns (München);
„Kulturförderung, Kultursponsoring“, hrsg. von Manfred Bruhn und H. Dieter Dahlhoff (Frankfurt/Wiesbaden);
„Sponsoring und emotionale Erlebniswerte“ von Stefan Erdtmann (Wiesbaden);
„Sponsoring bei Schweizer Firmen, Banken und Versicherungen“ von Frank Hänecke (Zürich);
„Kunstsponsoring in internationalen Unternehmen“ von A. Eichenauer(Wien).

So wie die achtziger Jahre das Jahrzehnt der „Corporate Identity“-Arbeiten waren, fungierte die zweite Hälfte der neunziger Jahre als Hoch-Zeit der „Sponsoring“-Beiträge. Die Aufmerksamkeit verlagerte sich auf spezielle Fragestellungen und Bereiche.

1994: „Öffentlichkeitsarbeit für Nonprofit-Organisationen. Eine Arbeitshilfe" von Detlef Luthe (Augsburg);
„Sponsoring der Unternehmen im Einkommen- und Körperschaftssteuerrecht" von Josef Matthias Duchéne (Köln);
„Perspektiven des Sportsponsoring" von Jens-Uwe Babin (Frankfurt/Main);
„Unternehmen zwischen Sponsoring und Mäzenatentum: Motive, Chancen und Grenzen unternehmerischen Kunstengagements" von Bettina M. Becker (Frankfurt/Main);

1995: „Kultursponsoring in der Diskussion: Deutschland und Europa" von der Kulturstiftung Haus Europa (Hrsg., München);
„Sozialmarketing und Kommunikation" von Michael Beilmann (Neuwied);
„Fundraising: Vermögensbildung für eine gute Sache" von Dieter Schöffmann (Köln);
„Sponsoring und Werbung im Sport" von Hyun-Jong Park (Münster);
„Social-Sponsoring" von Kirstin Schiewe (2. Aufl. Freiburg i. Brsg.);
„Sponsoring: Bedeutung, Wirkung und Kontrollmöglichkeiten" von Björn Walliser (Wiesbaden);
„Sponsoring" von Josef Kolarz-Lakenbacher und Georg Reichlin-Meldegg (Wien);
„Handbuch Social-Sponsoring" von Reinhard Lang und Friedrich Haunert (Weinheim); „Sportsponsoring" von Werner Brünen (Essen);
„Kulturmarketing", hrsg. von Wolfgang Benkert, Britta Lenders und Peter Vermeulen (Stuttgart);
„Kommunale Kulturbetriebe und Kultur-Sponsoring als Instrumente der Kommunalpolitik" von Thomas Gallus (München);
„Zwischen Engagement und Geschäft: Sozio-Sponsoring als Tauschbeziehung zwischen gemeinnützigen Organisationen und Unternehmen" von Inga Niermann (Hamburg);
„Möglichkeiten und Probleme des Öko-Sponsoring durch Reiseveranstalter" von Marion Henschen (Dipl.arb. Fachhochschule Wilhelmshaven);

1996: „Sponsoring-Kompaß" von Michael Brückner und Sabine Schormann (Heidelberg);
„Sponsoring im Sport", hrsg. von Klaus Vieweg (Stuttgart);
„Kultur-Sponsoring für die kommunale Kulturarbeit" von Günther E. Braun, Thomas Gallus und Oliver Scheytt (Köln);

1996: „Social-Sponsoring im Kinder- und Jugendbreich“, hrsg. von der Stiftung Verbraucherinstitut (Berlin);
„Die Finanzierung der Kultur durch Sponsoring mit Fallbeispielen aus Ostwestfalen-Lippe“ von Elisbath Schloßstein (Frankfurt/Main);
„Sponsoring im Investitionsgüterbereich: Möglichkeiten des optimalen Imagetransfers“ von Jacqueline Rieger (Wiesbaden);
„Kultur geht neue Wege. Kulturförderung in Kassel“ von Bettina M. Becker et al.;
„Private Kunstförderung“ von Nikodemus Herger (Zürich);
1997: „Fundraising: Spenden, Sponsoring, Stiftungen“ von Marita Haibach (Frankfurt, New York);
„Sponsoring: Grundlagen, Wirkungen, Management, Perspektiven“ von Arnold Hermanns (2. Aufl. München);
„Fundraising“ von Detlef Luthe (Augsburg);
„Sponsoring – Der Leitfaden für die Praxis“ von Elisa Bertoluzzi Dubach und Hansrudolf Frey (Bern);
„Kunstförderung zwischen Passion und Kommerz: Vom bürgerlichen Mäzen zum Sponsor der Moderne“ von Thomas Hermsen (Frankfurt/Main);
„Sponsoring für Bibliotheken“, hrsg. von Rolf Busch (Berlin);
„Kulturförderung in gemeinsamer Verantwortung“ vom Kulturkreis der deutschen Wirtschaft im BDI;
„Sponsoringcontrolling: Effizientes Sponsoring durch Generierung und Implementierung eines Sponsoringcontrollingsystems“ von Michael Klemm (Aachen);
1998: „Sponsoring in Bibliotheken“ von Verena Leinberger (Köln);
„Kollekten, Spenden, Sponsoring – Wie Kirchengemeinden zu mehr Geld kommen“ von Sabine Hatscher (Stuttgart);
„Sponsoring Trends ’98“, hrsg. von Sponsor Partners (Bonn);
„Themen Sponsoring im Fernsehen“ von Lorenz Bülow (München);
„Event-Sponsoring: am Beispiel der Fußball-WM 1998 in Frankreich“ von Gerd Nufer (Tübingen);
„Sponsoringklima ’98“ von der ISPR GmbH (München);
„Sponsoring: Systematische Planung und integrativer Einsatz“ von Manfred Bruhn (3. Aufl. Frankfurt/Main);
„Reader: Kulturförderung/Kulturfinanzierung: Sponsoring, Fundraising, Public-Private-Partnership“ von Thomas Heinze (Hagen);
„Die Einstellung der Zuschauer zum Sponsoring von Sportereignissen“ von Andreas Spangenberger (Kiel).

Eine kritische Zusammenfassung aus kulturwissenschaftlicher Sicht muß freilich manchen liebgewordenen und überall wiederholten Standpunkten widersprechen. Große Teile der Fachliteratur erweisen sich als wenig hilfreich bis irreführend. Das soll im Hinblick auf Begriff, Typen, Geschichte und Funktionen verdeutlicht werden. Damit werden schließlich auch die tatsächlichen Leistungen des Sponsoring sichtbar.

6.2.1. In gesellschaftsbezogenen PR-Theorien publizistikwissenschaftlicher Provenienz kommt Sponsoring nicht vor. Das ist vor allem darauf zurückzuführen, daß Öffentlichkeitsarbeit hier nur als Kommunikation (ohne Handeln) definiert und die Werteproblematik weitestgehend ausgeklammert wird. In organisationsbezogenen PR-Theorien betriebswirtschaftswissenschaftlicher Provenienz kommt Sponsoring ebenfalls nicht vor. Vielmehr werden hier Öffentlichkeitsarbeit und Sponsoring (neben anderen wie Mediawerbung, Direct-Marketing oder der Einsatz von Messen und Ausstellungen) als zwei verschiedene „kommunikationspolitische Instrumente" betrachtet (z. B. Bruhn 1997; vgl. auch Herrmanns 1997). Sie alle dienen demselben Ziel: der Erwirtschaftung von Gewinn, auch wenn das häufig anders umschrieben wird. Damit aber ist Sponsoring auch hinreichend präzise definiert. Daß terminologisch in der Literatur gleichwohl immer noch ein gewisser Bedeutungswirrwarr vorherrscht, liegt eher an den vielen Beiträgern, die sich durch eigenwillige Akzentuierungen ihrerseits profilieren und ihr Thema aufwerten wollen.

Udo Kalweit beispielsweise definiert im Lexikon der Public Relations: „Sponsoring ist die gezielte Bereitstellung von Geld- oder Sachleistungen für Einzelpersonen, Organisationen und Veranstaltungen zur Erreichung autonomer Ziele" (Pflaum/Pieper 1993, 459). Manfred Bruhn setzt an die Stelle der „autonomen Ziele" die „Ziele der eigenen Unternehmenskommunikation": sich von den Wettbewerbern abheben, Zielgruppen auf neuen Wegen erreichen, Ansprache der Zielgruppen in nichtkommerziellen Situationen bei geringen Streuverlusten, begrenzte Fernsehwerbezeiten umgehen usw. (1997, 608 und 619). Andernorts wird Sponsoring als „taktisches Instrument" bezeichnet (z. B. Kolarz-Lakenbacher/Meldegg 1995, 13), als besondere Form der Marketing-Kommunikation (z. B. Herrmanns 1997, 1 ff.), als „eigenständiges Kommunikationsinstrument", das sich auszeichnet durch eine Austauschbeziehung: das Prinzip von Leistung und Gegenleistung (z. B. Walliser 1995, 6). Darin liegt einer der wichtigsten Unterschiede zum weitestgehend uneigennützigen, diskreten Mäzenatentum, obwohl auch Mäzene meist ihre eigenen Interessen verfolgen, mehr als nur beiläufige Erwähnung erwarten oder auf besondere Dankbarkeit hoffen. Die Spende erfolgt ohne Gegenleistung. Sponsoring dagegen gehorcht dem Grundgesetz des „do ut des". Sponsoring bezeichnet ein Geschäft zwischen verschiedenen, freilich ungleichgewichtigen „Partnern". Die Natur dieser Geschäftsbeziehung wird noch zu behandeln sein.

Zum Sponsoring gehören in jedem Fall drei Instanzen: erstens die Sponsoren – ausnahmslos kommerzielle Unternehmen, Einzelpersonen oder Organisationen; zweitens die Gesponserten – in der Regel nicht erwerbswirtschaftlich tätig; und drittens die Medien als Multiplikationsinstrumente – mittelbar die damit erreichten Publika. Gelegentlich werden noch die auf Sponsoring spezialisierten Agenturen – zuständig für die Beratung, Planung und Realisierung der Kontakte zwischen sponsorwilligen Unternehmen und Sponsor-Interessierten – als vierte Instanz benannt, die sogenannten Sponsoring-Dienstleister.

6.2.2. Auch was die Formen oder Typen des Sponsoring angeht, gibt es etablierte Grundkategorien. Das Lexikon der Public Relations (Pflaum/Pieper 1993) etwa unterscheidet zwischen Sponsoring (allgemein), Sport-Sponsoring, Kultur-Sponsoring, Sozio-Sponsoring und Öko-Sponsoring. Manfred Bruhn erweitert das noch um Programm-Sponsoring (1997, 610 ff.). Insgesamt spricht man vom „Markt für Sponsoring", der sprunghaft wächst (von 400 Mio. DM im Jahr 1985 auf schätzungsweise 2,6 Mrd. DM im Jahr 1995). Gemeint ist mit der Unterscheidung in Typen ausnahmslos zweierlei: erstens eine Unterscheidung in unterschiedliche „Bereiche", zweitens eine historische Abfolge.

Charakteristischerweise wird die Unterschiedlichkeit von „Bereichen" mit den jeweiligen „Besonderheiten" begründet (z. B. auch Kolarz-Lakenbacher/Reichlin-Meldegg 1995, Bruhn 3. Aufl. 1998):

– *Sport-Sponsoring* (ausführlicher z. B. Babin 1995, Vieweg 1996) ist mit großem Abstand dominant (ca. 80 % Marktanteil). Es betrifft vor allem die Sportarten Fußball, Tennis, Reiten, Golf, Ski und Motorsport. Co-Sponsoring ist hier üblich. Gesponsert werden Einzelsportler, fast ausnahmslos Spitzensportler, Mannschaften und Sportveranstaltungen. Trikotwerbung, Ausstattung mit Sportbekleidung und Sportgeräten, Bandenwerbung, VIP-Lounges, Werbung bei Anzeigen, Medienauftritte, Autogrammstunden der Sportler usw. sind die klassischen Leistungen der Gesponserten. De facto handelt es sich bei 99 % des Sport-Sponsoring um verkappte Werbung, die sich nur mit dem Mäntelchen „Sponsoring“ tarnt. Sport-Sponsoring im eigentlichen Sinn von Öffentlichkeitsarbeit betrifft nur die Förderung z. B. der einzelnen talentierten Sportlerin, die noch niemand kennt; des kleinen Sportvereins mit elaborierter Jugendarbeit; des Sportereignisses, das ohne das Sponsoring gar nicht stattfinden könnte.

– *Kultur-Sponsoring* (ausführlicher z. B. Becker 1994, Benkert 1995, Braun et al. 1996, Hermsen 1997, Heinze 1998) hat vor allem in den achtziger Jahren eine Ausweitung gefunden (ca. 15 % Marktanteil). Es betrifft Theater, Bildende Kunst, Malerei, Musik, Literatur, Film, Denkmalschutz u. a. Gesponsert werden Institutionen (z. B. Museen), Kulturveranstaltungen (z. B. Rockkonzert), Gruppen oder Einzelpersonen. Kultur-Sponsoring ist zum überwiegenden Teil Kunst-Sponsoring. Es zielt – meist im Einzel-Sponsoring – auf kleine attraktive Konsumentengruppen, die für das exklusive Auftreten eines Unternehmens attraktiv erscheinen. Immer wieder werden in der Fachliteratur hier „Berührungsängste“ oder „Barrieren“ zwischen Sponsor und Gesponsertem angesprochen. Sie meinen nichts weiter als die prinzipielle Unvereinbarkeit der beiden Wertesysteme Wirtschaft und Kultur (vgl. auch Müller/Müller 1996). Der Kulturbegriff beim „Kultursponsoring“ ist bislang wohl deshalb noch nicht ernsthaft reflektiert worden, weil dies dann offensichtlich werden müßte.

– *Sozio-Sponsoring* (ausführlicher z. B. Luthe 1994, Schiewe 1994, Lang/Haunert 1995, Luthe 1997) bezieht sich auf das Gesundheits- und Sozialwesen sowie auf Bildung und Wissenschaft – von der Förderung von Forschung (z. B. Institute) und

Lehre (z. B. Schulen), etwa auch mit Spenden an Bibliotheken, bis hin zur Förderung von sozialen Institutionen (z. B. Selbsthilfe-Organisationen, Jugendwohlfahrt, Amnesty International usw.).

– *Öko-Sponsoring*, parallel zum Sozio-Sponsoring entstanden (gemeinsamer Marktanteil knapp 5 %), konzentriert sich auf umweltbezogene Aktivitäten wie z. B. zugunsten des niedersächsischen Wattenmeers und auf Institutionen wie z. B. den World Wildlife Fund (WWF) oder den BUND. Gefördert werden Ziele wie sparsamer Umgang mit den Energiereserven, Verhinderung der Verschmutzung von Luft, Böden, Gewässer, der Verschwendung von Energievorräten und Rohstoffreserven, umweltfreundliche Verpackungen und Produkte, Baumpflanzaktionen usw. Dieter Pflaum (1993, 347 f.) unterscheidet dazu anschaulich in drei Typen von Sponsoren: Mußtypen (z. B. die chemische Industrie), Soll-Typen (z. B. die Nahrungsmittelindustrie) und Kann-Typen (z. B. Kreditunternehmen). Der Sponsor muß sich hier, im Unterschied zu anderen Sponsoring-Typen, inhaltlich deutlicher mit dem Gesponserten identifizieren und kann nicht nur auf bestimmte Images und deren Transfer abheben. Sozio- und Öko-Sponsoring haben vor allem in den neunziger Jahren Aufschwung genommen und gelten als zukunftsträchtig.

– *Programm-Sponsoring* (ausführlicher z. B. Bülow 1997) schließlich, seit Mitte der achtziger Jahre verbreitete Form, ist die Nennung eines Firmennamens oder -logos im Vor- oder Abspann einer Radio- oder Fernsehsendung (bislang: weniger als 1 % Marktanteil). Es wird auch als Medien-Sponsoring bezeichnet und stellt de facto nichts weiter dar als wieder eine verkappte Form von Werbung, vergleichbar dem Product Placement. Juristisch freilich wird es von Werbung unterschieden (und darf deshalb im ansonsten werbefreien Abendprogramm der öffentlich-rechtlichen Fernsehanstalten genutzt werden).

6.2.3. Die historische Abfolge hat primär ökonomische Gründe. Kalweit schreibt zur Geschichte des Sponsoring offen: „Hintergrund dieser zunehmenden Aktivitäten ist die Tatsache, daß es für die Werbetreibenden immer schwieriger wird, ihre Zielgruppen exakt und wirksam zu kontaktieren. Die Informationsüberlastung nimmt ständig zu und der Konsument widersetzt sich zunehmend dem Werbedruck“ (Pflaum/Pieper 1993, 459). Pauschal wird vertreten, daß Sport-Sponsoring in den sechziger und siebziger Jahren entstanden ist, als die Werbeindustrie versuchte, ihre Botschaften verstärkt in die zunehmende Freizeit der anwachsenden Gruppe von werbeevasiven Konsumenten zu penetrieren. Andere Formen des Sponsoring hatten zunächst nur geringe oder gar keine Bedeutung. In den achtziger Jahren wurde Sport-Sponsoring vollständig durchprofessionalisiert und de facto zu einem neuen Zweig der klassischen Werbung. Zugleich entwickelten sich Kultur- und Sozio-Sponsoring als attraktive Alternativen zum massenbezogenen Sport-Sponsoring, insofern sie ganz andere Teilöffentlichkeiten in den Blick brachten. Zugleich verbreiteten sich Schleichwerbung und Product Placement in den Massenmedien als Vorformen des Programm-Sponsoring. In den neunziger Jahren schließlich, als im Sport-Sponsoring längst sämtliche Sportarten und Leistungsklassen erschlossen waren, professionalisierten sich auch Kultur-Sponsoring, speziell als „high-art“-Sponsoring, und Öko-Sponsoring. Für das erste 2000er-Jahrzehnt wird ergänzend ein systematischer Einsatz des Programm-Sponsoring erwartet, so daß der Werbung wirklich niemand mehr entkommen kann.

6.2.4. Definitionen, Formen und Geschichte sind wesentlich von den dominanten Funktionen bestimmt, und ausnahmslos ist die Macherperspektive, das heißt das Interesse des Sponsors oder Unternehmens, ausschlaggebend. Die zentralen Funktionen beim Sponsoring sind offensichtlich, obwohl sie oft und gerne entweder verschwiegen oder zumindest verdeckt werden durch instrumentelle Zielbestimmungen: erstens die klassische Produktwerbung, zumindest die Erhöhung des Bekanntheitsgrades etwa einer Marke oder eines Unternehmens in bestimmten Teilöffentlichkeiten; zweitens die Image-Werbung des Unternehmens (PR nach außen); drittens die Mitarbeitermotivation (PR nach innen); und viertens wird immer wieder auch die „soziale Verantwortung“ oder die „Dokumentation gesellschaftlicher Verantwortung“ im Sinne der „Schaffung von Goodwill“ genannt. Damit soll in der Öffentlichkeit mehr Vertrauen und Akzeptanz erreicht werden. Warum es dieser „Dokumentation gesellschaftlicher Verantwortung" zu unterschiedlichen Zeiten unterschiedlich stark bedarf, wird noch anzusprechen sein. Die häufig anzutreffende Unterscheidung jedenfalls von ökonomischen und nichtökonomischen, etwa psychologischen Zielen (z. B. Bruhn 1997, 627 ff.) verschleiert nur die hierarchische Zuordnung: Sponsoring hat stets und letztlich einen kommerziellen Sinn, auch wenn es gelegentlich strategisch sinnvoll erscheinen mag, in der Darstellung stärker auf scheinbar nichtkommerzielle Zwischenziele abzuheben.

Die Position des Gesponserten nimmt sich demgegenüber völlig anders aus. Die Beiträge zu Problemen des Fundraising lassen das anschaulich erkennen: Es geht hier um „Betteln" aus der Position des Schwachen, des Habenichts, des Untergeordneten mit dem Ziel, sich im Erfolgsfall nicht in Abhängigkeit zu bringen, sondern seine relative (inhaltliche) Autonomie zu behaupten. Nichtkommerzielle Organisationen, Unternehmen, Personen „verkaufen" sich im Sponsoring und begründen ihre Austauschbeziehungen aus blanker Not; hätten sie ausreichend finanzielle und sonstige Resourcen, wäre die Geldbeschaffung bzw. (wie es vornehmer formuliert wird) die Transaktionsorientierung ein völlig überflüssiger Arbeitsaufwand, der der gesponserten Aktivität kultureller, sozialer, wissenschaftlicher oder sonstiger Provenienz nicht so viel Zeit und Kraft entziehen würde.

6.2.5. Damit werden denn auch die tatsächlichen Leistungen des Sponsoring sichtbar. Die Bilanz aus kulturwissenschaftlicher Sicht lautet: Sponsoring ist die primär uneigennützige Förderung nichtkommerzieller Personen, Organisationen, Events durch kommerzielle Unternehmen. Damit ist dreierlei gesagt: Erstens markiert Sponsoring im Kern den konträren Unterschied zwischen kommerziellen und kulturellen Werten, die sich definitionsgemäß nicht harmonisieren lassen. Deshalb meint Förderung zweitens den primären Charakter von Uneigennützigkeit oder Gemeinwohl gegenüber unverblümtem Eigennutz oder expliziter Werbung als dem anderen. Ein „Gleichgewicht" kann es hier nicht geben, weil die beiden unterschiedlichen Wertsysteme nicht gleichgewichtig sind, das heißt Sponsoring ist entweder gleichbedeutend mit Mäzenatentum (Spende), oder es handelt sich dabei, mehr oder weniger explizit, um kommerzielle Werbung. Das angeblich „graue Feld" zwischen den beiden Polen Gemeinnutz und Eigennutz ist komplett dem Eigennutz zuzuschlagen, weil es nur den Grad markiert, mit dem die Maskierung der Werbeinteressen gelungen ist. Die beiden „Partner" – Sponsor und Gesponserter – sind eben nicht gleichgewichtig, deshalb kann auch kein „Interessenausgleich" erfolgen. Beim Sponsoring scheidet sich Öffentlichkeitsarbeit von mehr oder weniger verdeckter Werbung: Sponsoring im eigentlichen Sinn ist der gemeinnützige Ausgleich, den kommerzielle Unternehmen an die Gesellschaft für die private Aneignung der erwirtschafteten Gewinne zahlen – eine Art Steuerabgabe, nur nicht pauschal an den Staat, sondern an bestimmte einzelne Empfänger. Sich damit zu schmükken ist der sekundäre Eigennutz, der absolut legitim erscheint. Pseudo-Sponsoring dagegen ist Werbung, die nur unter falscher Flagge segelt – eine listige bis widerliche Werbeform, die komplementär oder alternativ zur traditionellen Werbung eingesetzt wird, um werbeferne, werbeevasive oder werberesistente Zielgruppen und Teilöffentlichkeiten zu erreichen.

Sponsoring in diesem Sinn erweist sich als eine durch und durch legitime Methode oder Strategie von Öffentlichkeitsarbeit, begrenzt auf den Sonderfall der Interaktion kommerzieller mit nichtkommerziellen Organisationen. Insofern zeigt sich Öffentlichkeitsarbeit auch hier durchaus als kulturstiftende Praxis

## Literatur

(zusätzlich zu den in Kap. 6.2 genannten Sponsoring-Titeln)

Arbeitskreis Evaluation der GPRA (Hrsg.): Evaluation von Public Relations. Dokumentation einer Fachtagung. Frankfurt/Main 1997.

Baerns, Barbara (Hrsg.): PR-Erfolgskontrolle. Messen und Bewerten in der Öffentlichkeitsarbeit. Verfahren, Strategien, Beispiele. Frankfurt/Main 1995.

Borg, Ingwer: Mitarbeiterbefragungen. Strategisches Auftau- und Einbindungsmanagement. Göttingen 1995.

Bruhn, Manfred: Kommunikationspolitik. Bedeutung – Strategien – Instrumente. München 1997.

Dierkes, Rudolf: PR für Messen und Ausstellungen. In: Günther Schulze-Fürstenow (Hrsg.), PR-Handbuch (Loseblattsammlung). Neuwied 1984 ff. (1985), S. 201–230.

Dörrbecker, Klaus und Renée Fissenewert-Goßmann: Wie Profis PR-Konzeptionen entwickeln. Das Buch zur Konzeptionstechnik. 3. erw. Aufl. Frankfurt/Main 1997

Drabant-Schwalbach, Astrid: Planung und Durchführung einer Mitarbeiterbefragung zur Verbesserung der internen Information. In: Baerns 1995, S. 277–305.

Faulstich, Werner: Image, Imageanalyse, Imagegestaltung. 2. Lüneburger Kolloquium zur Medienwissenschaft. Bardowick 1992.

Femers. Susanne und Joachim Klewes: Medienresonanzanalysen als Evaluationsinstrument der Öffentlichkeitsarbeit. In: Baerns 1995, S. 115–134.

Freimuth, Joachim und Bernd-Uwe Kiefer (Hrsg.): Geschäftsberichte von unten. Konzepte für Mitarbeiterbefragungen. Göttingen 1995.

Freter, Hermann W.: Mediaselektion. Wiesbaden 1974.

Friedrich, Jürgen: Methoden empirischer Sozialforschung. Reinbek 1973.

Fuhrberg, Reinhold: Teuer oder billig, Kopf oder Bauch – Versuch einer systematischen Darstellung von Evaluationsverfahren. In: Barbara Baerns (Hrsg.), PR-Erfolgskontrolle. Frankfurt/Main 1995, S. 47–69.

GPRA (Hrsg.): Medienresonanz-Analysen. Frankfurt/Main 1994.

Grossenbacher, René: Hat die „vierte Gewalt" ausgedient? Zur Beziehung zwischen Public Relations und Medien. In: Media Perspektiven 11/1986, S. 725–731.

Hagen, Lutz M. und Cathrin Oberle: Wirkungskontrolle der Öffentlichkeitsarbeit. In: pr-magazin 8/94, S. 27–34 (Teil 1) und 10/94, S. 31–38 (Teil 2).

Heinze, Thomas: Kulturmanagement, Kulturtourismusmanagement. Reader: Kulturförderung, Kulturfinanzierung. Sponsoring – Fundraising – Public-Private-Partnership. Fernuniversität Hagen 1998.

Hilger, Angelika: Kontrolle von Public Relations. Stuttgart 1997.

Kalweit, Udo: Sponsoring. In: Dieter Pflaum/Wolfgang Pieper (Hrsg.), Lexikon der Public Relations. 2. Aufl. 1993.

Knobloch, Silvia: PR-Erfolgskontrolle durch Zeitreihenanalyse. Eine Methode zur Bewertung von Public Relations-Maßnahmen. Berlin 1997.

Kunstenaar, J.: Messehandbuch. Ein Leitfaden für Messebeteiligungen. Stuttgart 1983.

Lindenmann, Walter K.: Measurement in PR-International experiences. In: Arbeitskreis Evaluation (Hrsg.), Evaluation von Public Relations. Frankfurt/Main 1997, S. 26–44.

Marchal, Peter und Ulrich K. Spura: Öffentlichkeitsarbeit im sozialen Bereich. Weinheim 1981.

Mathes, Rainer, Christian Salazar-Volkmann und Jochen Tscheulin: Medien-Monitoring – Ein Baustein der Public Relations-Erfolgskontrolle. Untersuchungen am Beispiel Messe und Medien. In: Baerns 1995, S. 147–172.

Müller, Florian und Michael Müller (Hrsg.): Markt und Sinn. Dominiert der Markt unsere Werte? Frankfurt, New York 1996.

Noelle-Neumann, Elisabeth und Thomas Petersen: Alle, nicht jeder. Einführung in die Methoden der Demoskopie. München 1996.

Pawlowsky-Flodell, Charlotta: Die Mitarbeiterbefragung als Mittel zur Organisationskommuniktion. In: S. 358–364.

Pflaum, Dieter: Öko-Sponsoring. In: Dieter Pflaum/Wolfgang Pieper (Hrsg.), Lexikon der Public Relations. 2. Aufl. 1993, S. 347–350.

Rolke, Lothar: Kennziffern für erfolgreiche Medienarbeit – Zum Messen und Bewerten von PR-Wirkungen. In: Baerns 1995, S. 173–197.

Schaller, Hans: Tag der offenen Tür. Vom Umgang mit der Presse. Dortmund 1982.

Schulz, Rüdiger: Mitarbeiterbefragungen. In: Bernd-Jürgen Martini (Hrsg.): Handbuch PR. Neuwied 1994 (Loseblattsammlung 1996), S. 1–26.

von Wedel, P.: Messen. Vom Markt zum Marketing. Frankfurt/Main 1977.

Weishäupl, Gabriele: Die Messe als Kommunikationsmedium unter besonderer Berücksichtigung der Öffentlichkeitsarbeit und Werbung einer Messegesellschaft. München 1980.

Wottowa, Heinrich: Erfolgskontrolle – Ein Instrument der Selbstdisziplin oder der Disziplinierung? In: Baerns 1995, S. 31–46.

Zorn, Werner: EDV-gestützte Evaluierung der Internen Kommunikation. In: Baerns 1995, S. 307–325.

# 7. Zusammenfassung: Grundzüge einer Theorie der Öffentlichkeitsarbeit

## Einführung: Systematik und Geschichte

Bislang wurden zwei Auffassungen von Öffentlichkeitsarbeit hervorgebracht: erstens als Teil der Betriebswirtschaft, Schwerpunkt Marketing, zweitens als Teil der Kommunikations- und Publizistikwissenschaft. Hier soll eine dritte Auffassung vorgestellt werden: PR als Teil der Kulturwissenschaft. Dies soll anhand von sechs Schlüsselkategorien bzw. Problemfeldern versucht werden: PR-Theorien, Öffentlichkeit, Wert, Sinn, Medien, Methoden/Strategien.

Beiträge zur Geschichte der PR lassen sich in drei Gruppen einteilen, erstens vorwissenschaftliche Beiträge (z. B. Grunig/Hunt mit ihren vier Phasen oder Oeckl mit drei Phasen); zweitens PR in den letzten gut hundert Jahren, als Parallele zu den Systemen Journalismus und Werbung ab Mitte des 19. Jahrhunderts (z. B. Saxers innovationstheoretisch fundierte drei Phasen); und drittens PR bis zurück in Mittelalter und Antike (z. B. Michael Kunczik, getrennt nach staatlicher und wirtschaftlicher PR). Bentele sucht mit einem Schichtenmodell verschiedene PR-Geschichtskonzepte gemäß verschiedenen PR-Begriffen miteinander in Einklang zu bringen (System, Beruf, funktionale Organisationskommunikation, Publizistik, interpersonale Kommunikation).

# 1. PR-Theorien

1.1. Von PR-Theorien zu unterscheiden sind pragmatisch-vortheoretische Definitionen (z. B. Oeckl + DPRG, Harlow und Long/Hazelton): tendenziell eher ethisch-normativ versus instrumentell als Managementfunktion. Von Werbung und ähnlichen Kategorien läßt sich PR auf dieser Ebene nicht plausibel abgrenzen. Irgendwie geht es stets um Vertrauen, Glaubwürdigkeit, Konsens. Man braucht Theorien statt isolierter Begriffe.

1.2. PR-Theorien lassen sich in zwei Gruppen einteilen: erstens organisationsbezogene Theorien. Beispiel: Zerfaß und die Kategorie „Unternehmenskommunikation". Nach innen wie nach außen wird PR hier sekundär-funktionalisiert. „Integration" meint hier Unterordnung unter Marketing und „Geld", das heißt ökonomische Ziele. PR wird tendenziell reduziert auf „Krisen-PR" oder „Dialog-PR". Hauptproblem hier ist die Konzentration auf kommerzielle Unternehmen. Eine organisationsbezogene PR-Theorie für Non-Profit-Organisationen gibt es noch nicht.

1.3. Zweite Gruppe sind die gesellschaftsbezogenen PR-Theorien. Beispiel: Ronneberger/Rühls „Theorie der PR" – lediglich eine Ansammlung von Stoffen und Bausteinen, nicht strukturiert, ohne homogene Schlüsselthesen und mit großen Lücken. Unter anderem sollen drei Ebenen (Macro, Meso, Micro) drei PR-Typen begründen: Gesamtgesellschaft, Märkte, einzelne Organisationen. PR wird selbst zum „System" erklärt und als Aufgabenfeld der Publizistik verstanden. Ausgelassen wird dabei das, was Kommunikationsbeziehungen auf allen Ebenen reguliert: Medien, Macht, wirkliches Handeln. „Integration" meint hier Anpassung bzw. Disziplinierung. Hauptproblem ist die Konzentration auf Kommunikation. PR wird tendenziell reduziert auf „Umweltkontrolle". Bei Merten und Kückelhaus erscheint PR nur noch als Imagekonstruktion. Eine gesellschaftsbezogene PR-Theorie für authentische Wirklichkeit liegt noch nicht vor.

1.4. Öffentlichkeitsarbeit wird demgegenüber hier aufgefaßt als eine spezielle System-Umwelt-Interaktion, die zum holistischen Denken zwingt: das System nach innen (Organisationskultur) und nach außen (Kultur als gesellschaftliches Teilsystem). Unterschiedliche Umweltsysteme bzw. Teilöffentlichkeiten verweisen auf die Eigenheit von PR und prägen die Interaktionen. PR meint Interaktion „in" Gesellschaft: Reden *und* Handeln. Das soll mit den folgenden fünf Schlüsselbegriffen ausgeführt werden.

## 2. Öffentlichkeit

2.1. Begriffsvarianten (öffentlich – geheim, öffentlich – privat) verweisen auf eine historische Dimension. Öffentliche Meinung und veröffentlichte Meinung (Medienöffentlichkeit) allein helfen aber nicht weiter. Man kann mindestens drei Ansätze unterscheiden:

2.2. Der betriebswirtschaftliche Ansatz faßt Öffentlichkeit entweder als Markt/Zielgruppe oder als Stakeholder/Anspruchsgruppe. Beide eignen sich nicht als Beitrag zur Bestimmung von Öffentlichkeitsarbeit im Sinne einer speziellen System-Umwelt-Interaktion.

2.3. Der publizistikwissenschaftliche Ansatz faßt Öffentlichkeit normativ als bürgerliche Öffentlichkeit im Sinne einer politischen Kategorie, die hier ebenfalls ungeeignet ist (z. B. kann es mangels „Umwelt" keine System-Umwelt-Interaktion geben).

2.4. Der kultursoziologische Ansatz faßt Öffentlichkeit als lebensweltliches Handeln in sozialen Milieus und Szenen. Aber auch diese Segmentierung ist auf PR nicht übertragbar (z. B. weil der Organisationsbegriff fehlt).

2.5. Aus solchen Anregungen aber läßt sich „Öffentlichkeit" für PR definieren als ein kulturell funktionaler Raum innerhalb einer alltäglichen Lebenswelt, charakterisiert durch sieben Merkmale: Geschichtlichkeit, eine Vielzahl von Teilöffentlichkeiten, ein kommunikatives Forum und zugleich Handlungsarena, vielfältige Funktionen, eine mediale Konstituierung gemäß vier Medientypen, die Skalierung nach Größe/Reichweite, den bilateral-reziproken Charakter (System-Umwelt). Öffentlichkeitsarbeit erfordert eine wertorientierte Spezifizierung der Interaktion gemäß der Differenzierung von Öffentlichkeit.

## 3. Wert

3.1. Wert erscheint allgemein als „Gut", auf individueller Ebene als „Ziel" (Wert) und auf gesellschaftlicher Ebene als „Maßstab" (Norm). Dazwischen liegt die Ebene der Organisationen. Öffentlichkeitsarbeit ist die Vermittlung gesellschaftlicher und organisationsspezifischer bzw. organisationsspezifischer und individueller Werte. Demnach muß man unterscheiden in eine Sozialethik, eine Individualethik und eine Organisationsethik.

3.2. Gesellschaftsbezogene Werte wandeln sich („Wertewandel") in verschiedenen Phasen (Inglehart, Klages). Daraus lassen sich je unterschiedliche Werttypen ableiten (derzeit fünf: Konventionalisten, Realisten, Resignierte, nonkonforme Idealisten, hedonistische Materialisten).

3.3. Auch individualbezogene Werte wandeln sich: lebenszyklisch. Beispiele wären das anthroposophische Konzept (Siebenjahresrhythmus bei Steiner), das psychoanalytische Konzept (acht Phasen bei Erikson/Freud) und das soziologische Konzept der Lebensstile (drei Phasen bei Schulze).

3.4. Organisationsbezogene Werte müssen grundsätzlich getrennt werden nach kommerziellen und Non-Profit-Organisationen (letztere können noch einmal aufgeteilt werden in gemeinwohlorientierte und gruppenbezogene Organisationen). Ersteres meint Unternehmensethik: Dabei handelt es sich einmal um Verantwortungsethik im Sinne von Managementethik (z. B. gegenüber den Mitarbeitern), sodann um Institutionenethik, die Ethik aber nur instrumentalisiert bzw. fremdfunktionalisiert. Bei Non-Profit-Organisationen ist der Wertebezug der Institutionenethik nicht instrumentalistisch, sondern integrativ (bei gruppenbezogenen Organisationen stärker als bei gemeinwohlorientierten). Der individuelle PR-Gestalter gehört nicht zur Individual-, sondern zur Organisationsethik (im Gegensatz zum Journalisten). „Systemisches Vertrauen", wie für Interaktionen von Organisationen als Metapher benutzt, darf nicht mit der Bedeutung von „personalem Vertrauen" aufgeladen, sondern muß neu bestimmt werden. Der Wert der Öffentlichkeitsarbeit darf sich nicht nur nach instrumentellen (Handwerkszeug) und funktionalen (Evaluation), sondern muß sich letztlich nach essentiellen Kriterien (realer Werteausgleich) bemessen. Die Sinnfrage muß neu gestellt werden.

## 4. Sinn

4.1. Das Corporate Identity-Konzept ist für eine Wissenschaft der PR unbrauchbar, weil es als theorieloses Modell arbiträr erscheint, auf Pseudo-Identität ausgerichtet ist, sich auf den Austausch von Informationen beschränkt und das Hauptaugenmerk auf Präsentation, Darstellung, Wirkung legt. Realität ist hier PR-Realität, Wert nur instrumentell gefaßt.

4.2. Der Imagebegriff der Marketinglehre baut auf dieser eingeschränkten Sichtweise auf. Tatsächlich ist Image aber eine kulturwissenschaftliche Kategorie. In Wahrnehmung und Kommunikation zielt Image auf Glaubwürdigkeit (psychologisch), im sozialen Handeln auf gesellschaftliche Relevanz (soziologisch).

4.3. Letztlich rekurriert Image auf Identität als Wert (philosophisch). Insofern ist Image die Funktion von Strukturhomologie: Austausch von Strukturen mit dem Hauptaugenmerk auf Substanz. Öffentlichkeitsarbeit ist teilöffentlichkeitsausgerichtete Imagegestaltung als Explikation des System-„Sinns". Darin liegt das „Spezielle" der System-Umwelt-Interaktion bei PR: Die Selbstinszenierung wird dem Prinzip der je spezifizierten Wahrhaftigkeit unterworfen.

## 5. Medien

5.1. Medien sind zum einen Zielmedien, in die es einzudringen gilt, und zum andern Instrumentalmedien. Zielmedien werden fälschlicherweise bislang noch in den Mittelpunkt gestellt, stellen für PR aber nur einen Sonderfall dar; wichtiger sind die Instrumentalmedien. Dabei muß man vier Mediengruppen mit je unterschiedlichen Voraussetzungen, Formen und Problemen für Öffentlichkeitsarbeit unterscheiden: erstens die Menschmedien. Für PR lassen sich dazu idealtypisch heute mindestens sieben Varianten des menschmedialen Archetyps „PR-Gestalter" unterscheiden: der Lebenspartner, der systemische Partner, der Pressereferent, der PR-Berater, der Lobbyist, der Sprecher und der Repräsentant.

5.2. Zweite Mediengruppe bilden die Druckmedien. Dabei lassen sich neun unterscheiden: die Zeitung, das Schwarze Brett, die Zeitschrift, das Plakat, das Blatt/Flugblatt, der Prospekt/die Broschüre/das Heft, der Brief, das Buch, der Aufkleber/der Button.

5.3. Dritte Mediengruppe sind die elektronischen Medien: das Foto, das Telefon, die Schallplatte, der Film/das Video.

5.4. Vierte Gruppe schließlich sind die digitalen Medien: CD-ROM, E-Mail, Usenet, World Wide Web, Internet Relay Chat, Intranet. Sie haben derzeit noch die geringste Relevanz, aber das größte Potential für PR. Fundierte Untersuchungen zu den Medien als PR-Instrumentalmedien stehen bislang auf der gesamten Bandbreite noch aus.

## 6. Methoden und Strategien

6.1. Sieht man von besonderen Formen und Kombinationen (wie z. B. Pressekonferenz, Infostand, Messe) einmal ab, so kann man idealtypisch vier Schritte von Öffentlichkeitsarbeit unterscheiden, die sich in kontinuierlichem Prozeß wiederholen: Ist-Analyse, Soll-Bestimmung, Umsetzung und Wirkungskontrolle.

6.2. Die kommerziellen Unternehmen stellen aufgrund der Legitimationszwänge für ihre Institutionenethik einen Spezialfall von Öffentlichkeitsarbeit dar, der unter dem Stichwort „Sponsoring" besondere Aufmerksamkeit beansprucht. Sponsoring – nicht zu verwechseln mit indirekter Werbung, die unter falscher Flagge segelt – ist Schlüsselstrategie für Strukturhomologie: gemeinnütziger Ausgleich für die private Aneignung erwirtschafteter Gewinne, nicht pauschal an den Staat, sondern an bestimmte einzelne Empfänger. Öffentlichkeitsarbeit erweist sich auch hier und damit übergreifend als kulturstiftende Praxis.

# Personenregister